清代中央政府与
蒙古藩部周边传播考

——路径、策略与效力

刘 源 ◎ 著

新华出版社

图书在版编目（CIP）数据

清代中央政府与蒙古藩部周边传播考：路径、策略与效力 / 刘源著.
—北京：新华出版社，2019.7

ISBN 978-7-5166-4731-8

Ⅰ. ①清… Ⅱ. ①刘… Ⅲ. ①蒙古族—传播学—研究—中国、蒙
古—清代 Ⅳ. ①G219.294.9②G219.311.9

中国版本图书馆CIP数据核字（2019）第143854号

清代中央政府与蒙古藩部周边传播考：路径、策略与效力

著　者：刘　源

责任编辑：江文军　马大乔	**封面设计：**李尘工作室

出版发行：新华出版社
地　　址：北京市石景山区京原路 8 号　　　　**邮　编：**100040
网　　址：http://www.xinhuapub.com
经　　销：新华书店
　　　　　　新华出版社天猫旗舰店、京东旗舰店及各大网店
购书热线：010-63077122　　　　　　　**中国新闻书店购书热线：**010-63072012

照　　排：李尘工作室
印　　刷：北京市文林印务有限公司
成品尺寸：170mm×240mm
印　　张：20　　　　　　　　　　　　　**字　数：**265千字
版　　次：2019年11月第一版　　　　　　**印　次：**2019年11月第一次印刷
书　　号：ISBN 978-7-5166-4731-8
定　　价：58.00元

序

　　刘源的专著《清代中央政府与蒙古藩部周边传播考》终于要付梓出版了，作为我的博士研究生，为他在学术方面取得初步的成绩感到高兴。新书出版之际，他恳请我来为他作序，作为导师，我欣然接受。

　　这本专著是在其博士论文《清廷与蒙古藩部的周边文化传播研究》基础上修改完善的。在博士入学之初，刘源也曾表达过对研究题目的困惑，因其本身是蒙古族，对于少数民族文化有着切身的感受和体会，我建议他以蒙古族文化作为研究对象，展开博士论文的研究。他本人也对此有着浓厚的兴趣，在攻读博士期间，他多次与我进行了关于研究方向的沟通。而近两年来，我一直致力于周边传播理论与实践方面的研究，并且获得了国家社科基金重大项目的批复，此后几年也取得了一定的成果，我也希望越来越多的研究生和年轻学者们能够投身于此，为我国的周边公共外交事业提出学理性的支持。因而，我鼓励刘源以新近提出的周边传播理论作为框架，在特定的历史时期研究不同民族文化的相互影响和作用，作出开拓性的创新。他虚心接受了我的意见和建议，并且在读书期间，一边完成学院规定的所有课程的学习和论文的发表，一边在北大历史学院和外国语学院完成了相关蒙古史、满族史、蒙古文、满文等课程的学习，过程亦颇为艰辛。

周边传播作为新近提出的一套传播学理论，与以往的对外、国际传播理论有较大差异，作为本土化的理论，周边传播既符合了当前习近平总书记提出的周边外交理念，构建人类命运共同体的倡议，同时又符合全球化时代我国作为大国所应具备的对外视野。正如习近平总书记所言"要做好周边外交工作，推动周边环境更加友好、更加有利。"深入当前的周边环境，我们也可以看到周边宁，则中国安。对外传播应当从周边传播入手，中国如若有效影响周边国家，就能有效影响亚洲，进而有效影响世界。同时也应当正确地认识到，周边传播不是单方面信息对外覆盖，而是通过信息对流，增进了解，寻求共识，建立更紧密的利益和命运共同体。此外，在面对复杂的周边环境时，周边传播理论同样适用于解决因历史原因而导致的当前周边外交问题，特别是对于跨界民族问题也都可以利用周边传播理论来解决。

以史为鉴，可以知兴替。刘源的论文正是站立在特定的历史时期，以不同的民族作为研究对象，分析自清代以来不同民族间的政治、文化传播活动所带来的影响，具有一定的学术意义和价值。总体来看，这本论著的优点主要有几个方面：

第一，资料较为全面，视野开阔。以历史作为框架的传播学研究，不仅要全面占有国内的古籍、史料，同时又要兼顾域外，研究过程并非易事。在论文资料收集和调研阶段，作者曾两度赴蒙古国、日本搜集并整合资料。在研究成果搜求方面，作者不仅兼顾中蒙日三国，而且观照到韩国、俄罗斯以及西方等学界，具有国际视野。

第二，结构合理，脉络清晰，共时性和历时性相结合。本书分为六个章节，其中第二到第六章节是论文的核心。在每一章节中，通过清代满族统治者和蒙古周边藩部在不同时期的双向传播活动来提出不同类型的周边传播对于文化身份、政治认同以及国家安定等方面的效果，同时在历史维度中，找到当下存在的现实问题与历史维度中特殊事件的关联。

第三，视角新颖，以小见大。作为历史框架内的文化传播研究，如若想要有所突破，必须缩小范围，各个击破，从大处着眼，从小处入手。作者在每一个章节中，都用不同的案例来剖析透视，揭示出清代不同时期，不同周边族群在政治和文化传播中的特征与本质，更提出了作者自身的思辨，如厘清了清代满蒙之间的关系不同于满汉之间的层级关系，而是带有双主体性的主从周边关系。

第四，借用跨学科的理论解决传播学的问题。在文本的撰写中，大胆采用了周边传播理论中的内外周边、时间周边、自他周边等理论，并得出相应的结论，尽管这些结论并非无懈可击。此外，采用了历史人类学、符号学等相关学科的理论与方法，解释和探究历史框架下的传播活动问题，具有探索性的创新思维。

总的来看，刘源的这篇论著有良好的研究基础和开阔的视角，并且具有较好的学术价值。在其读博过程中，作为导师一直能够看到他的努力、进步与成长，尽管在过程中，也走过不少弯路，但峰回路转仍见光明。作为我的研究生，既是我学术研究的延续，同时又是周边传播研究新的火种。作为青年学者，这条学术之路是漫长而曲折的，但我希望并相信他能够在以后的教学、科研、事业上越走越远。同时，也希望周边传播研究之树长青。

陆　地

2019年11月于燕园

目 录

CONTENTS

第五章　语言文字的周边传播

第六章　清廷与蒙古藩部的传播路径及其效力

结　论

第一章

绪 论

一、选题依据、提出问题和选题意义

（一）选题依据

2013年9月7日，中国国家主席习近平在哈萨克斯坦纳扎尔巴耶夫大学发表题为《弘扬人民友谊 共创美好未来》的重要演讲时表示，为了使欧亚各国经济联系更加紧密、相互合作更加深入、发展空间更加广阔，我们可以用创新的合作模式，共同建设"丝绸之路经济带"，以点带面，从线到片，逐步形成区域大合作。

同年10月3日，习近平主席在印度尼西亚国会发表题为《携手建设中国—东盟命运共同体》的重要演讲时提出，中国愿在平等互利基础上扩大对东盟国家开放，愿同东盟国家发展好海洋合作伙伴关系，共同建设21世纪"海上丝绸之路"。

以此为契机拉开了"一带一路"倡议的序幕。这一倡议实施5年以来，已经有100多个国家和国际组织参与其中。同时，中国已经同30多个沿线国家签署了共建"一带一路"的合作协议，同20多个国家开展国际产能合作，联合国对此也作出了积极回应。2017年5月14日、15日，在北京召开的"一带一路"国际合作高峰论坛，是继2013年10月习近平主席在哈萨克斯坦、印尼以及2016年9月G20杭州峰会之后中国举办的又一场外交盛事。

"一带一路"倡议的提出从本国角度出发，一方面是中国在国际社会的综合国力和国际地位不断提升的体现，通过联动的方式，将本国的政治、经济、文化等实力不断输出。另一方面，通过与周边国家的联动，将不同的文化、理念、商机带入中国，实现文化的多样化态势。同时，以历史为观照，人类命运共同体的概念也在新时代的话语环境下显得尤为重要和突出。

然而在长期与其他国家的交往中，也出现了多种多样的摩擦，虽然一直以来中国都在倡导并对外表达了"和平崛起"的决心和信念。然而在中国的周边国家和地区却屡屡出现不和谐的声音。例如，中日之间因20世纪以来，日本的对华侵略，加重中国民众对日本的反感，而中日之间的矛盾在战后的几十年里，非但没有缓和，反而因钓鱼岛的争端问题，屡次陷入官方和民间交往的冰点。在2014年底，日本内阁公布的"外交舆论调查"显示，在当年的民众中，有超过8成的日本民众对中国"不抱好感"。此外，在中国的南海领域，因领土争端问题而导致的区域间的矛盾时有发生。而在中国的内陆地区，长久以来存在的"东突""藏独"问题也时常威胁国家的主权和领土安全。不仅如此，在北疆的中蒙边界，蒙古国新近出现的民族主义极端组织的反华声音也在最近几年暗潮涌动。

地缘与心理上"近而不亲"的问题，是目前周边外交出现的主要壁垒和障碍。从全球范围来看，中国所面临的周边问题极为复杂和严峻，特别是在中国国内的边疆地区的跨界民族问题和周边国家之间的复杂形势，亦是造成中国周边环境不稳的重要因素。习近平在2013年10月24日召开的周边外交工作座谈会上强调，"做好周边外交工作，是实现'两个一百年'奋斗目标、实现中华民族伟大复兴的中国梦的需要，要更加奋发有为地推进周边外交，为我国发展争取良好的周边环境，使我国发展更多惠及周边国家，实现共同发展"。①周边环境的稳定，是一切活动的重要前提和首要战略依托。正所谓"周边不稳，中国不稳；周边稳定，中国稳定。周边既是中国安全疆界的延伸，也是中国安全的屏障"。②

在中国的内陆边疆地区生活着除汉族以外的55个少数民族，这些民族中又有很多属于跨界民族，由于历史、地缘、政治等原因，分居于中国和周边邻国，这就使得在跨越两国或多国的同一民族中，形成了既相似又不同的民族观、集体记忆和认同基础，以及由此导致的意识形态差异。而这一现实问题又在周边关系中极为重要。

蒙古族作为我国的主要少数民族之一，同时也是蒙古国（又称外蒙古、喀尔喀蒙古）的主体民族③。该民族有着悠久的历史和文化，并且在历史上曾建立过横跨亚欧大陆的世界性帝国，将古代丝路纳入帝国的版图之内。然而从16世纪末延续到近代北方周边历史上的政治和文化变动，使分居在不同地区的蒙古人产生了复杂的心理和多元化的意识形态。特别是在20世纪20年代发生的"外蒙古独立"事件，使得蒙古族在此节点下产生了巨大的变化。蒙古国从文化到民族认同以及意识形态方面长期受苏联话语体系的影响，对中国以及生活在中国境内的蒙古族产生了巨大的不安和防备心理，以致于出现不同程度的认同误解和歧视。特别是在民主化改革之后，蒙古国推行"多支点外交"政策，并且积极与美国、日本等发达国家发展"第三邻国"战略。虽然在地缘上与中国相近，却在心理和意识形态上与西方发达国家较为密切。而"一带一

---

① 《习近平：让命运共同体意识在周边国家落地生根》，新华网，2013年10月25日。
② 张蕴岭主编：《未来10-15年中国在亚太地区面临的国际环境》【D】，中国社会科学出版社，2003年，第10页。
③ 蒙古族作为我国境内少数民族之一，主要生活在内蒙古自治区、新疆、黑龙江、吉林和辽宁等省份。此外，作为跨界民族，还有生活在今天的蒙古国、俄罗斯境内的布里亚特共和国以及图瓦共和国。在民族的称谓上，与中国境内有较大差异。例如，在蒙古国的主体民族为喀尔喀，约占该国人口的80%以上。

路"倡议，为蒙古国的经济发展提供了良好的机遇与平台，与蒙古国境内的"草原之路"战略形成良性对接。

此外，尽管中国的综合国力和国际地位不断提升，但对于历史认识不够全面和深入、对周边国家存在较大的认知误区。以蒙古国为例，在一些社交媒介和公共媒介平台上，一直以"落后""愚昧"等标签来解读蒙古国。甚至在网络、微博、微信等空间里多次出现"外蒙古欲回归中国"的虚假新闻，更有一些话语表达的误差，对于历史问题认识不充分，一些外交学人提出"外蒙古自古以来就是中国的固有领土"的说法，在忽略意识形态差异，简单化、标签化的话语表达方式更容易造成双方深层次的误解，无益于周边关系的良好发展。虽然在两国生活着具有共同语言、共同神话、共同集体记忆的民族之苗裔，但由于复杂的历史和地缘政治因素，以及其他民族（汉族、满族及其他少数民族）和文化（汉文化、满族文化和其他游牧、渔猎民族文化）的影响，彼此的文化已经因长期政治和文化上的分离，产生了不同程度且独具特色的变化，如何系统地、合理地将我国境内的民族文化进行跨界传播是值得注意的问题，也是目前在周边和对外传播中所存在的比较严重的问题。

同时也要看到，在国内，在少数民族自治区，大杂居、小聚居的生活样态，让不同民族之间的交流既有相互趋同也有各自的独立性，不能简单的将生活在同一区域内的不同民族划分为"我者"和"他者"或者完全混同，这与普通的对内传播有着明显的区别，但又处于同一区域空间，不能完全用"跨文化"的视域来划分。

文化作为传播中的重要议题，需要被高度重视。正如文化大家费孝通所描述"各种文化里长大的人不能互相了解是当前世界的一个严重的问题。以往，世界上各地的人民各自孤立地在个别的处境里发展他们的生活方式，交通不便，往来不易，各不相关。现在却因交通工具的发达，四海一体，天下一家，门户洞开，没有人能再闭关自守，经营孤立的生活了。在经济上我们全世界已进入了一个分工合作的体系，利害相连，休戚相关，一个世界性的大社会业已开始形成。但是各地的人民却还有着他们从个别历史中积累成的文化，不同的文化中有不少价值标准是不相同的。同样一件事，一句话，可以在不同文化中引起不同的反应"①。在不同的话语修辞及其传播中，来自不同文化背景的人对于同一问题会有不同理解并作出相应的回应。

"以铜为鉴，可以正衣冠，以人为鉴，可以知得失，以史为鉴，可以知兴替"。从历史的变迁与发展来看，以长城为界限的中国北部边疆在历史上经历了多次变迁，从1271年到1368年，蒙古民族建立大蒙古帝国的近一百年时间里，打破了旧有的文化和政治空间壁垒，在"大一统"封建王朝的政治空间里，将不同族裔的文化加以控制并使之传承和发展。此外，在1368年，元帝国覆灭之后，蒙古民族的政治环境、文化范式都产生了巨大的裂变，在中外史料中都有详尽的记录。综合来说，此时的蒙古地区处于多个游牧封建主割据占领、逐鹿群雄的战乱时期，一方面，蒙古社会内部大的游牧封建主为取得"宗主"之位而不断发动部落汗国内部、汗国之间的争斗，另一方面，满洲民族共同体的形成、兴起并最终入主中原，对于蒙古诸藩部来说，如何从游牧封建领主到成为清朝的藩部？在话语体系的变迁中如何由"外"而"内"？清朝与蒙古诸部之间的关系如何从"远"到"近"？其社会结构与文化发展，以及与清廷之间的周边关系如何变迁并产生何种效果？这一系列问题，促成笔者以《清廷与蒙古藩部的周边文化传播研究》作为论题，进行科学、系统的研究。

（二）提出问题

观察近几年的传播史学研究文献，关于北方少数民族的传播学研

---

① 费孝通：《美国人的性格》【M】，华东师范大学出版社，2013年，第15页。

究相对较为稀薄，虽然之前有关于蒙元帝国的传播史研究专著《元代传播考》（李漫：2007）和关于满族传播历史的《白山黑水：满族传播研究》（汤景泰：2013），但主要研究对象均集中于其统辖下的中原王朝传播史和现代民族传播观照，而关于由一个少数民族（满洲共同体）统治中原王朝前后与之关系微妙的另一个少数民族（蒙古诸藩部）彼此间的传播历史研究不得不说是一个缺页。笔者以为，以内属、外藩蒙古作为研究对象，由于其地缘特殊性，使得其在现代化、全球化时代之前，不完全从属于周边的某个区域或国家，同时又在某种程度上依附这些国家或地区，从17世纪之后200多年的变动环境中，与这些地区的传播类型、渠道、内容、方式、规律的变迁在传播历史研究中具有开拓性的意义。此外，本研究不仅仅是停留于陈述和考证历史事实，更深层次希望通过史实追问其背后的意义。

具体来说，本文尝试从如下几个问题带入到文献的阅读、研究与写作过程：

（1）17世纪至19世纪后半期是一个特殊时期，明王朝的衰落、满洲共同体的形成与壮大、清王朝取代明廷入主中原、蒙古诸部落的割据与纷争、沙俄帝国虎视东北亚让这一时期的政治关系变得复杂且失控，而地缘和战略上处于权力纷争核心地带的内外蒙古藩部其归附定鼎中原后的清王朝究竟是无奈之举还是另有其因？作为同一语系的不同语族，其文化范式是否具备相似性，这种相似性是不是也使得双方能够达成一致，从而构成蒙古诸部归附清朝的主要原因之一？这种文化范式在附清前后对漠南蒙古诸部和漠北蒙古喀尔喀部落产生了哪些变化和影响？是削弱还是增强？是使得蒙古诸部走向衰败还是崛起？此外，从渔猎生产为主的奴隶制部落到封建王朝帝制的金字塔尖的统治者的清廷，在封建社会时代，其与作为游牧封建汗国的蒙古诸部关系究竟是朝贡、藩贡还是如同古典体制中对等的诸侯与诸侯间的关系？在蒙古诸王公一方又是如何构建自身的汗权地位和周边形象的？清代以降，曾经作为旧时代的藩部在成为统治与权力中心之后，又是如何运用"非军事"的手段构建在蒙古社会的"宗主"形象的？

（2）周边传播作为一个大的概念，在其宏观含义内又有不同类型微观的内涵和定义，在某一历史阶段内的传播，自然不能脱离传播时间或称为时间上的传播。而作为空间范围内的周边，其传播类型又分为"时间周边"和"事件周边"，二者间的定义分别为：时间传播"是指一个新闻事件发生的前后，是纵向的、一维的"[1]；事件传播"是指与一个独立新闻事件相关的各种依附性新闻和事件直接影响的范围，是横向的、多维的概念"[2]。笔者认为，在历史框架下，作为研究对象，其周边传播应该存在于时间和事件两者之间，其产生的影响或称为传播效果也是呈波动、扩散式的。那么在17世纪以及之后的200余年，在蒙古地区发生的几次事件，其发生前后对蒙古社会自身的影响以及因这些事件导致的直接影响和后果又有哪些？

（3）作为文化传播研究，不能脱离开符号和语言，来空谈文化。作为多元文化复合的区域，蒙古诸藩部的首领在17世纪之前就已经由该封建汗国的上层贵族将藏传佛教文化带入到了本土，而在满洲共同体入主中原后，依然没有忘记严格控制漠南和漠北地区，让其宗教管理政策进一步加剧，作为一种象征符号的宗教文化，在周边传播中所扮演的角色有哪些？又产生了何种本土化变迁和外在权力对其的规训？此外，在后金时期，作为符号的语言文字的蒙古语对于满族的文字和文化所产生的影响力是否对其自身的族性、文化认同的建构，以及对于其所创造的"满蒙一体论"政治修辞下，对于蒙古的规训和传统的再构建产生了更

---

① 陆地:《周边传播概念和理论的再思考》【J】，《新闻与传播研究》，2017年，第2期。
② 陆地:《周边传播概念和理论的再思考》【J】，《新闻与传播研究》，2017年，第2期。

深刻的效果？此外，汉地的儒家文化对于当时的满洲贵族阶层，和曾经入主中原的蒙古统治者后裔所产生的效力究竟到达何种程度？是否真如现代蒙古国和苏联的蒙古史学界所言，使得蒙古地区的文化不进反退？

（4）作为民族-国家概念的提出者，安东尼·吉登斯认为民族主义与国家建构属于后现代语境下的产物，特别是主权、领土等概念，唯有在现代国家里才会有意义。且"传统国家本质上是裂变性的，其国家机器可以维持的行政权威非常有限。传统国家有边陲而无国界，这表明其体系整合的水平非常有限"。①事实果真如此吗？作为封建王朝统治背景下的内亚世界里，关于民族意识和集体记忆的民族主义是否完全不存在？如若存在，在时间线性维度上，蒙古地区的民族共同体又是如何在激荡的环境中使自身的"族性"得以生发？除此之外，吉登斯认为，大型传统国家的内部存在异质性，也就是说是由众多社会组成的②。同样，在异族统治下③如何在复杂多变的环境中处理与自身具有"同文同种"的漠南诸部等其他"同胞"的关系？又如何利用佛教这一符号，来构建自身形象和身份，并建立起与西藏之间的关联？其彼此之间的关系如何构建而成又如何被利用且被集权化处理？除去文化和政治的异质性等人所共知的显性因素外，是否存在其他隐性因素？如若存在，这些因素又是

---

① ［英］安东尼吉登斯：《民族——国家与暴力》【M】，胡宗泽、赵力涛译，王铭铭校，商务印书馆，1998年，第63页。
② ［英］安东尼吉登斯：《民族——国家与暴力》【M】，胡宗泽、赵力涛译，王铭铭校，商务印书馆，1998年，第63页。
③ 笔者认为，此时的异族概念应该分为三个阶段，一是在入清（1644年）之前，强大的后金——满洲共同体和中原明王朝相互抗衡时，对于包括喀尔喀蒙古在内的蒙古诸汗国均没有异族，但均为构成对其统治；一是在入清后，喀尔喀内乱到准噶尔进攻喀尔喀以及清朝对其军事援助之前（1650—1691），对于漠南蒙古诸部属于统治阶层，而对于喀尔喀来说，只具有一定的藩贡关系，并不具有实际统治权；一是在康熙三十年（1691年），喀尔喀正式归附清廷之后，清王朝对其来说成为真正意义上的异族统治者。

什么？是诸如语言、媒介以及交流和传播上的无奈与困境吗？

带着上述几组基础性问题阅读文献的同时，并不意味着将其作为一种既定的、贴标签式的、先入为主的具有预设性并使之影响研究结论的前提，而是作为一种具有导向性提示，能够随时提醒笔者在进行卷帙浩繁的文献阅读和研究、撰写之时，不会因繁杂的史料而迷失自身的方向，也就是作为选题的意义。应该作为在通过对清代蒙古地区变动社会环境和话语体系的历史阶段的叙述之后，尝试发掘出在变动中，多元文化的碰撞、交流、融合、变迁等基本属性和原理，发掘出在"前现代"的时代背景和特殊环境中传播的样态和文化交流的意义，观照当下"全球化"语境下的现代内亚世界，二者间有着何种关联；通过传播学视角和周边传播的框架下，从蒙古封建游牧汗国到内属、外藩蒙古诸部变迁的历史经验，思考制度和文化变迁对于周边关系的重要意义和作用。这样一项工作具有较大挑战性，但具有重要的研究价值，或许所得出的结论不会是唯一或尽如人意的，甚至无法取得答案，但这些问题却值得深究，因为对其追问的过程本身也具有价值。对于笔者来说，追问问题、寻求答案的过程是首位的，而产生的结论只是此过程的一项天然产物。

（三）选题意义

1. 理论意义

本选题从学理性来看，主要根植于历史、民族、文化和周边传播等几个维度作为关键性的研究要素。从理论构建和学术研究进一步观察与分析，本项研究的理论基础与学术根基主要立足于传播学、社会学、民族学、历史学以及民俗学等人文学科的框架内。对于本研究来说，这些学科的最新研究成果都具有重要的理论意义和实用价值。

从传播学角度来看，在本研究中，除了传统的对外传播、跨文化传播等相关理论基础作为本研究框架之外，更重要的是周边传播理论的全新角度对跨界民族的历史、主体和传播效果进行研究。在这几项研究维度中，对外传播主要侧重于对新闻媒体、国际话语权以及意识形态等问题的探究与分析；跨文化传播则对不同文化背景下，形态各异的文化模式、行为习惯、习俗信仰等元素的碰撞与交流问题进行研究。而对于周边国家和地区的跨界民族研究中，此两项理论有其适用范围，但又不足以解决实际存在的问题，在实际的传播过程中存在理论局限性。周边传播发生在多元文化空间和时间范围内，有异质文化也有同质文化。周边传播理论的介入既与对外传播和跨文化传播的理论有交叉点，但也有本身的理论特殊性。正如周边传播概念提出伊始所言："周边传播是国内传播的延伸、国际传播的先导，是一种有着自身特点和发展规律的特殊传播活动。"①以此为契机所延展开的理论研究，其价值在于，探索在多元文化交流过程中，各个主体间如何取得更好的关注、交流、理解与尊重的问题。周边传播不仅是自上而下的输出，同时也在横向相互渗透。

从历史人类学的角度来观察，关于蒙古民族的人类学研究在世界范围内较为丰富，并且取得了丰硕的成果。特别是美国学者欧文·拉铁摩尔提出的"双边疆"理论，建立起了以"内亚观"的研究范式来分析跨界民族在古代中国和亚洲内陆在政治、军事和社会交往的历史碰撞中产生的社会结构变化。拉铁摩尔将传统的以"长城边疆"内的汉文化历史来分析中国历史的变迁转变为更广域的亚洲内陆的宏观空间，长城边疆被其视为一种内在的边疆，其作用"不但防止外面的人进来，也阻止里面的人出去"，②而"维持边界的国家必然要干预到边界以外的本来要隔

---

① 陆地：《周边传播的概念和特性》【J】，《现代传播》2015年，第3期。
② ［美］拉铁摩尔：《中国的亚洲内陆边疆》【M】，唐晓峰译，江苏人民出版社，2010年，第168页。

绝的人们的事务"。①其两侧的空间成为农耕文明和游牧文明的过渡地带。这一地区因不同文化的相互交融，产生了不同程度的变动。使得这一原本"线"形边疆的隔离意义变得较为缓和，成为一个内部边疆。而在真正的游牧地带，则属于外边疆。这一理论对于元和清代的历史疆域有实际意义。延续这一理论，日本学者杉山正明同样将构成中国古代边疆民族的历史研究作为重要对象。对于长城的符号意义，他指出在传统中原王朝，长城"不只是单纯防卫之用，可说是意识的墙，也是中华民族的产物"；而在元、清时代则代表了皇帝的二元身份，"向南代表中国的皇帝，向西及北则代表继承蒙古帝国的草原可汗"②。这一象征本身也具备了古代封建政治话语体系下，符号的政治象征功能。作为边界两端不同民族群体的交流，无论是因灾难的逃遁还是商贸活动，不同族群间的社会行为不会因朝廷的控制而停止。举例来说，明廷与北元对立时期，大量的汉民涌入游牧草原，或依附于蒙古贵族，或进行商贾交换，或建立起聚居的板升城。所有的行为方式都不会因为双方统治阶层的或依附或对立的关系而终止。此外，作为自然环境的大漠，一方面天然地将元代以降的蒙古地区隔为漠南（即现在的内蒙古自治区除阿拉善盟以外的地区）、漠北（现在蒙古国以及新疆阿尔泰山地区）、漠西（今新疆北部、俄罗斯图瓦、阿尔泰共和国等地区）三个大的地区。天然环境的区分让不同区域内的蒙古人形成各自独特的发展模式，彼此之间虽然互不统属，但往来不绝，特别是在清初变动的社会环境下，他们或联盟，或对立，在汗统神授、佛教思想等影响下与以渔猎生产方式为根本的满洲共同体展开或近或远的对话，逐渐形成在文化方面既有相似性又各有特点的社会景观。另一方面，满洲统治者从部族到民族再到入主中

---

① ［美］拉铁摩尔：《中国的亚洲内陆边疆》【M】，唐晓峰译，江苏人民出版社，2010年，第166页。
② ［日］杉山正明：《游牧民的世界史》【M】，黄美蓉译，2014年，第16页。

原成为封建王朝的统治者，对于蒙古社会的"经营模式"，采用了特殊的控制策略，让大漠周围的蒙古社会从地理位置上的边界符号转变成政治管理上的第二道防线，例如买卖城的设置，尽管清代对于漠北喀尔喀蒙古有着严格管理，但在民间仍然不妨碍从农耕区域来这里的汉人商贾与沙俄进行边界贸易。这些边疆历史的研究成果和大量的历史资料，也为本研究的历史分析部分提供了较为详实的文献基础和理论根基。

从民族学的角度来分析，英国学者安东尼·史密斯将民族定义为"具有名称，在感知到的祖地上居住，拥有共同的神话、共享的历史和与众不同的公共文化，所有成员拥有共同的法律与习惯的人类共同体"；[①]族群则定义为"与领土有关，拥有名称的人类共同体，拥有共同的神话和祖先，共享记忆并有某种或更多的共享文化，且至少在精英中有某种程度的团结"[②]。作为现代社会中，跨界民族虽在空间上有阻隔和分化，但是因其具备相同的神话祖先、共同记忆和公共文化，两者在民族的血缘和地缘认同上有相同和相近之处。但是因社会结构和意识形态差异，两者之间在构建公民身份、民族和国家认同等方面又大相径庭，因此文化民族主义的部分理论不完全适用于跨界但相同或相近的民族。作为现代民族学代表性理论的提出者，本尼迪克特·安德森将民族归结为通过印刷的语言、文字将不在同一空间环境下的，具有共同语言的群体，构建出一个"共同体"。这对于不同空间里的具有相同血缘或不同血缘但使用相同语言的人，容易形成亲缘感。然而，并不能说明这一被构建的共同体无懈可击。作为交流和传播手段的语言和文字，必须要具有所谓"语言的场"，也就是这种共同语言要有相应的"本土化"。在

---

① ［英］安东尼·史密斯：《民族主义 理论、意识形态、历史》【M】，叶江译，上海世纪出版集团，2011年，第13页。

② ［英］安东尼·史密斯：《民族主义 理论、意识形态、历史》【M】，叶江译，上海世纪出版集团，2011年，第13页。

中国的俗语中也有"亲不亲，听乡音"。没有特定历史培育的特定口语族群，那么其共同体就会容易消解。以蒙古为例，在当代中蒙边境的两国公民，尽管拥有相同的记忆和文化，在共同语中也较容易建立起一种虚拟的共同体，但是一旦将书面文字口语化之后，就会打破建立起的共同体关系。民族学的理论也在不断的实践中创新，由此，要在实际的研究中，理性地进行分析和使用。

除此之外，在跨界民族的周边传播作为发生在个人与个人、个人与群体、群体与群体之间的重要的交流范式与行为方式，同样也得到了社会学以及社会心理学、文化心理学学者们的广泛关注与高度重视。美国社会学者约翰·J.麦休尼斯在其著作《社会学》开篇所讲，"社会学教导我们，就像季节影响着我们的穿衣和活动一样，社会世界以非常相同的方式指引着我们的全部生活选择"。[①]在跨越了现实空间的界限外，无论是相同或相近的文化背景下的族裔，还是各有交融又彼此独立的文化影响下的人群，其行为方式以及其接受来自不同文化背景下的观念、意识形态的程度，并非完全由个人的意愿决定，也不会完全受制于某一项制度。

由此可以看出，不同学科的专家学者们，在各自学科范围内的研究都有重点观照，并且其研究的精度与厚度都无可厚非。然而仍然缺少能够在宏观上将其串联，并指导实践活动的支撑。特别是在实际活动中，有了作为人本身的活动，日常的行为方式和交流变得极为复杂。

综合来看，本项研究的理论意义与研究价值在于，它突破了以往各个学科在各自研究领域内进行"闭门造车"的研究局限，采取跨学科、多支点相互交叉研究的方法与理念。

---

① ［美］约翰·J.麦休尼斯：《社会学》【M】，风笑天等译，中国人民大学出版社，2009年，第2页。

2. 现实意义

此项研究的现实意义，主要分为政治、社会和文化三个层面，在此基础上进行分析和论述。

（1）政治层面，自十八大以来，习近平总书记提出一系列中国周边外交的新思路和新规划，科学评估了中国周边外交所面临的新环境和新挑战，确定了中国周边外交的新定位，提出了中国周边外交的新理念，设计了中国周边外交的新战略，形成了实施中国周边外交的新路径，开创了中国周边外交的新局面和中国外交史上思想空前活跃、对外影响空前巨大的新时代。在这样的时代背景下，立足于从边疆民族的视角出发，对周边国家和地区的传播历史、内容进行研究，一方面对于多民族国家的共生互融、社会和谐与稳定，有积极的维护与促进意义。另一方面，对于周边国家和地区，提升中国外交的软实力，正确树立国际形象，提升国际地位与影响力有积极的意义。

（2）社会层面，本研究无疑对提升民族凝聚力、民族归属感以及民族自信心、自豪感具有重大的现实意义。作为多民族主权国家，我国的民族工作长期以来都作为重点工作被提上各项工作的议程，特别是在十八大之后，在国内，随着工业化、城镇化、信息化和农业现代化的加速推进，随着民族间的交往交流频繁而深入，民族的分布格局发生了较大变化；展眼世界，恐怖主义、分裂主义、极端主义抬头，民族问题日益成为影响和平与发展的一个关键问题。而作为边疆地区的跨界民族问题，也一直是一项复杂而艰难的工作，如何树立正确的民族观、国家观和民族向心力，是边疆民族问题亟待解决的重要课题。另一方面，中国经济实力的崛起，使得中国在近邻问题上，存在自我认知和周边对华认知错位，中国怎样"努力使自身发展更好惠及周边国家"，塑造良善亲和的大国形象，如何真正成为周边国家的"好邻居、好朋友、好伙伴"，是中国对周边关系的重要议题，而我国境内的少数民族和邻国的民族在历史、文化等方面存在共同性和亲缘性，因而，在当下环境里，以史为鉴，从历史中找到自身的身份界定和认同，消除彼此间的歧视与隔阂，对于民族和国家的发展都有良性的作用。

（3）文化层面，本研究对于保持和维护周边国家和地区文化的多样性具有重要的现实意义。联合国曾于1973年发表《保存和发展多元文化价值观》的决议，表明了文化多样性是人类社会的基本特征之一，是人类社会发展进步的重要原动力。民俗学者蔡丰明曾指出："保护非物质文化遗产、文化多样性和可持续发展的理念，成为21世纪第一个十年影响最大的世界性文化思潮之一。"[①]尽管这一预见性的论断并不一定完全准确，但是，保护文化的多样性，对于我国乃至于世界都有十分重要的意义。蒙古民族的文化渊远流长，在与中原王朝、西域民族、北方其他民族几百年的战与和中，既吸收了来自其他文化中的精华为己所用，又长久以来保留了自身民族文化的独立性。究其原因，一方面，与蒙古民族的游牧生产方式不无关联。李漫在《元代传播考》中，从媒介与人的关系角度，讨论并划分出了作为"时间化民族"的汉族和"空间化民族"的蒙古族在历史上的相遇，导致了语言沟通与文化交融的困境。尽管如此，随着时间的推移和空间的变化，作为非物质的文化依然得以保留，只是在不同的空间内，已经因诸多外部因素有所差异。另一方面，不同国别，有相同文化记忆的蒙古民族，因政治地缘的差异，对于非物质文化的传承方式和保留手段也都产生了变化，但对于文化的保护一直没有削弱。文化能够唤起同一民族成员的共同信仰、记忆和认同感，同时也是树立国家形象的重要手段。基于现实挑战，本研究将有助于蒙古民族文化传播研究，以及对于自身身份建构的良性引导，同时对于我国多元

---

① 蔡丰明：《城市语境中的民俗保护：当代上海城市民俗文化遗产保护与利用研究》【M】，上海社会科学院出版社，2009年，第3-5页。

化的民族文化传播研究作为内容上的补充。

二、研究概况与参考文献

　　文化大家费孝通曾说，"不论做什么科学研究工作，必须熟悉与研究课题有关的文献和掌握充分资料、数据。熟悉文献是要知道前人在这个课题上已做过多少研究工作，解决了些什么问题，还有哪些问题没有解决，也就是总结在这个课题上的研究经验。如果不熟悉有关文献，不仅不能利用前人的成就向前推进，而且还会重复已解决了的问题……科学知识是社会积累的产物，新的发明、创造都是在前人遗产的基础上得来的。这是做过研究工作的人都明白的道理。"①在笔者进行资料的整理与分析之后，立足于前人所做出的研究成果，以创新性的研究为目的，笔者从蒙古、民族、历史、文化、传播等几个维度对文献进行了梳理。以过往的研究来看，研究以蒙古作为切入点的学术论文，以民俗生活、民间文化、文学创作的研究成果占较大比例，以蒙古历史和清代历史作为研究对象的文献也占相当比重，但以某一朝代框架下中央与周边民族的文化传播作为研究的成果则相对较少。文献资料的查找与筛选是一项较大的工程，笔者尽力寻找并占有大量的文献，以期达到较为完整和全息的资料。

（一）蒙古学和蒙古历史方面的研究及古代史料文献

　　关于蒙古学和蒙古历史方面的研究，在卷帙浩繁的文献中筛选出适合于研究的文献基础较为不易，分类别和时段性进行文献检索较容易找到相关的文献。

---

① 费孝通：《美国人的性格》【M】，华东师范大学出版社，2013年，第202页。

1. 蒙古学与蒙古历史方面的相关文献研究

（1）国内研究：从国内文献梳理来看，关于蒙古学这一大的学科背景下产生了不同的研究视角和方向。有乌云毕力格主编的《蒙古民族通史》（5卷本）从蒙古族系的来源考证到成吉思汗统一七部、大蒙古国和元朝的建立、鞑靼和瓦剌分立、北元的中兴、土默特部的兴衰、满清统治下的蒙古、民国时期的蒙古地区、内蒙古的抗日战争历程、解放后与当代蒙古的顺序，以马克思主义唯物史观作为观照，详细展示了蒙古民族从共同体的建构到统一帝国再到分裂、瓦解以及走向解放和自由的历史，客观地展示了蒙古民族的社会变迁和文化兴衰。额灯陶克套的《蒙古族哲学思想史》和《游牧社会形态论》详细论述了从古代到近世的蒙古思想文化变迁和社会形态的分类。前者更是以思想变迁为脉络，将历史分期为"英雄文化时期"（公元前2世纪-公元10世纪）、"汗权文化时期"（公元10-18世纪）、"民众文化时期"（公元18-20世纪中）三个阶段。以后现代哲学视角，审视了作为民族共同体的蒙古哲学思想的渐变；后者则是将视角扩展到北方游牧民族的范围，以游牧社会作为根基，探讨其政治经济形态、意识形态和文明形态，并且将其与农耕、现代、全球化文明进行比较分析，更全面地分析和观照了游牧社会历史传统与现代文明的关系与沟通。苏鲁格所著《蒙古宗教史》以历史发展的眼光，从古代蒙古部族的统一蒙古原生宗教（萨满信仰）到藏传佛教两次入蒙古，蒙藏佛教异同分析，景教、道教、回鹘佛教及汉传佛教对蒙古的传播和影响，以及基督教、伊斯兰教在蒙古的传播，纵横交错的对不同宗教在蒙古地区的传播及对蒙古民族和社会结构的影响力作出分析。佟德富的《蒙古语族诸民族宗教史》和奇文瑛的《满—通古斯语族民族宗教研究》则立足于阿尔泰语系蒙古语族和满—通古斯语族的不同民族中①，各自的宗教发展历程作出简要论述。胡日查所著《清代蒙古寺院管理体制研究》从入清前后满清贵族对蒙古宗教政策变迁和寺庙体系建立、理藩院对蒙古地区寺院和僧人的管理、扎萨克喇嘛旗与掌印呼图克图喇嘛旗管理体制、掌印扎萨克达喇嘛及其印务处管理、蒙旗所辖寺院与喇嘛的行政管理、蒙古寺庙内部的管理体制。从三个管理层级，即"中央–地方–组织内部"，分析有清一代的蒙古寺院的管理体制。姑茹玛的《喀尔喀车臣汗部研究》以16世纪末到17世纪喀尔喀左翼车臣汗部与满清和沙俄的关系变迁作为研究对象，以历时的方式对附清前后车臣汗部的周近关系作出了较为新颖的分析。那仁朝克图的《13–19世纪蒙古法制沿革史研究》从蒙古民族统一之前到清朝中期，由同一帝国到游牧封建割据以及异族统治下不同部落的法律和制度变迁作出全息的分析，其中涉及蒙古藩部的《白桦律》《蒙古–卫拉特法典》《喀尔喀吉鲁姆》以及《蒙古律书》《理藩院则例》等史料分析，对于笔者对清代蒙古制度方面的研究有重要启发。格·孟和的《蒙古文化概论》以马克思主义的哲学观和历史观对蒙古文化的根源、定义及命名，并指出蒙古文化发展的原因、缺陷、特征以及人文关照等，尽管有部分观点值得商榷，但其在蒙古文化的研究方面具有良好的导向性作用。宝山的《清代蒙古出版文化研究》（蒙古文）从清代蒙古文出版机构变迁、出版物的形态

---

① 阿尔泰语系是指分布于阿尔泰山周边，使用黏着语的诸多民族，其特点是主宾谓结构，通常通过语句末尾的动词变化来体现说话人的状态。具体分为突厥、蒙古、满—通古斯语族，包含的民族主要有今天分布在我国北方地区和蒙古国、中亚五国的维吾尔、哈萨克、塔吉克、乌兹别克、柯尔克孜、塔塔尔、蒙古、达斡尔、土、裕固、保安、满、锡伯、鄂伦春、鄂温克、赫哲，以及在俄罗斯远东地区的图瓦共和国、阿尔泰共和国、卡尔梅克共和国、布里亚特共和国、阿尔泰共和国的诸民族。语言学界对于日本语和韩国语（朝鲜语）存在分歧，有学者认为其语法和发音系统属于黏着语类，应归入阿尔泰语系，而也有学者认为其所涉及的词源多与南岛语族接近，因而尚未定论。

等方面，全景式的解读了清代蒙古印刷制品及其传播效果，较好地展示了有清一代从语言、文字、印刷到文化的传播模型，能够让笔者对这一时期的文字传播有更深入的了解和思维模式的构建。那仁毕力格的《蒙古民族敖包祭祀文化认同研究》，利用田野调查、文献分析、案例分析的方式，通过对鄂尔多斯敖包祭祀的仪式、信仰特征的描述与分析，以小见大，观照蒙古民族的敖包信仰和集体民族记忆、认同感在当下环境的建构。赵云田的《清代蒙古政教制度》为上世纪80年代国内较早的研究清代蒙古政教制度的学术成果，尽管有些内容和发现在当下已经有些滞后，但作为导向性的文献依然具有较强的学术参考价值。张永江的《清代藩部研究——以政治变迁为中心》和吕文利的《皇朝藩部要略研究》二者互为补充，前者从藩的定义、政治体系以及对不同藩部的管理原则与行政模式为考察，并最终将落点集中到藩部的"内地化"和"一体化"讨论；后者则以官方文献为主，对比不同藩部和中央王朝历史书写的差异，并用史料学、文献学、编辑学等几个方面，论证了官修史料的历史价值。李治国的《清代藩部宾礼研究——以蒙古为中心》，以入清前后蒙古各部的礼制变化，利用福柯的"规训和惩戒"理论，对清代的蒙古礼制变迁进行了详述和创新，作为文化的范本之一，对王朝藩部的礼制和道德的规训研究尚书首次。苏日嘎拉图的《满蒙文关系研究》立足于民族关系发展史，通过物质、制度、精神三个文化层面的来验证满蒙交往历史中的相互影响和作用。哈斯巴根的《清初满蒙关系演变研究》从早期满蒙地缘、满蒙关系中的官衔称谓、交往过程中的"满洲蒙古化"、九白之贡等方面的文献研究，从符号学以及"肉身规训"等理论方面，论证了清代满蒙关系并非简单的姻亲或招降，而是利用政治话语和符号化的"媒介"，构建自身的合法统治地位。宋瞳的《清初理藩院研究——以顺治朝理藩院满文题本为中心》，利用满文题本对在处于大变动时期的顺治朝与蒙古诸部的关系变迁，并找出与以往文献研究所不同的喀尔喀与清之间"朝贡关系"新发现和新观点。那木斯莱编写的《清代蒙古盟旗制度的由来和变迁》（回鹘体蒙古文）和《四卫拉特史》（回鹘体蒙古文）前者结合史料较为详细、客观地论述了清代内蒙古、喀尔喀蒙古、卫拉特四部在不同时期盟旗制度的变化；后者则使用简练的语言，概述了从葛尔丹汗兴兵到土尔扈特部握巴西汗率众东归，其中准噶尔与喀尔喀之间的"从盟到战"做了扼要且真实的追述。乌力吉淘格套的《清至民国时期蒙古法制研究——以中央政府对蒙古的立法及其演变为线索》从民族、国家、地方立法变迁的角度，立足于不同时期利用法制来规训治理蒙疆的政策变迁，特别是民国时期的法律分析，可以作为之前其他研究边疆法制的补白。丹巴的《蒙藏关系史略》（回鹘体蒙古文）以元——北元——满清统治下的蒙藏关系为基础，通过佛教两次进入蒙古，三次影响蒙古文化，详实地记述了通过佛教作为媒介对蒙古文化的影响、融合和变迁。

可以看出，在国内有关蒙古学和民族史学方面的文献研究较为丰富，并且已经取得了丰硕的成果，在此基础上寻图索骥，可以节省更多的时间成本来完成有效的文献阅读。

（2）国外蒙古研究：由于国外蒙古学研究超越了语言的限度，笔者对于语言的掌握主要限定在汉语、蒙古语和日语等几种语言，因而在阅读时也以这三种语言的文献为主。

苏联和俄罗斯：俄国人类学者阿·马·波兹德涅耶夫的《蒙古及蒙古人》（两卷本），该书以19世纪末波兹德涅耶夫经过恰克图——库伦（今乌兰巴托）——乌里雅苏台——科布多——库伦——张家口——北京——张家口——归化（今呼和浩特）——张家口——承德——多伦诺尔——克什克腾旗——库伦——乌勒混卡伦最终回到俄国，将沿途的所见所闻以民族志的方式记录，保存了富有经济、宗教、交通、民俗等价值丰富的资料，虽然带有当时沙俄统治下意识形态偏颇的痕迹，但其史料价值对传播效果的研究有一定参考性。苏联蒙古学者沙斯季娜的《十七世纪饿蒙通使关系》和俄罗斯布里亚特共和国蒙古学者齐米德道尔吉耶夫的《17–18世纪蒙古诸部落与俄罗斯》，后者为前者的补充和完善，前者在写作过程中带有苏联"修正主义"的意识形态范式，但其史料原件的恢复与把控有较强的参考价值，而后者更多地将时间和空间视角由17世纪的喀尔喀部族扩展到17–18世纪的喀尔喀和卫拉特蒙古部落，且客观性来说较之前的意识形态下产物来比，更具有客观性。苏联弗拉基米尔佐夫的《蒙古社会制度史》（回鹘体蒙文版），从古代（11–13世纪）、近世（14–17世纪）、现代（18–20世纪初）的历史作为主线，以大的阶段划分来编著了一部蒙古社会制度的变迁史，与之前的意识形态问题类似，在阅读中有些评论的客观性和真实性有待考证，但不妨碍通过其他资料的对比，并找出其中观点和史料真实性的内在联系。

蒙古：蒙古国①从上世纪50年代之后，受第4次民族主义复兴浪潮的影响②，蒙古国的民族意识开始兴起，于是从上世纪50年代开始，对

---

① 蒙古国在20世纪将近100年的时间里，经历了3次大的变动，（1）1911—1921年外蒙古自制运动，（2）1921—1991年，在当时苏联的扶植下建立了蒙古人民共和国，（3）1992至今，民主化改革之后建立了民主化的国家，由于史料和文献研究的学者多数处于后两个阶段的变革环境中，在引用文献时，统一采用现在对其国家的称谓即蒙古国。

② 本尼迪克特在《想象的共同体》一书中，将民族主义的浪潮分文4个阶段，即18世纪末、19世纪初缘起于南北美洲殖民地的独立运动、1820年代的"美洲模式"民族主义思潮、19世纪中叶以降欧洲的"官方民族主义"和20世纪20年代一战之后的"殖民地民族主义"（又称为"最后一波"民族主义），他强调"帝国主义的殖民政府利用殖民地的俄罗斯化政策，培养了一批通晓双语的殖民地精英。通过共同殖民教育，这些来自不同族群背景的人拥有了共通的语言，并且有机会接触到欧洲历史……这些双语精英就是潜在的最初的殖民地民族主义者。另一方面，歧视性的殖民地行政体系与教育体系将殖民地民众的社会政治流动限定在殖民地范围内"。事实上，在当时的受苏联话语体系的影响，蒙古国以及中亚诸国，从文字改革到文化培养，都经历了一次'苏联化'的建构，导致其在历史书写和文化建构上都有迹可循。

蒙古国从古代到当时的社会进行了一次历史的重修。具有代表性的作品是由当时的社会科学院专家院士共同执笔修撰的《蒙古人民共和国史》（1954年单卷本，西里尔蒙古文）和《蒙古人民共和国史》（1966年3卷本，西里尔蒙古文），后者为前者的补充和完善，书写方式上以当时马列主义为核心思想，对于部分事实的观点与当下的史观有较大出入，但其史实内容对比国内和其他国家蒙古学者的研究和书写，相对较为真实。而后者更是由蒙古国学者独立完成的第一部史学作品。2003年，在受到东欧剧变、苏联解体国内民主化改革浪潮的影响，在全新的政治话语和经济形势下，在蒙古国当时的总统班迪达（音译）主持和倡导下，蒙古科学院的专家学者重新编修了一部《蒙古国史》（5卷本，西里尔蒙古文），记述了蒙古民族从远古时期的草原现民到21世纪建立蒙古国的全部通史，在新的话语体系下，书中的书写方式和历史观点也突破了以往一元史观的编修方式，具有较高的史学和史料价值。蒙古国史学家D.孔果尔所编修的《喀尔喀史》（2卷本，回鹘体蒙古文）以喀尔喀地区和部落发展史作为研究范围，从蒙古统一前到成吉思汗黄金家族16代后裔格埒森扎分封喀尔喀领主之后的蒙古发展史，详细介绍了喀尔喀的族源、汗统地位、风土民情、传统文化。S.比拉的《蒙古的文化》（回鹘体蒙古文转写版）一书，用历史的角度，分三个阶段和不同视角介绍了蒙古文化的发展历程，书中较为重要的是对于清代蒙古史家占巴道尔吉的《水晶鉴》中重要微观事实的述评以及对《蒙古秘史》历史价值的肯定。L.特尔毕西的《卫拉特佛教简史》和C.达来的《卫拉特蒙古史》立足于蒙古国民主化之后的后现代史观视角，对17到18世纪入清前后的卫拉特宗教、历史与喀尔喀关系的变迁进行了史论结合的重拾，对民主化之前的一些观点进行了修正，参照国内历史书写可以将二者互为参照和补充。D.孔果尔编修的《科布多简明史》（西里尔蒙古文）记述了准噶尔部入清后，清政府在科布多地区设立将军府以及其与乌里雅苏将军府的关系、对科布多地区沙俄、内地商贩和当地蒙古人的治理方略。C. B. 那楚格道尔吉的《十七世纪蒙俄间的属地问题》，利用满蒙俄藏文献的对比，还原了在入清前后，喀尔喀车臣汗与沙俄之间领土问题的纷争，弥补了这一时期史料欠缺的空白。A. 常吉德的《蒙古文化信仰》借用了亨廷顿的文化霸权理论，将蒙古传统文化的发展结合自己的理解进行了预判，以批判的视角审视了强势文化对传统蒙古文化的破坏并由此展开讨论。D. 图门登博乐儿的《民族观与国家观》，利用后现代的民族主义视角对当下蒙古国内的民族观和国家观的形成进行了批判和重构。除此之外，笔者在撰写文章的过程中不断发掘与之有关的其他史料和民族文献，试图以全息的、跨语系——跨界的对比分析方式，来找到在历史变迁中，蒙古与其他文化之间的传播影响和变迁。

日本、韩国：蒙古学在东亚，特别是在日本的发展一直以来都走在世界的前列，特别是以东京外国语大学和京都大学蒙古语言和蒙古史研究专家杉山正明为主的一批蒙古史学者，从内亚观的视角来解读自远古到近世的蒙古历史和文化，一方面以蒙古史学巨著《蒙古秘史》《蒙古黄金史纲》《蒙古源流》等作为文本来研究前帝国时代和后现代蒙古历史书写的变迁，另一方面深入田野，了解蒙古文化在当代语境下的变迁和再建构。除了杉山正明外，在蒙古史学方面的研究，日本学界可谓源源不绝。田山茂的《清代蒙古社会制度》对于弗拉基米尔佐夫的《蒙古社会制度史》是一种微观上的补充，其具体范围集中到满清贵族对于蒙古社会旧有制度的改造和利用，并建立适合其风俗的管理体系上，对于一些概念符号进行了详细的阐述。宫胁淳子的《最后的游牧帝国：准噶尔部的兴衰》这部史学著述与以往书写准噶尔部历史有所不同，而是站在他者的角度从噶尔丹汗入侵喀尔喀及康熙皇帝援助喀尔喀左翼土谢图汗部抗击到噶尔丹部败退后的历史至阿穆尔萨那兴起前的历史还原，其中最为重要的部分在于喀尔喀与准噶尔的和与战，并且特别强调了1686–1688

年间的详细历史流变细节，以及土谢图汗部如何附清，从微观上弥补了以前历史上对于此阶段喀尔喀–准噶尔–清王朝之间的关系走向以及历史原因和喀尔喀附清的历史动因。桥本光宝的《蒙古喇嘛教》和长尾雅人的《蒙古学问寺》（回鹘体蒙古文译本）以实地考察论证、结合史料详细分析了19世纪末20世纪初，蒙古佛教的流变以及寺院内部的管理和僧侣学习的模式，作为蒙藏佛教研究是较为完备的准一手参考素材。韩国学者金成修的《明清之际藏传佛教在蒙古地区的传播》立足于明清交替话语体系下，藏传佛教在蒙古地区两个世纪里不同的符号意义，立足于宗教学和神学、政治学等跨学科，对于蒙藏传播研究和清代蒙古佛教传播史有启发性的作用。

由此可以看出，国外对于蒙古学和蒙古历史的研究成果如浩瀚星空，各有所长、百花齐放、争相斗艳。一方面，这对于笔者在立足于17世纪前后的喀尔喀蒙古的周边文化传播能够有较为丰富的文献素材和史料来源，但另一方面，由于这些学科各有所执、互不统属，且有些观点带有时代和当时意识形态影响下带有局限性的见解，因而去伪存真地甄别其内容，对于笔者来说也是一项较为艰难的工作。

（3）其他论文集和研究成果

论文和成果的优劣不在于长度，而在于深度，一些关于蒙古文化和历史的论文，虽然没有长篇阔论，却依然能够画龙点睛，为笔者的文献基础起到醍醐灌顶的功效，由于资料文献过于繁多，对其内容和特点，笔者在此不做过多赘述，但仍需要将其整理、归纳并列举出来，以出版时间先后为序将这些文献归纳如下：

《清代蒙古的历史与宗教》（若松宽：1994）、《明清档案与蒙古史研究1》（宝音德利根：2000）、《明清档案与蒙古史研究2》（宝音德利根：2002）、《蒙古的历史与文化》（二木博史：2003）、《满文档案与清代边疆和民族研究》（乌云毕力格：2013）、《蒙古诸部与

蒙古文文献研究》（森川哲雄：2014）、《清代蒙古史论稿》（达力扎
布：2015）、《金峰文集》（金峰：2016）、《五色四藩——多语文本
中的内亚民族史地研究》（乌云毕力格：2016）、《清册金鬘——蒙古
部族与文化史研究》（乌云毕力格：2017）。

2. **古代史料文献**

作为传播历史的考证和研究，史料必然是主要的根基，特别是作为
边疆历史的研究，对于当时当下的史料汇集和分析，应当是重中之重。
除了搜寻与蒙古藩部有关的史料外，笔者还以治疆、理藩等关键词作为
检索范围，将其作为研究清廷与蒙古藩部周边关系的重要文献基础，同
时也适当收集了其他藩部、近邻、远邦等史料，作为清廷与蒙古藩部关
系变迁的参照，具体来分共有如下几类：

（1）清代蒙古史书类：

《蒙古黄金史纲》《蒙古源流》《大黄册》《阿萨拉克齐史》《水晶
鉴》《宝贝念珠》《额尔登召庙史》《温多尔葛根汗传》。

（2）清代档案资料类：

《清内阁秘书院蒙古文堂档》《满文老档》《旧满洲档》《西藏社会
历史藏文档案资料译文集》。

（3）清代实录类：

《满洲实录》《清太祖武皇帝实录》《清太祖实录蒙古史史料抄》
《清太宗实录蒙古史料抄》《清世祖实录蒙古史料抄》《清世祖蒙古史
料抄》《清世宗蒙古史料抄》。实录中，《清太祖武皇帝实录》《满洲
实录》和《清太宗实录蒙古史料抄》最接近原始资料，其史料真实性
较高。

（4）清代政书类：

《钦定大清会典》康熙、雍正、乾隆朝、《乾隆朝内府抄本》《皇朝
理藩院则例》《蒙古律例》《钦定外藩蒙古回部王公表传》《平定准噶尔

方略》《清代理藩院资料辑录》《桦皮律例》《喀尔喀吉鲁姆》《蒙古——卫拉特法典》。

（5）清代地方志、笔记

《清朝柔远记》《清朝前纪》《出塞纪略》《塞北纪程》《后出塞录》《塞程别纪》《奉使喀尔喀纪程》《喀尔喀风土纪》《朔漠纪程》《奉使俄罗斯日记》《北征日记》《朔方备乘》《蒙古游牧记》《调查蒙古边务意见》《考察蒙古日记》《乌里雅苏台志略》《使喀尔喀纪程草》《科布多寻边日记》《科布多事宜》《库恰间军事调查报告》《圣武记》《清代西人见闻录》《外蒙古近世史》。

（6）其他资料：

《啸亭杂录》《听雨丛谈》《康輶行记》《殊域周咨录》。

（二）社会学和传播学类文献

如果说本文是以历史时间和线性维度内研究蒙古从封建游牧汗国到内附清王朝的事件作为骨骼，那么文化社会学和传播学类文献的应用则是作为内容和方法的肌肉和血液，两者之间缺一不可，特别是通过两者间的研究来找到多个方面的发掘和创新，才是论文的意义所在。相较于蒙古学和历史方面的研究及史料，文化和传播类的文献更是数不胜数。

1. 社会学方面

社会学所涵盖的学科内容较为丰富，特别是在新时代语境下，关于社会学所涵盖的内容包含了诸如社会制度、宗教仪式、礼仪典章、民族民俗、政治管理等诸多方面，笔者已经整理出的文献中，以西方社会学经典理论著作和目前国内外具有代表性的理论前瞻作为基础性理论导向。具体来看：

（1）西方社会学理论方面：

《想象的共同体》（本尼迪克特·安德森：2011）和《民族主义：

理论、意识形态、历史》（安东尼·史密斯：2011）两者所代表的是两种截然不同的民族理论，前者从四次民族主义浪潮中。发掘并提出所谓"民族"实质上是一种被构建的共同体，且强调了语言和文字在构建民族共同体的重要性；后者则是在强调民族的文化属性，特别是在共同语言、共同记忆、共同地缘和共同神话记忆和信仰，更强调民族的客观存在性。两者各有所长，在研究民族的构建与认同过程的部分是较为重要的理论依托。《民族——国家与暴力》（安东尼·吉登斯：1998）以民族与国家建构的过程为轴线，从传统国家的特点和衰落与后现代民族国家兴起的意义作为主旨，强调了民族国家的暴力系统之重要性。《文化民族主义的社会学——现代日本自我认同意识的走向》（吉野耕作：2005）以历史和文化构建下的民族主义为起点，以日本本国的民族性作为研究对象，延伸到日本民族主义背后产生的原因及影响。《权威与个人》和《权力伦》（伯兰特·罗素：2012）这两者之间互为补充，前者说明个人在权力中的作用以及人的自由性，后者则强调自上而下的权力分布于社会的各个方面，但应当有所节制，伯兰特的自由主义并非古典的自由主义，更有先验性和变动性，在不同社会话语中作为人的权力之重要性。《社会生活中的交换与权力》（彼得·M.布劳）一方面主张权力在社会交往中的交换与分化，另一方面作为权力主题和施为对象的心理过程，是对宏观社会权力的一种微观补充。《宗教生活的基本形式》（爱弥尔·涂尔干：2016）从宗教的起源、泛灵论、仪式程序、信仰类型起源和观念，详细地阐述了在古典社会时期宗教和信仰的流变及对社会结构的影响。《巫术科学宗教与神话》（马林诺夫斯基：2016）以第一视角的田野调查资料作为基础，从客位视角出发，重新阐述了原始信仰，采用功能主义理论结构并在构建了巫术、科学、宗教和神话，并找出其中几者之间的关系。《礼物：古式社会中交换的形势与理由》（马塞尔·莫斯：2016）以礼物作为符号性媒介，在社会交往中的交换作用、权力象征、原则和意义，从礼物本身，扩展到在社会交换中的权力表征。《符号学原理》（罗兰·巴特：2005）和《神话学修辞术》（罗兰·巴特：2016）均为符号学者巴特的符号学专著，前者为巴特学术生涯第二阶段的创作物，这一时期仍然是对于索绪尔符号的能指与所指理论的继承与延伸，并且将二者细化，特别强调了能指的中介作用，能够将其和语言的能指联系起来；后者则是在巴特第三阶段的学术生涯中，受到巴赫金等对话理论的影响，对于索绪尔理论的颠覆实现了从结构主义向解构主义的过渡，其理论对于传播和文化等学科的应用较为广泛。《皮尔士论符号》（查尔斯·S. 皮尔士：2016）与巴特的理论架构有所区分，皮尔士将符号系统化为三元，即"征象""对象""释象"，强调了释象，也就是在一个语境当中，符号使用者对于符号从社会、语境、个人等各方面因素做出的评价与反应，这一突破不仅仅使得符号囿于语言研究的囹圄，更引申到了有"人"存在的研究。《符号的意义及效果》和《宗教的形成》（阿尔弗雷德·诺斯·怀特海：2014）将符号系统中"人"的作用进一步引申到宗教对社会的建构功能，强调符号的意义和效果。《馈赠的社会符号学》（赫尔穆特·贝尔金：2016）从文化学出发，以礼物符号的社会行为功能作为着眼点，对馈赠矛盾结构的道德和综合潜力进行分析。《符号疆界：从总体符号学到伦理符号学》（苏珊·佩特丽莉：2014）立足生命和伦理共同体的议程，将传统符号学运用于20世纪全球视域下的伦理与道德建构。《文化模式》（露丝·本尼迪克特：2005）强调文化的模式相对于个体模式而存在，赞同文化相对主义和不同文化对于社会的意义，批驳"纯化"种族理论。《文化与帝国主义》（爱德华·W. 萨义德）强调在"强势帝国"的语境下，文化的多元共生性，反对单一殖民化的文化，在其作品中，可以看到对非基督教文明，特别是"殖民地文明"的观照。《传统的发明》（E. 霍布斯·鲍姆：2004）以解构的方式，对所谓的

"传统"是如何生产、重构进行说明，以英国社会的实际案例分析，并提出所谓的"传统"是一种在特殊话语环境中的重构。《多文化世界》和《异文化理解》（青木保：2008）提出文化的力量是一种以自我向他人开放为前提，呼吁人们追求各自文化魅力的概念。《中国的亚洲内陆边疆》（拉铁摩尔：2013）的"双边疆"理论，从空间和生产方式的界别上，以人为基础的群体移动来重新归置内、外边疆。《规训与惩戒》（米歇·尔福柯：2014）通过对18世纪以后的监狱景观社会进行观察和描述，提出了惩罚与规训在看不到的权力支配下，对个人、社会的重要影响，以及话语与权力之间的关系，这对于前帝国时代和封建主义不同族裔之间的王制和管理有重要的学理意义。《福柯文选1—3》（米歇·尔福柯：2016）将福柯一生的学术生涯为依托，以其代表性的论著作为精选，特别是关于语言、权力以及主体和权力关系的论点。

（2）国内相关社会学论著及其他论文集：

《何为中国：将与民族文化与历史》（葛兆光：2014）、《宅兹中国：重建有关"中国"的历史论述》（葛兆光：2015）和《历史中国的内与外：有关"中国"与"周边"概念的再呈请》（葛兆光：2017）这三本学术专著有前后相承的关系，特别是最新的《历史中国的内与外》，从远古到近代中国观向内亚观的转向，以及从"他者"视角的文献中，找寻出所谓"中国"和"四夷"之间的渐变关系，在延续了拉铁摩尔内亚理论基础上，扎根于本土的历史和现实，从不同的视角来重构所谓的"中国"。《语言人类学》（纳日碧力戈：2010）和《民族三元观：基于皮尔士理论的比较研究》（纳日碧力戈：2015）是纳日碧力戈基于皮尔士的三元符号理论将其引申到民族学和人类学方面的研究，基于作者本身的少数民族身份的特殊性，在两本著述中有较为丰富的实际案例，特别强调了在语言、行为、族裔和社会权力中"人"的主体性作用。《文化记忆与身份认同》（赵静蓉：2015）在后现代理论观照下以文化记忆为切入点，进入当下作为人的身份认同，并以此为路径讨论后现代精神，书中围绕"记忆"，从宏观的全球化环境中，如何生产记忆的文本和真实关联，通过现代人的认同焦虑来找到微观的"我"的存在。《抵抗与批判：萨义德后殖民文化理论研究》（刘海静：2013）立足于马克思主义立场，对萨义德后殖民文化理论进行系统而专门的梳理，并以此引向当代中国文化发展形势下，在全球化的"新文化殖民主义"语境下，如何健康地发展。《跨文化符号学研究》（黄永红、申民、周苹：2014）对国外符号学的概念、发展、学派、类型、应用进行了概括性介绍，其导向性较强。《心有旁骛：历史人类学无论》（赵丙祥：2008）以传统中国礼制在当下的继承与传播，以作者多年的田野调查和案例分析作为参考，以微观的村落来分析传统文化在中国当代村落的流变。《象征在别处：社会人类型探讨》（梁永佳：2008）为作者的社会人类学论文集，分为上下两编，上边主要通过观察分析西方人类学理论在中国的式微，下编则主要以作者在境内外的少数民族社会调查，来分析这些族群社会在强势文明的环境中如何塑造自我。

2. 传播学著述

关于传播学的著述不胜枚举，特别是西方经典传播学理论在大陆的广泛传播，因而关于传播学的经典著作仅做列举不再赘述其内容，而对于近年的最新著述和本文相关联的内容，笔者会加以简述。

（1）西方传播学经典论著

《传播学简史》（阿芒·马特拉、米歇尔·马特拉：2009）、《传播的观念史：对空言说》（约翰·杜翰姆·彼得斯：2017）《传播的偏向》和《帝国与传播》（哈罗德·伊尼斯：2009）、《模仿律》和《传播与社会影响》（加布里埃尔·塔尔德：2009）《无声的语言》和《超越文化》（爱德华·霍尔：2009）

（2）国内传播学论著

《政治传播学》（邵培仁：1990）、《政治传播学概论》（周鸿铎：2005）、《政治传播：历史、发展与外延》（段鹏：2011）《对外传播及其效果》（程曼丽、王维佳：2011）、《跨文化传播学》（孙英春：2015）

（3）近年关于传播学的其他著述

《清代前中期新闻传播史》（史媛媛：2008）立足于满族从兴起到统一全国再到帝国的衰落，以印刷物和报纸作为研究对象，历史性的研究了有清一代的报业发展史，对于新闻传播研究是一部重要的著述。《元代传播考——概念、问题及限度》（李漫：2013）立足于1276至1368年，以异族统治下的中原王朝92年的兴衰史，从传播机构、条件、类型、对外传播等几个方面作为研究对象，对于跨体系、跨文化视域下，对帝国的传播的宏观和微观方面进行了多维度的研究，为研究古代传播史和蒙古帝国传播历史起到了补白作用。《白山黑水：满族传播研究》（汤景泰：2014）以满族的发展、壮大、定鼎中原、晚晴的衰落、民国的满族传播到当代满族传播现状，以民族作为研究对象，从多元媒介和帝国限度，纵横交错地研究了满族的传播特征。《中国古代政治传播研究》（白文刚：2014）以"王朝帝国——天朝观"作为基础，以王朝正统性的自我建构、政治教化、信息传播、舆论环境、朝贡体系建构，将中国古代两千年的封建政治传播体系景观全貌，较为完整地勾勒描绘，其中藩贡体系中，关于天朝观和五服王制，对于笔者的写作给予了较好的启发。《大众传播符号：幻象与巫术》（曾庆香：2012）利用符号学和宗教人类学中的仪式作为研究对象，映射当下大众传播案例，以宏观理论观照微观案例的方法，解析了当下媒介中的仪式问题。《全球化语境下的跨文化传播》（艾瑞克·克莱默）提出全球化视域下的本土化及文化融合理论，这一理论的提出打破了以往西方传播理论难以扎根本土的窘况，另外，这一论著中较为重要的另一理论是"维度自然增长——支离理论"，即将时空纳入跨文化研究范畴，并指出三种各自不同但又并列存在的时空结构下，对人的认知和意识形态的直接影响而产生的传播方式。

3. 小结

在卷帙浩繁的文献梳理过程中，笔者对不同学科的理论和现象进行了梳理，在各类文献中，都或多或少地取得了不菲的成果，对于笔者研究的对象和范围有了很好的理论和现实支撑。但另一方面，由于各个学科之间的壁垒，不能完全将一些理论生搬硬套到当下的研究当中，特别是关于传播学的研究，目前来说虽然成果丰硕，但依然有许多不足，总结起来有如下几点：

（1）"西学东渐"之风甚广，而本土创新之力不足。正如恩师陆地曾提出的，目前无论是在学界还是业界，中国传播学探究"都是在欧美传播学理论或原理的指导下进行的"，"难以提出一个能够符合中国国情和全球战略的传播学研究"。[①]因此需要传播学人，扎根于本土，站立于全球视角，以学术跨界的多元思维来重新构建符合中国国情的传播学研究。

（2）现实现象研究为主，历史研究不足。对于历史的准确认知和建构，是符合当下研究的一条重要路径。目前来看，国内对于新闻传播学的研究主要还集中于现实现象的层面，主要以研究西方和国内的流行文化作为对象，进行重复性劳作，而其实际意义却收效甚微。例如大众媒介传播中的网剧、电视真人秀，往往会成为很多年轻的传播学研究者的研究对象，而其可变性和不确定性导致了研究之后的意义并不尽如人意，甚至有些研究在以类型节目作为对象的情况下，在研究成果未得出

---

① 陆地：《周边传播概念和理论的再思考》【J】，《新闻传播研究》，2017年，第2期。

之前，节目已经被"下课"，其研究意义在此时显得尤为尴尬。而作为新闻传播的历史研究，也仅仅局限于报纸、出版物等大众媒介的文本研究，这些文本固然十分珍贵且具有弥补传播学历史空白的重要作用，但在"后现代"研究风起云涌之时，仍然显得不足。

（3）研究视角单一，跨界视野不足。在众多研究成果当中，一提到"传播"和"媒介"，往往都会陷入到大众媒体和新媒体研究的窠臼，对于二者概念理解较为狭隘。笔者认为，所谓的媒介，不仅仅是当下我们所指所感的传统大众媒介（报纸、广播、电视）以及其他交互性社交媒介（微博、微信、YY直播、LINE等），而是更为广义的媒介，在古代传播中，物质方面的媒介例如石质的碑文、桦皮制作的律令、贝叶或莎草纸质的佛经、帝王的圣旨、藩部的贡品、礼物、诗文、笔记、史诗文本等；以人作为媒介的萨满巫师、宗教领袖、口传艺人；以非物质的仪式行为如《礼记·王制》中的觐见礼仪等等，都可作为媒介进行研究。此外，跨界研究的视野较为狭窄，借鉴其他学科的研究能力不足也是目前的一项缺憾。

（4）构建远方的"我者"，疏远周近的"他者"。在目前传播学研究中，对于西方文化和相较于中华文明较远的文化有着极大的热情，而对于生活在周近的不同民族群体的文化，相比之下显得较为稀薄，作为多元共生的多民族国家，处理好与周边国家和民族的关系在当下全球化和建构"命运共同体"的语境下，尤为重要，特别是在于我国古代历史有着共生和共同记忆的其他周边国家，对于其古代的传播研究也尤其重要。

总结起来，对于目前研究的现状和缺憾，笔者对于所研究的对象将立足于历史的维度，以多元的媒介视角和跨学科的理论支撑，在前人研究成果的基础上，尽力将周边传播的研究向前推进，也许会只是一小步的前行，但依然对以后个人的研究会有所助益。在了解"他者"之前，先要认真去思考"我是谁"的问题。冲出跟随性与封闭性研究的死循环，"大口地呼吸新鲜的学术氧气"，才是适用于当下传播学研究的创新之法①

三、研究方法与创新

1. 研究方法

（1）文献分析法

文献调查法是科学研究过程中最为基本的研究方法和手段之一，通过对相关文献的分析与研究，能够了解有关问题的历史和现状，形成关于研究对象的一般印象，有助于针对议题进行进一步的访谈。如上所述，针对本研究议题，目前传播学、社会学、历史学以及编辑科学等众多学科已经取得了一些进展并有相对丰厚的成果。而历史原档的整理，能够以史论结合的方式，更好地对特殊时间和空间范围的传播活动进行全息的分析。同时，采用文献分析法进行研究，不仅能够通过对上述学科内所取得的研究成果进行深入的分析与系统的整合，将其相互之间进行有机结合，融会贯通，为本研究提供科学的理论依据与基本的研究思路；而且，通过对现有文献的梳理，能够帮助笔者从更加宏观、更加多维的角度审视研究议题，发现目前研究领域中所存在的相应问题与不足，从而更好地细化、精化研究方向与侧重点。此外，运用此研究方法，还能够在研究资源有限的情况下，帮助笔者在最大程度上节省研究所需的时间与精力。

（2）案例分析法

案例分析法是定性研究中比较常见的一种方法，通过将注意力集中

---

① 陆地：《周边传播概念和理论的再思考》【J】，《新闻传播研究》，2017年，第2期。

在一个或几个典型案例上，对案例各方面的资料进行充分的收集与完全的占有，并进行分析与比较，寻找推动事件发展的内因与外因，是形成更一般的通则式理论的基础。在本研究中，笔者将会根据具体实际研究的需要，针对论文相关章节的部分内容，进行具有针对性的多案例研究与案例间相互比较研究。目的在于通过对多个典型案例的深度研究与掌握，有意识地降低、避免理论建构过程中缺乏归纳性的问题。

（3）对比分析法

对比分析是社会研究中最为重要的研究方法之一，也称之为比较分析法，是将客观事物加以比较，希望达到认识其本质与规律的目标并作出较为正确的判断和结论。一般会将两个有联系的研究对象的指标数据进行比较，从数值的结构中，展示研究对象的各项关系之间是否协调。

（4）叙事研究法

叙事研究方法顾名思义，源自于叙事学的方法，而叙事学则是来源于对符号解读的结构主义符号学。叙事学认为，任何文本都有其背后讲述人类行为的叙事，所有大众媒介的内容均是叙事，通过分析此类文化实践和媒介内容，可以得出研究的结论。单独的文本有其自身的固定范例，而媒介的内容则是通过其对立矛盾和冲突以及走向发展来阐释的。该结构存在于很多叙事文本中。通过分析叙事结构，能发掘出意识形态是如何讲述二元对立的。以本研究来说，通过分析历史文档、宗教典籍来研究周边传播如何发挥其作用和效果。在叙事分析中，内容的分析只是其一，主要的注意力在于其手段和方式上，而这正是构成叙事分析的重要方面。

（5）跨学科研究法

跨学科研究法是一种通过运用多学科的基础理论、研究方法和研究成果从整体上对研究议题进行综合研究的研究方法，也称"交叉研究法"。科学发展运动的规律表明，科学在高度分化中又高度综合，形成一个统一的整体。据有关专家统计，现在世界上有2000多种学科，而学科分化的趋势还在加剧，但同时各学科间的联系却愈来愈紧密，在语言、方法和某些概念方面，有日益统一化的趋势。

针对本研究议题，如前所述，涉及到了历史学、传播学、社会学、民族学和民俗学等等众多学科的相关理论框架、基本概念与研究成果，因此采用跨学科研究方法是十分有必要的。然而，不可否认的是，由于研究者仅为笔者本人，所投入的时间精力有限，无法做到面面俱到，只能尽个人所能，尽量观照全面。但对于此种方法的思考、运用与尝试，仍然表明了笔者对于研究议题考虑的系统性、科学性、成熟性以及严谨性。

2. 创新之处

笔者认为，目前的研究在学科与学科之间，研究与研究之间，由于所关注的对象与侧重的不同，使各研究之间存在明显的界限与隔阂，研究成果比较分散与独立，相互之间不具备相应的关联性与借鉴性，无法进行有机整合与协调互补，很难在实践方面，指导周边民族和国家的实际而有效地进行传播。本篇论文的创新之处主要有如下几个方面：

（1）开拓性的理论创新："周边传播理论"作为一项刚刚构建起来，并尚处于发展阶段的理论，适用于本项研究，清廷与蒙古藩部的周边文化传播根植于周边传播理论母体，同时又是周边传播理论的实际延伸。关于周边传播理论，对于时间周边的传播和空间周边的传播以及二者之间的关系和对于传播主体之间的影响，目前尚显不足。笔者希望能够通过对清廷变动的历史环境中，以清廷作为封建帝国的中心对内外蒙古诸藩部间的传播活动作为研究对象，不同主体间在刚性的制度和柔性的教化下彼此间产生的社会行为和结构的变迁，来对周边传播作出新的延伸和解释。

（2）研究视角的创新：传统的古代媒介研究主要还是以"报纸"这一媒介作为载体，对符号化印刷文字进行分析和研究，仍然没有摆脱对媒介概念的框架。通过对历史文献和档案的梳理，立足于多元化的媒介载体，从清廷对不同蒙古藩部周边和各个藩部周边文化通过不同媒介对清廷的传播和影响，来分析在清代由动荡向稳定再到王朝衰落之后的文化如何走向和变迁。一方面，会以口语和书面等文化符号载体作为参考，例如文字媒介、史诗说唱、碑文、法律等；另一方面，以非物化的朝觐礼仪和宗教文本作为符号化行为载体，研究这些媒介在不同阶段的流变，并对其作出新的界定。当然，界定媒介的类型、功能亦是本研究的难点。

（3）研究对象的创新：传播主体以双边主体研究为主，其他多边为辅。所谓双边即蒙古藩部与清廷中央作为研究的双向主体。一方面，在17世纪前中期，作为动荡历史环境下的清廷-蒙古藩部双边，其传播方式多为自身的政治诉求而利用不同的手段来构建自身的政治形象而展开舆论战的争夺。另一方面，在进入17世纪中后期漠南蒙古诸部归附清廷，17世纪最后10年漠北喀尔喀诸部内附已经作为帝国中心的清廷，其传播范式已经产生了翻天覆地的变化，并且在余后的200年时间里产生深远影响，因而对于在不同时间和空间范围内的传播路径及传播效果将作为重点研究。

（4）时间框架创新：时间分段一般来说是历史研究最为重要的环节。一般来说，蒙古学界对于蒙古历史的分段较为复杂，有从文化发展将其分为：2—10世纪："英雄文化时期"、10—18世纪："汗权文化时期"、18—20世纪："民众文化时期"，[①]也有以历史文化书写为节点的

---

① 苏和、额灯陶克套：《蒙古族哲学思想史》[M]，辽宁民族出版社。

"五阶段"区分法[①]，也有以中原史观中的断代法来区隔的：元朝史、明代——北元史、清代蒙古史等。笔者采取了以17世纪中叶后金政权建立并统辖漠南内蒙古诸部为起始，以漠北喀尔喀从与清廷的对峙到归附再到清朝中晚期内外蒙古均被清廷控制作为节点，并以此之后清廷对内外蒙古的文化传播作为研究对象。一方面，明王朝的衰落、蒙古诸部的封建割据加剧、满洲共同体在此期间崛起并入关统治全国，这些变化对于处于内亚北部的蒙古诸部来说，如何构建自我的汗统身份和地位以及借用宗教作为媒介来"创造历史"同后金政权以及其他蒙古诸部展开的舆论战在这一时期尤为重要；另一方面，距离漠南蒙古诸部附清，喀尔喀延后了将近60年的时间，而距离漠西蒙古的降清又有60余年的时间，这期间每一次历史事件所带来的波动及其背后的意义，是笔者需要深入研究和解读的，而作为宗教的符号，在不同时期的影响和对社会结构的变革，其释象功能笔者将进一步挖掘，可以说宗教的传播媒介和传播活动的讨论将会贯穿全文研究的始终。

（5）跨学科研究方法与结果的创新：清王朝对于蒙古藩部从书信往来到献上贡品再到丰厚的礼物回赐，史料中都有明确的记载，通过对比不同时期的贡礼和回赐，来体现出在这一符号过程中，作为中央统治者的清朝皇帝对于蒙古王公贵族的羁縻政策的实施来实现其对于贵族阶层的实际规训和控制，以礼的符号来实现其统治的合法性。周边传播实质上也是一种控制机制。此外，关于变动时期的共同体建构问题。"同化"和"互化"的问题经常在文化人类学和民族学当中作为议题被提出，而在变动环境下，跨族际的关系通常会因为周边某一文化的影响而产生剧

---

① 此类区分法以H.培尔列在《革命前的蒙古历史编纂学问题》中提出，将其分为：8—12世纪蒙古境内各古代国家、13—14世纪蒙古帝国时期、15—17世纪蒙古封建割据时期、18—19世纪的满洲统治时期1911—1920蒙古神权帝制国家时期。在之后的蒙古历史著述中，也都沿用了这一分界法。

变，甚至是对于自我身份和集体记忆产生重新裂变和重构。那么，在思想文化上，周边的其他民族如何来影响和构建蒙古诸部的记忆，而蒙古诸部又是否对其他周边民族的社会生活、文化范式产生过"互化"的影响？在论文中对这一问题的回答将贯穿始终。

四、概念的界定

（一）蒙古诸藩部

蒙古作为一个历史悠久的少数民族，长期活跃在我国北方的历史上，最早作为一个民族活跃于历史舞台上是在12世纪初，蒙古乞颜部首领孛尔只斤·铁木真统一了漠北地区的7个游牧部落而以蒙古一词定名族源肇始，蒙古民族便开始了由部落向国家不断迈进的过程。关于蒙古民族的族源、族属以及名称来源不在本文的探讨范围内。本文所研究的蒙古藩部，其滥觞在于蒙古中兴之主，成吉思汗黄金家族后裔巴图孟克达延汗于15世纪统一散居于北方草原的大小部落，并按照古代蒙古的万户制度，将其重新整合为左右翼6个万户，即左翼察哈尔、喀尔喀、喀喇沁，右翼土默特、鄂尔多斯、永谢布等6个万户。其中察哈尔部由大汗直接管辖，作为全蒙古的宗主而存在。不过随着达延汗分封诸子，各部发展程度不同，在清代初期又出现了封建游牧政权林立的局面。而清政府在管理蒙古诸部时，吸取了前代教训，而参照满洲八旗制度形成了由中央直接管辖而不设置具有高度自治权的札萨克的内属蒙古部落，其中包含察哈尔八旗、归化土默特二旗、热河厄鲁特、黑龙江巴尔虎、乌里雅苏台将军和科布多参赞大臣管辖下的22个旗。而外藩蒙古则设置了世袭札萨克制度，具有高度自治权的札萨克旗，并分为狭义上的内札萨克（内蒙古）和外札萨克（外蒙古）。在内蒙古共6盟49旗，而在喀尔喀的外札萨克由归附清朝之初的4盟35旗，逐渐分化，增加为86旗。

此外，在清廷入关之前，整编八旗时，也有蒙古人混编进入满洲共同体，之后又与满洲、汉军共同混合编制，形成八旗蒙古。不过，作为政治共同体的满洲，其民族结构即是"以八旗满洲为核心，八旗蒙古和汉军为主要两翼的民族共同体"。因而，在探讨清代蒙古藩部的传播问题时，八旗蒙古不被视为蒙古诸部的一部分，而是作为满洲共同体来分析和讨论的。

本文以清廷与蒙古藩部的文化传播和变迁作为目标，需要参考和对比不同的蒙古藩部与清廷的关系，才能更全面的认识有清一代，在清廷中央控制下，蒙古藩部的文化是如何变迁的。不过作为地缘空间较远、归附时间较晚且战略位置重要的外札萨克喀尔喀诸部与清廷的周边交往，将作为本文的研究重点加以多方面分析。在研究之前有必要再将喀尔喀蒙古藩部在清代之前的形成与发展脉络做简要叙述。

关于"喀尔喀"蒙古藩部的概念界定主要集中于地理、族群和汗廷社会这3个层面。一般来说从地理的角度来说，喀尔喀蒙古主要是指今天蒙古国的全境，包含东抵内蒙古呼伦贝尔额尔古纳河、西至阿尔泰山、南达戈壁、北极俄罗斯贝加尔湖，而在历史上，其范围要更加辽阔，其定名主要界定与其境内的喀尔喀河。关于喀尔喀的含义，在蒙古国内主要从语义学的角度将其定义为"遮盖、遮蔽"的含义①。

从部族的角度来说，主要存在于《蒙古源流》《黄金史纲》《大黄册》《阿萨拉克齐史》和《水晶念珠》几部17世纪的蒙古编年史中，集中

---

① 这一提法主要集中在以D.Gongar为主的史学观点："不管怎么样，'喀尔喀'这个名字从13世纪，又或者自今700多年前为止，一直保留着"遮盖、遮住、保护"等意思。在我们的论题当中"喀尔喀"这个名字的多个用法不管是哪个都有着直接或间接的意义，因此将它们都从广义上来解说，为了避免重复，我们将用地理名称来做例子。"——D.Gongar "Halah tovqoo"【M】1984。

表述为，蒙古中兴之主巴图孟克达延汗于15世纪中后期统一蒙古诸部，并将蒙古统一为左右翼6万户[①]，左翼万户分别为察哈尔、兀良哈、喀尔喀，右翼万户为鄂尔多斯、土默特、永谢布，察哈尔作为中央万户，由作为黄金家族正统血脉的大汗（或称合罕、可汗）直接统领，其余5万户则分封给诸子管理，喀尔喀作为万户之一，其左翼分封给了其五子阿勒楚博罗特，而右翼则分封给了其季子格埒森扎·扎赉尔，左翼五鄂托克[②]在16世纪内迁进入大兴安岭地区，后被称为"内喀尔喀"或"山阳喀尔喀"，在清代重新编制蒙古诸旗时，被编入蒙古八旗，逐渐舍弃喀尔喀的称呼，而右翼喀尔喀，则一直留守在漠北草原，并在格埒森扎之后，将其属地分封给七子，并形成7个鄂托克，并在此基础上又分化出左右两翼。其部族属民的来源在学界一直没有完全定论，一说源自于兀良哈西卫，苏联学者弗拉基米尔佐夫认同这一观点；而也有认为其源流来自于元代前期的弘吉剌、扎鲁特和扎赉尔部，并在北元时期此消彼长，形成具有共同族属的政治集团，这一观点多为日本学者森川哲雄、冈田英弘所认同。近年来，随着对蒙古帝国史前史的研究发掘，越来越多的学者逐渐倾向于后一种观点。

作为汗廷社会来说，喀尔喀部从始见汗号的1580年一直到1630年前后，喀尔喀左右翼三部共出现了3位封建领主，即：左翼土谢图汗、车臣汗和右翼扎萨克图汗，前后经历约50年时间。而3位封建领主均有各自的属民和领地，彼此互不统属，与后金以及入清之后的中央王朝的关系也

[①] 万户源自于蒙元时代的行政单位，蒙古语称之为Ulus在其之下有千户、百户和十户，并且在每一层级均设有长官，这一社会组织形式具有游牧民族的生产和军事特征，在帝国的征战中具有十分重要的机动性。在1368年元代灭亡，蒙古贵族重返漠北草原之后，依然沿袭了这一社会组织方式。

[②] 鄂托克为北元时期蒙古的行政单位，低于万户，其命名和来源在学界被认为根植于蒙元时代的千户制，其代替千户成为一个社会集团具有很重要的位置（弗拉基米尔佐夫：1934）。

各有不同。而最先登场的阿巴岱（史称"赛因汗"，其重孙为第一任土谢图汗）的历史功绩主要体现在，在继位之后的10年时间内，将佛教引入喀尔喀，并修建额尔德尼召，自此之后，佛教在喀尔喀地区兴起，其影响力深入到了之后的法律、制度以及信仰体系在喀尔喀社会结构的变迁，同时，作为后来喀尔喀宗教领袖的哲布尊丹巴，前两世均诞生于土谢图汗家族，其特殊的政治地位，为其附清前后的舆论影响力和汗统身份的建构打下了基础。

（二）文化

所谓文化，从上世纪开始，在不同学科的研究中，对它的定义也有多种。在英语为母语的西方世界里，文化（Culture）一词来源于拉丁语源农事的"耕种与驯化"，在文艺复兴之后，古典主义的哲学家又将其定义为"与野蛮抗衡的理智"[①]。在我国古代的传统文化中对于"文化"一词的定义也有多种，例如在《周易》中，对于文化的定义为"观乎天文，以察时变；关乎人文，以化成天下"。它所体现的是一种以人为本的朴素世界观。到了汉代更有"圣人之治天下也，先文德而后武功。凡武之兴为不服也，文化不改，然后加诛"[②]，近代维新派启蒙者梁启超更将文化的解释赋予了现代化意义，他认为文化是"人类心能所开释出来之有价值的共业也"[③]。在我国的先哲和启蒙者对"文化"的框架中，多以突出其以人为本的价值和使用功能。在西方，人类学家爱德华·泰勒被认为是给予文化较为科学概念的第一人，泰勒所定义的文化是"文化

---

① 孙英春：《跨文化传播学》【M】，北京大学出版社，2015年，第41页。
② ［汉］刘项《说苑》，转孙英春：《跨文化传播学》【M】，北京大学出版社，2015年，第42页。
③ 梁启超：《什么是文化》【J】，《学灯》1922年12月9日，转孙英春：《跨文化传播学》【M】，北京大学出版社，2015年，第42页。

或文明，就其广泛的民族学意义来说，是一个复合整体，包括知识、信仰、艺术、道德、法律、习俗以及作为一个社会成员的人所习得的其他一切能力和习惯。"①在其之后的阿尔弗雷德·克罗依伯则引申出了更宽泛的定义："文化由外层和内隐的行为模式构成，这种行为模式通过符号而获得和传递，它代表了人类群体的显著成就，包括其在人造物中的体现，其核心是传统的观念，尤其是他们所带的价值。文化体系既可以被看作是行为产物，又是进一步行为的决定因素。"②这一定义较之泰勒，更具给文化赋予了符号意义和传播学的功能，可以说是泰勒定义的发扬。

此外，关于文化与文明之辩也一直在弥漫，有学者认为，"文明是文化的内在价值，文化是文明的外在形式。文明的内在价值通过文化的外在形式得以实现，文化的外在形式借助文明的内在价值而有意义。文明是一元的，是以人类基本需求和全面发展地满足程度为共同尺度；文化是多元的，是以不同民族、不同地域、不同时代的不同条件为依据的。"③也有人认为，文化与文明的关系是："文化存在发展的基础正是文明；文化超越文明，在一个相当成熟的文明时代所创造和留存下来的精神思维成果，正由于文明的差异和不可恢复性，使得那些不同文明阶段产生的文化瑰宝超越了文明程度低于或异于它的文明而被世人欣赏。"④前者阐释了文明与文化从属的结构性，后者则强调了文明对文化的渗透性，笔者认为，两者可互为补充。

国内学者孙英春在对不同理论进行分类和总结之后，得出以文化作

---

① ［英］爱德华·泰勒：《原始文化》【M】，连树声译，上海文艺出版社，1992年，第1页。
② 转引傅锵：《文化》【D】，上海人民出版社，1990年，第12页。
③ 陈炎：《文明与文化》【M】，山东大学出版社，2006年，第1—5页。
④ 吴楚克：《文明与跨文化新论》【M】，中央民族大学出版社，2009年，第7页。

为符号象征意义的结构性表征和文化作为个体人的行为意义上的表达。他特别强调了文化的稳定性和发展性，既对已有传统历史的保留和对其他文化系统影响下的互化和变迁，并由此认为文化不是一成不变的，是在既有传统上因时空和客观环境的变化而产生变动，但其形式和表层的变化，不会影响其作为深层的价值、信仰的撼动，因而文化的本质是稳定的。他特别指出作为文化的要素主要集中于6个方面，即"语言和非语言系统；观念、规范和认知体系；社会组织与家庭；历史；物质产品；自然外在环境。"①其对文化要素的提出在前人的理论基础上既有所继承，同时又有理论的延伸。较以往的对文化的概念涵化，对于文化传播更具有指导意义。

笔者认为，文化，作为人类社会发展的重要象征符号，其根本离不开人本身，而其作为一种象征，文化背后所隐藏的符号化的隐喻，在流动的时间和移动的空间里，在不同族裔的多元文化冲击下，其自身如何既保留自身文化传统的（历史的）同时，在共时的（多元的）周边环境里，借鉴和吸纳其他文化并内化为自身的"传统"，并将自身的文化或自主或被动的流向"他者"是作为在传播领域中重要的议题。对于文化的研究范本，笔者希望通过在特定历史框架里，通过其语言文字符号、宗教、礼仪等几个文化范式的要素的流变作为依托，发掘出在不同空间内的民族共同体文化的传播特点和效果，以及由此所产生的社会结构变迁。

（三）周边传播

欲要研究周边传播，首先要理清周边的含义是什么，在传统中国和内亚观中的周边其内涵和变迁又有哪些。西方社会学对于边疆和边界的

---

① 孙英春：《跨文化传播学》【M】，北京大学出版社，2015年，第45–46页。

概念有着明确的界定，拉铁摩尔曾说："我们必须分辨边疆（Frontier）和边界（Boundary）这两个名词。地图上所画的边界只代表一些地带——边界——的边缘；地图上的界限只是帝国从中心向外发展的限度表现，这种表现也只是一个大概"。①与之相类似的概念界定，在吉登斯的《民族——国家与暴力》中也有设定，他认为传统的国家有边陲（Frontier）而无边界（Boundary）。显然这也是对后现代民族意识觉醒之后强调一种集体构建的"想象的共同体"所衍生的产物。

笔者认为，西方学者所谓的传统国家，是在工业化来临之前，一种前现代的西方封建庄园主式的传统社会模型，而对于古代封建传统的中国，似乎又不能按照这种模式去完全搭建为一种与之相同的社会模式，由于古代中国封建王朝大多利用"五服之民""朝贡之邦"等思维构建传统，因而既不可以以西方的"帝国"观念作为框架来标签化，也不能完全以西方的"传统国家"来简而化之。而是在"华夷一统"之下的天朝观来讨论国家、民族以及周边文化的关系。在这一观念体系的支配下将"华"定义为天朝中心的帝王和文化的正统，而"夷"则代表着生活在远离权力中心和文化正统的蛮荒之地。而华则代表了先进的文明，夷则是与之相对的未开发、愚蒙、野蛮的羁縻之地。因而就有了"裔不谋夏，夷不乱华""非我族类，其心必异"这样的说法，显然这是带有对异族的轻蔑和鄙夷的华夏中心论的提法。由此也演化出《尚书·禹贡》当中的"天下五服"观，即"甸服-侯服-绥服-要服-荒服"，②以及在其发展下产生的"中国、戎夷、五方之民，皆有性也，不可推移"。③尽管提出了夷不可乱华，但按照此推演，诸服显然是在作为天子的统治

---

①　［美］拉铁摩尔：《中国的亚洲内陆边疆》【M】，唐晓峰译，江苏人民出版社，2005年，第168页。

②　《尚书·禹贡》，王世舜、王翠叶译注，中华书局，2012年，第88-91页。

③　《礼记·王制》，胡平升、张萌译注，中华书局，2017年，第252页。

范围之内，即使是不愿意，他们终究会被作为"华"的中央所统辖。美国汉学家费正清曾对古代中国的天朝的统治做过"三个同心圆"的周边模型，他认为以文化作为界定，"天朝上国"所覆盖的第一个同心圆为一个"中国区"，它包含了与中国文化相近的高丽、越南、琉球，有时也包含日本，这也就是所谓的"甸服"与"侯服"；第二圈周边则是与中原文化相异的过渡地带，即"绥服"和"要服"，其包含的族群为非汉人的满洲、蒙古、维吾尔、西藏，虽然文化不同，但出于安全的思考，必须对其加以控制，而形成一个"内区"，但一圈层的"属民"却也会不断打破这种既定的规则，而侵入第一个圈层；第三个圈层是"荒服"，这一区域为"化外之民"，他们距离中心遥远，却要对天朝的中心进贡，并要承认中国的优越地位。无论是哪一个圈层的周边诸服，对居于天朝统治顶端的天子都要按照有效的礼仪规则和制度来进贡，让天子的威严和权力渗透到每一个朝贡环节，而这些层层严密的制度，却也符合了福柯所提出的"层级监视、规范化裁决以及它们在该权利特有的程序——检查中的组合"①，尽管传统"天朝上国"的古代封建王朝，其社会文明与西方现代社会大相径庭，但这一肉身和制度的规训所达到的实际效果却是一致的。在古代社会的周边传统甚至会影响到近现代的，费正清强调了这一制度规训影响下，"他们的世界秩序只是内部秩序的增长，也是中国文明认同的扩大和投射，他们因此成为越来越大的同心圆；他们不容易接受多元的和多极的世界观念，习惯于接受主从、上下等级式的世界秩序"②。这一论断某种程度上也找到了在当下对周边传播中产生的因观念和价值体系的模仿、构建而造成的传播失效的原因所在。不过也过度夸大了高语境文化框架下，等级观念的作用和效果。

---

① ［法］米歇尔·福柯《规训与惩罚》【M】，三联书店，2003年，第200页。
② Samuel S.Kim&Lowell Dittmer, *Whither China's Question for National Identity*，1991.
　　p.156.

从传播学角度来谈周边，陆地的"周边传播理论"尚属首次，但他也指出，作为一项活动的周边传播一直都存在，只是从理论出发属于新概念和新总结。周边传播理论的提出仅有2年时间，却对于现代传播学有系统化的框架理论作为支撑。从概念界定来说，周边传播强调"在有效的辖区边界两侧进行的、介于国内传播和国际传播之间的一种综合性信息传播活动；是国内传播的延伸、国际传播的先导"。①从传播特性上来说，它存在"传播主体多样、传播渠道立体、传播效果直接、传播内容不可控、传播信息多元"。②此外，周边传播就其本质而言，实质上仍然是通过不同手段达到控制的目的。从其分类上来说，可以将周边传播分为空间上的大–小周边、远–近周边、内–外周边；时间上的"时间–事件"周边；战略上的软–硬周边、自–他周边、地理–其他周边等详细概念的界定。在实际周边传播的应用来看，应该是综合的，特别是在某一社会集团或民族共同体因某一历史事件成为强大的国家秩序的统治者后，一方面因自身的统治之便，让传播客体能够从心理上得到认同，而构建一套利于自己形象的传播手段，另一方面又要对其统治在传播的对象（或称客体）中起到实际控制作用，而制定一套能使之得到训服的有效制度，而使用多元控制手段。

根据上述对于周边传播的简要描述，有必要在展开探索性的研究之前，将周边传播的含义与特点进行详细的梳理。

1. 周边传播与其他传播的差异

上文对于周边传播的概念做了简要的叙述，不过具体的特性则需要与其他传播类型做对比，才能更具象地有所感悟，关于周边传播与其他传播的异同主要有如下几个方面：

---

① 陆地：《周边传播的概念和特性》【J】，《现代传播》2015年，第3期。
② 陆地：《周边传播的概念和特性》【J】，《现代传播》2015年，第3期。

（1）周边传播与国内传播的异同

	传播主体	传播目的
周边传播	官民并重	①促进社会交往、加深官方与民间的交流、构建和谐社会；②对外信息输出，构建国家和民族的良好形象。
国内传播	官方	促进社会交往、加深官方与民间的交流、构建和谐社会

（2）周边传播与国际传播的异同

	传播主体	传播范围	传播内容、手段
周边传播	国家、各地政府、大众媒介、商业机构、个人	地缘上临近且位于有效主权两侧的国家、地区与民族	距离较近，内容与手段会随机变化
国际传播	国家、大众媒介	传播主体之外的国家或地区	大众传播媒介，以电子媒介为主；没有距离上的限制和内容上的规制

（3）周边传播与跨文化传播的差异

	传播之基础	传播之目的
周边传播	文化相同或相似基础上的传播行为及信息流动	求同存异
跨文化传播	文化差异基础上的传播行为及信息流动	睦邻友好、增进理解、互助互利

（4）周边传播与区域传播

	传播概念	传播范围
周边传播	线圈传播	国内或国际，不可双重指代
区域传播	团块传播	国内和国际，可以双重指代

通过以上几组表格中，周边传播与其他几种传播类型的对比，可以明晰地看出周边传播所谓主体和媒介渠道的类型多元特点。以往的传播中，通常会将传播主体和媒介渠道的类型集中于大众媒介，特别是电子媒介。而周边传播则突破了这种既定的"传统"。而是将带有媒介的介质、渠道以及载体的多元综合功能的主体皆看作是媒介渠道。例如在传播渠道中，地方政府其本质是作为控制和管理某一地方的社会秩序及

公序良俗的管理机构，但是其本身又具备媒介的控制功能和输出"主旋律"和主流意识形态的输出功能。特别是在一些边疆少数民族自治区，对有效主权两侧输出国家的主流意识形态，既加强了中央与地方之间社会的稳定和谐，同时又对边境另一端的周边国家构建了本国的良好国家形象。还需要注意到的是，所谓媒介的多元和立体，并不单指传播的主体带有媒介功能的属性，还指这种媒介本身可能具备多种媒介功能。仍然以边疆地方政府为例，一方面其本身具备媒介的控制功能，对社会进行管理和立法制约，另一方面，又可以生产信息、承载内容，具备媒介渠道的功能。特别是在古代封建社会，在边疆地区的管理机构，它们本身具备多种媒介功能，同时，它们又与带有不同功能的传播渠道共同发挥作用，来达到传播的目的。这也是周边传播不仅仅在当下多元的媒介环境中能够发挥作用，在前现代的传统封建社会这一理论依然有效。

笔者认为在一段历史时间内，因特定事件而产生的周边传播必然会产生从主体、渠道、效果、内容等多样化、复杂化的变迁，在实际研究中，笔者会根据具体案例作出分析和总结。

2. 周边传播的类型

在前文中，笔者简单列举了目前已经发现的周边传播类型，通常这些类型在实际运用中都会相互结合，共同产生传播的效果。笔者将针对本文中所运用的周边传播类型，具体来分析不同周边传播。

（1）内–外周边[①]

	范围	特点	例证
内周边	机构、部落、国家靠近边界的部分	与边界外部相似	内蒙古自治区、延边朝鲜族自治州
外周边	机构、部落、国家边界之外的部分	域边界内部相似	蒙古国、朝鲜民主主义人民共和国

---

① 陆地：《周边传播理论在"一带一路"中的应用》【J】，载《当代传播》，2017年，第5期。

根据陆地提出的内外周边定义来看，其所谓的相似，是指文化上的相似性，特别是在边界两边生活的具有相同语言、相同历史记忆、相同祖先神话、相同民俗和礼仪的同一民族。地缘上与文化上是相似的，但是由于历史原因和意识形态上的差异而产生了心理上的巨大差别，心理的角度上，双方又是相对较远的。

（2）硬–软周边[①]

	概念	实例
硬周边	传播主体生存必须依照国际共同法规、与主体利益密切相关的邻近地区	西藏洞朗地区
软周边	传播主体生存非必须、因地缘、历史等原因可有可无的邻近地区	丹麦格陵兰岛

从空间上来看，无论是软周边还是硬周边，其共同点即为传播主体的近空间距离的地区，但不同之处则在于，是软还是硬，衡量的指标在于是否对于传播主体有实际的战略意义，从一定程度上来看，这也是一种心理上的软硬。对于主体利益大，其心理上即认同其为硬周边，并采取诸种渠道来使其对传播主体产生实际认可。反之，则为心理上的软周边。

（3）远–近周边

	传播主体	地缘空间	情感距离	实例
远周边	国家	相对较远	较远	欧洲视域中的远东
近周边	国家	距离较近	较近	欧洲视域中的所谓近东，如一战前的奥匈帝国

远近周边既是一组空间概念，又是一组文化概念。一方面是指双方在距离上相对较远，另一方面则是指在文化心理的认同上，有较深的鸿沟无法逾越。比如说距离上与中国接近的邻邦日本，情感上仍然与西方国家相似，而与同处于亚洲东部的中国心理距离较远。

---

① 陆地：《周边传播理论在"一带一路"中的应用》【J】，载《当代传播》，2017年，第5期。

（4）大-小周边

	主体	对象	界限
大周边	国家、机构、物体	间接、主观周边	该主体所能够利用的最大空间范围
小周边	国家、机构、物体、个人	直接、客观周边	占地空间；有效国界线

通常来说，大周边的主体具有较强的军事和政治实力，希望通过软硬双重实力的手段来尽最大程度的放大自身的周边使其得到主体的实际控制。例如美国，在冷战之后一方面妄图通过军事力量来控制亚太地区，使其成为自己能够最大限度控制的区域，另一方面通过"美国之音""自由亚洲"等大众媒体手段，输出西方意识形态。与此相对应的小周边的主体和传播的范围相对更广，且可控性相对较弱。例如跨国企业，即使在不属于国家主体周边的远距离空间，依然可以随时随地形成自身的周边。

（5）自-他周边

	范式	目标	
自周边	主体自身周边进行的传播活动	构建主体自身的良好形象	
他周边	客体周边进行的传播活动	对敌对周边构建传播主体的良好形象，同时构建敌对的被传播者的恶劣形象	对友好周边构建传播主体的良好形象，并营造双方友好的传播氛围

通常自他周边传播可以被看作是一种战略方法上的周边传播范式，无论是对内的周边还是对外的周边都会存在构建主体形象的问题。特别是在对外活动中，无论是战争时的舆论战还是在和平时的外事活动中所使用的外交辞令都基于构建自身形象而采取的传播模式。

（6）时间-事件周边

	概念	性质
时间周边	某一事件发生的前后	纵向、一维
事件周边	于某一事件有关的类似事件或因该事件而直接产生的不可控制的影响	横向、多维

时间–事件周边传播范式，通常在新闻的传播中较为明显。并且两者合力作用下产生效果。例如，以马航370事件来看，在事件发生之后一段时间内的跟进报道和最新消息更新即是一种时间上的周边模式。而由此而在新闻中报出的类似空难事件，以及因此而产生的效果则属于事件周边。还应该注意到的是，时间周边和空间上的周边也无法完全分离，只有在空间内产生的事件才具有周边传播的意义。

除了以上具体列举的几组周边传播概念外，还有周近传播、地理周边等其他周边概念，此处不再一一列举分析。不过从对不同种类的周边传播概念梳理会发现，虽然静态、微观的案例中，每种传播形态都会发挥其效果，然而在实际的宏观、动态的运用中，却是由不同类型的传播模式共同作用下产生实际效果。综合现有的周边传播类型，主要是在空间、时间、心理等三重维度内有机结合、共同作用，产生不可控制且多样化的传播效力。

（四）清廷与蒙古藩部周边文化传播

概念的界定在质性研究中较为复杂，特别是在新理论提出之后，对某一研究课题作出准确的定义尤其困难，因而，对于前面提到的各个单独的概念之后，笔者认为应当在综合并找到切入点和连接点之后，对其做一个综合范式的集合概念。对于清廷与蒙古藩部的周边文化传播的概念笔者认为应当如是界定：

清廷在内属、外藩蒙古诸部，为渗透国家意识形态以便严格监控的目的，而通过语言、礼仪为框架的朝贡制度以及大力扶植宗教等多元文化路径来向蒙古藩部生产信息、制造认同的一种传播范式。同时，藩部的文化也在与清廷的藩贡体系中，或强或弱地影响着清廷中央在渗透意志、传播文化时随时做出自我修正，并且对于作为满洲共同体的统治阶层的民间文化产生影响的不对等、二元的传播模式。

值得一提的是，关于这一时空范围内的几种文化重叠，主要集中在游牧、渔猎和农耕文化三者之间的重叠。所谓游牧文化，目前尚无定论，而格·孟和对其定义为"在特定的自然环境和社会条件下，选择游牧的生产和生活方式中所创造的一切成果的总和，是游牧民族生活的额儿迭莫的历史积淀，是游牧民族思维方式创造的结晶。"①所谓额儿迭莫，按照汉语含义来说，指称为智慧和意志力。但按照格·孟和的理念，在跨文化的语境中，不能将二者完全等同起来。但综合来看，是一种在特定自然环境中产生的特有生产方式和精神意志。而在蒙古国文化学者A.常吉德对蒙古游牧文化的界定则更倾向于在根据自然环境变迁作为基础和佛教宇宙观作为灵魂与其他异族的民众建立沟通和交流的公共秩序，并将其不断扩大以影响其他民族。②这一界定将蒙古游牧文化更加具体化和特色化，并且具备了在空间范围内的符号传播特性。不过，在前蒙古帝国时代，蒙古民族的原生宗教为萨满信仰，佛教是在13世纪蒙古成为中华统治秩序的统治者和16世纪北元时代，分两次成为蒙古民族的普遍信仰，因此这一说法只能建立在16世纪后期藏传佛教流入蒙古地区之后才能成立。但这并不影响其与游牧思想结合之后成为具有蒙古特色的信仰文化体系。

---

① 格·孟和：《蒙古文化概论》【M】，辽宁民族出版社，2016年，第16页。
② ［蒙］A常吉德：《蒙古的文化》【M】，蒙古文，永恒之文出版集团，2015年，第78页。

第二章

历史背景概述

在研究清廷与蒙古藩部周边传播之前，首先有必要对这一时期的历史情况以及各个周边的社会景观做一番阐述，特别是在满洲民族共同体入主中原成为天朝中心统治者的前后，满洲共同体和蒙古藩部之间的舆论背景经历了哪些变迁，以及从后金政权到清朝如何能够在蒙古游牧封建主中延承蒙元政治汗统，成为漠南蒙古的汗统正宗，漠北喀尔喀三汗部的关系如何变化直到其正式附清，成为清朝藩贡体系中的一部分，再到清廷中后期对蒙古诸藩部的控制作简要阐述。因地缘和战略上的特殊性，以及归附时间的相对滞后等多方面原因，本节特别突出以喀尔喀归附清廷之前的历史背景作为主线，同时以漠南蒙古诸部与清廷的关系作为对比，来探讨在清初时，出于汗统地位的争夺，清廷采取了哪些策略来构建自身的周边形象。

第一节　清代的周边秩序

有必要说明的是古代王朝体制下的"藩""属"概念。藩的概念最初形成于周代，在《尚书·禹贡》中提到的"五服之邦"，是在古代华夷统治话语体系下建构的一套以天子为中央，诸侯和夷狄为周边的服事秩序。在这一统治秩序下，周边的夷狄被视为文明程度落后的蛮荒之地，天朝对其有管辖和统治权力，或征服或垂拱而治。其领袖或统治者要在既定的体系内对中央进贡，接受中央政权名义上或实际上的支配。不过这与后现代话语下的附属国还是有鲜明的区别。近代历史上的附属国无论从政治权力上还是经济裁决上，其内政外交均要受到宗主国的控制，但是在天朝背景下，藩服制度的羁縻政策和柔远手段，让藩部具备一定的独立性。不过在所谓"宇内"的藩部，在不同时代也有不同的内涵和外延。特别是到了明清时代，处于封建中央王朝高度集权的话语体系下，藩部一方面被视为臣属，另一方面藩部的礼仪制度有了更严格的规定。在多数清代典籍文献中，会将朝鲜、安南、琉球、缅甸等周边称之为"属国"，而将蒙古、西藏、回部等边疆少数民族地区称之为"藩部"。从华夷秩序的话语角度出发，属国与中央在文明和文化一体性上来说，其文化心理更为接近，而"非我族类"的藩部则文化归属感上相对较远。但要注意的是，满洲共同体其在入主中原成为天朝统治者之前同样属于明政府的"藩部"，从心理的认同上与同为藩部的蒙古、西藏等更为接近。所以在讨论后金-清统治下的周边关系建构，不能简单地看成是对外或者是对内关系。特别是在满文史书中，对于蒙古不使用"臣服"，而多采用"混一"的概念，即构建一个以满洲贵族为核心，蒙古上层贵族和汉族权臣为外延的民族-政治共同体。此时，关于现代观念上的民族概念尚未形成，而各个群体在相互交流与碰撞中，形成一种带有前现代的朴素民族概念，即所谓"不分满汉，但问旗民"[①]的民族观。因而，使用周边来界定此时的藩部、属国关系更有意义。

---

① 刘晓萌：《清代八旗子弟》【M】，辽宁民族出版社，2013年，第1页。

第二节　清廷与内外藩蒙古的周边关系变迁概述

从清廷和蒙古内外藩部之间的交往过程来看，其历史发展脉络大体可分为4个阶段，笔者以16世纪末漠北喀尔喀诸部的形成、17世纪前中期漠南蒙古诸部的归附、17世纪末漠北喀尔喀部的内附，来简要叙述清廷在漠南尽归、漠北从"无政府"状态到尽归清廷的周边关系的变迁情况：

一、16世纪末-17世纪40年代，不稳定的多边关系

在16世纪末到17世纪中叶，北方内亚呈现群雄争霸之势，位于东北山林地区，以渔猎生产生活方式为社会组织的女真各奴隶制部落不断发展壮大，形成了建州、海西、东海等大小不等的具有共同语言和社会组织形态的女真部落政权。并从1583年开始，以建州女真首领努尔哈赤为首，开始逐步统一各部，并于1618年发表檄文准备讨伐明朝，且于1619年征服了女真最后一个受明朝保护的叶赫部，形成雄踞于东北的一股强大的边疆民族势力。但在1626年进攻宁远城时失利，努尔哈赤于是年去世，之后由其子皇太极继位并于1635年废除了旧有的女真（又称诸申）族称，在融合了女真民众和新近加入的蒙古、汉族和朝鲜等民族，形成了一个新的民族共同体"满洲"（即满族），并定号"清"。到了1640年，明与后金的松锦战争开始，明军不敌满洲八旗军，以失败告终，由此明朝在辽东的防御体系正式崩溃，这也为后金政权入关打下军事基础。1643年皇太极病逝后，由其子福临继位，因其仅满8岁，而由其叔父摄政王多尔衮代理朝政。同时，清政权对明廷步步逼近，再加上关内李自成率领的农民军起义加速了明朝的灭亡，最终于1644年，清军在吴三

桂的"乞师"下，入主中原，定国号为"大清"。

与此同时，在漠北草原也形成了3股强大的势力，即漠北喀尔喀蒙古三汗部。喀尔喀左右翼三汗正式登场的时间经历了50年时间，分别于1580、1596、1630年出现，三者均为达延汗季子格埒森扎洪台吉的后代，在以"汗权神授""幼子守产""黄金家族血缘正统"的传统意识形态构建下，三者皆以"黄金家族"的正统传人而自立门户。而其中左翼的土谢图汗先祖"赛因汗"阿巴岱又被称为"佛法大瓦齐赉赛音汗"，在当时的势力最为强大，因其于1586年将藏传佛教格鲁派经三世达赖喇嘛罐顶、授号之后，正式传入了漠北喀尔喀部。[①]并且在其主持下修建了额尔德尼召，成为喀尔喀万户最大的寺院，自此之后，佛教开始在喀尔喀三汗部七鄂托克贵族首领及其家族的支持和推广下，成了当地的主要宗教信仰。由于藏传佛教的引入，在喀尔喀三汗部七鄂托克首领会盟[②]之后，其法律的制定、民俗禁忌、规章制度均能看到佛教影响下的踪迹，特别是对死刑的量刑减轻转化为惩罚制度等。除了根据不同阶层以及对属民的规训与惩戒以及等级的划分外，还出现了寺院里的阿勒巴图（蒙古语，"属民、平民"之意）和沙毕纳尔（蒙古语：出家弟子）等阶层，

[①] 乌云毕力格：《喀尔喀三汗的登场》，载《青册金鬘》【M】，上海古籍出版社，2016年，第106页。关于阿巴泰见达赖喇嘛的史料记载，在萨冈彻辰的《蒙古源流》、善巴的《阿萨拉克齐史》以及《俺答汗传》3部蒙古文史书中均有不同的时间差别，《蒙古源流》中记载为1585年，《阿萨拉克齐史》为1586年以及《俺答汗传》中的1587年，地点也大有差别，《蒙古源流》记载为西藏，后两者则采用了库库和屯（今呼和浩特）。根据乌云毕力格分析，因其作者为喀尔喀土谢图汗家族后人，成书年代为1677年，其对于喀尔喀部族的历史记录详细到年，以及口传和资料掌握较其他史料更为详细，因而其信度相对较高。

[②] 会盟是蒙古古代社会的一种部落集会形态，其根源来自于成吉思汗统治时代的游牧社会固定的管理模式，在每年几次会盟中制定重要的法律法令、奖惩机制、民情风俗的规范、宗教的律令，也由此得以保留。在前蒙古帝国时代称之为也克呼里台，到北元之后，其成为上变成了楚拉干，虽然二者都代表了集会，但其政治意义却有所不同，前者大汗有至高的话语权，而后者汗权显得较低，变成贵族阶层共同商讨制定。

他们组成了宗教特权阶层的中下层的社会成员基础要素。但由于三汗之间互不统属，仅仅通过会盟的方式来制定律令，因而此时各领主均处于无政府状态，不仅仅是漠北喀尔喀蒙古部，包括漠南蒙古诸部也都是如此，虽然一直以来蒙古各部均在名义上承认察哈尔部合罕的正统和宗主地位，而实际上彼此之间并没有以往北元时期联系紧密，形成了各为其主、各自为政的游牧封建割据状态。

而在这一阶段，与漠北的相对独立性不同，漠南蒙古诸部与满洲共同体的崛起有着密不可分的关系，特别是临近东北的蒙古科尔沁部和内喀尔喀五部最早投诚，与后金汗王交好，并建立起了姻亲关系，形成强大的政治联盟。而察哈尔部林丹汗为了能够再一次建立自己的宗主地位，并且形成能够雄踞边关，与明王朝和后金抗衡的势力，在1625—1627年开始对与后金政权交好的科尔沁和内喀尔喀五部展开讨伐，但由于后金势力的参战最终以失败而告终。从1627—1631年林丹汗分别展开了向西征伐，并且在1631年挥师北进，击败了喀尔喀扎萨克图和托辉特部[1]，并于同年再战辽东。1632年皇太极联合蒙古喀喇沁、土默特、扎鲁特、敖汉、奈曼、阿鲁科尔沁等部落共同对林丹汗开战，致使林丹汗战败西逃，并一路逃往毛乌素沙漠（今阿拉善左旗），由于地理环境恶劣加上部众溃散和投靠后金，1634—1635年间多次与明朝发生争战。同时，林丹汗又试图拉拢新的盟友，如叛离喀尔喀而进入青海的绰克图台吉和西藏藏巴汗以及白利土司，以佛教作为手段建立反黄教同盟[2]。但最终还是以失败告终，林丹汗也在1635年病逝。

此后对于察哈尔部的归属问题，喀尔喀部与后金政权展开了较量，喀尔喀左翼车臣汗派遣使者劝导林丹汗遗孀与妻子额尔克孔果尔额哲归

---

① 叶新民：《简明古代蒙古史》【M】，内蒙古大学出版社，1987年，第113页。
② ［清］津巴多尔基：《水晶鉴》，蒙古文，民族出版社，1984年，第484页。

附，以便形成更为强大的政治力量与后金抗衡。而此时后金政权依靠军事力量将拥有1000余众的察哈尔部遗孀围困，最终迫使其归附后金。面对后金强大的政治与军事力量，喀尔喀左翼诸部首领做出妥协，与后金开始了最初的关系。此时双方的关系在清史的撰写中，出于史官对本朝的君威形象构建，借此附会为喀尔喀诸部已归附成为清廷统治下的藩属，然而在查阅历史档册来观察当时的实际情况，喀尔喀诸部则认为两者只是平等的外交关系，并不是真正的所谓"君臣一体"的宗藩关系。以史料中，后金汗王的表文为例，其内容如是记载：

诸蒙古尽归一统，威力愈盛。[1]诸蒙古尽归一统，唯明国与我为敌。[2]今天下蒙古尽降，唯我边氓。[3]

这些史料中的内容可以看出，后金政权在为自身取代明朝统治之前，单方面将包括喀尔喀几部在内的蒙古诸部对清廷的通贡看作是归附的象征，在自我形象的构建和对蒙古的民族向心力上作出舆论的铺垫。但实际上，在此期间，喀尔喀右翼的札萨克图汗等诸部落因内部的政治利益和维护自身的相对独立性上，并没有完全同左翼一道行使通贡文书、贡物和派遣使者。这也成为后一阶段喀尔喀万户停止进贡、腾吉斯事件、归还巴林人畜和与卫拉特的结盟等后续事件的动因。此外，17世纪初期，喀尔喀的部分鄂托克贵族也与沙俄在边境发生了通贡和书信往来的外交关系，这一外部因素的渗透和干扰，使得这一时期的喀尔喀诸

[1] 国家清史编纂委员会·档案丛刊：《清初内国史院满文档案译编》（上）：社会科学文献出版社，2015年，第217页。
[2] 国家清史编纂委员会·档案丛刊：《清初内国史院满文档案译编》（上）：社会科学文献出版社，2015年，第217页。
[3] 国家清史编纂委员会·档案丛刊：《清初内国史院满文档案译编》（上）：社会科学文献出版社，2015年，第281页。

部处于摇摆不定的历史选择阶段。

总体来看，在16世纪末到17世纪40年代，漠北喀尔喀三汗七鄂托克与作为中原王朝的晚明政府没有直接往来，仅仅是马市上的交易往来。[①]在16世纪末与漠南蒙古土默特部、西藏宗教领域产生了联系，与察哈尔部因其归属问题也产生了或对抗或拉拢的关系，并且在漠南蒙古诸部全部归附以满洲贵族为政治中心的后金政权产生了通贡、派使臣的关系，而二者的关系是在后金单方面制造政治话语修辞的情况下建立的名义上的"藩贡"关系，其实际意义上，二者仍然是一种近似于周边外交的关系。同时向北，喀尔喀部分鄂托克与沙俄建立了带有商业交换性质的对外关系。此时的喀尔喀仍然具有相对的独立性和无政府的自由性。

二、17世纪40-50年代，军事对抗、战略关系疏离阶段

这一阶段，虽然漠南诸部已经纷纷归附后金政权，并且在入关之前，经过重新整编，形成了与满洲八旗制度一致的蒙古八旗和汉军八旗制度，并跟随满洲军队挥师南下，定都北京。但刚刚建立的清廷政权仍然不够稳固，一方面，南明的残余势力和三藩之乱成为清政府统一全国的障碍，另一方面，在边关的喀尔喀部和卫拉特部一直没有彻底归附，特别是卫拉特部，此前与清政府未有过任何形式的交往关系。而刚刚归附的察哈尔部属下的苏尼特部众首领腾机斯一直处于摇摆不定的状态，终于在喀尔喀车臣汗硕垒的策动下，于1646年带领部众向北投靠喀尔喀，成为清代蒙古历史上著名的腾机思事件。

对于漠北喀尔喀部来说，一方面，近百年来一直处于相对独立的封建游牧汗国状态，与清廷形成以通贡、书信往来的周边关系，但是依然

---

① 哈斯巴根：《清初满蒙关系演变研究》【M】，北京大学出版社，2016年，第112页。

没有放弃构建自身的汗统身份，同时漠南诸部的归附，让喀尔喀诸部缺失了地缘上的屏障，清军能够相对容易地渗透进入漠北地区，对于喀尔喀上层贵族的统治构成威胁。另一方面，漠西的卫拉特诸部，此时虽然与清廷没有直接联系，对于漠南等东部蒙古的政治变动一直十分关注，如果漠北喀尔喀诸部一尽投诚，那么卫拉特与清廷的短兵相接只是时间上的问题。此外，觊觎漠北草原和漠西地区的沙俄帝国一直采取东扩战略，不断在边境发动军事力量，妄图以此来争夺喀尔喀和卫拉特成为其属地边民，并与清政府形成南北对立的虎兕之势。因此，此时的卫拉特诸部极尽拉拢喀尔喀王公，希望能够加强彼此作为蒙古共同体的内部团结，共同抗击外来入侵，并于1640年与喀尔喀诸首领在准噶尔汗国的塔尔巴哈台举行了会盟，并在会盟期间颁布了《蒙古–卫拉特法典》。

但作为清廷中央，对于喀尔喀部分王公策动下的一系列冲突性事件，并没有袖手旁观，而是立刻利用强大的军事力量进行控制和镇压。虽然喀尔喀左翼车臣部贵族采取了军事准备，但面对强大的劲敌，依然败下阵来，在第一次与清廷的军事和舆论战中，都节节失利。于是，迫于军事和舆论的压力，喀尔喀左翼的部分贵族在腾机斯事件发生一年后，主动采取了通贡与示好，再次建立起了与清廷的往来。但这又给下一阶段喀尔喀内乱埋下伏笔。

三、17世纪50-90年代，喀尔喀内乱与准噶尔入侵，正式附清阶段

在腾机斯事件发生3年后，喀尔喀右翼首领依然对清廷处于敌视状态，并且在1649年私入已经归附清朝的漠南蒙古归化城（今呼和浩特），以行猎为名侵扰土默特部并掠夺牲畜。再加上之前发生过的掠夺巴林人畜事件，成为清廷进一步以军事控制喀尔喀的契机。清廷一方面以军事施压，另一方面派出使臣下达旨意，从政治上拉拢，并训谕喀尔喀部。

　　和好之贝子照例每年进攻一次，每旗贝子合进驼一、马八，遣为首大臣朝见，此处亦照例回赏……若遵此旨，为首之贝子可遣大臣为使来朝，否则勿遣。①

　　迫于军事和政治上的压力，喀尔喀部的部分上层贵族作出了让步，主要体现在土谢图汗、车臣汗、丹津喇嘛、哲布尊丹巴呼图克图等左翼上层贵族和宗教领袖派出使臣，在1650年与清廷修好，而清廷一方面接受了使臣和左翼的通贡，但是另一方面，对于仍然负隅顽抗的喀尔喀右翼，则采取了分化和隔离之策，并且禁止左翼诸汗、台吉帮助右翼。但这一时期左翼与清廷的关系也还属于时好时坏的状态，一方面，清朝责成归还的巴林人畜不了了之，另一方面土谢图汗部的台吉贾塔尔因与土谢图汗不和，在1653年即顺治十年，率部众归附清朝，清朝赋予其达尔罕亲王的称号，并编制了喀尔喀右翼贝勒旗（今内蒙古达茂旗）。这一事件又引发了左翼土谢图汗、车臣汗等人的不满，遂遣书信给清廷：

　　逃人有在贝子大臣讲和前去者，有在讲和后去者，逃人往来私行，何以称和？……从前赏例太薄，我等不再来贡。②

　　而清廷的回应也颇为强硬，使二者在舆论上再一次针锋相对，互不退让：

　　……尔等不遵信誓，而为此大言。……将巴林人口尽数归我，且遣贝子来朝。庶自此后，再有逃来之人，俟彼时酌量施行。否则岂但已投

① 国家清史编纂委员会·档案丛刊：《清初内国史院满文档案译编（下）》，转《蒙古民族通史（第四卷）》，内蒙古大学出版社，2003年，第123–124页。
② 《清世祖实录》，转《蒙古民族通史（第四卷）》，内蒙古大学出版社，2003年，第125页。

之贝子不即遣还，凡贝子大臣来归者，即尽收养，且宠以富贵矣。[①]

　　由一个政治事件而引发舆论上的交锋，在喀尔喀与清廷的周边关系上已经不是首次，但这两次事件均以喀尔喀的失败而告终，其导致的后果是在之后的十几年，陆续有喀尔喀的部众来归，清廷将其全部收纳，并且给予游牧封地和标志地位的封号。显然这场舆论争夺，真正的胜出者是清廷。除了军事力量强大外，更主要的是，清代利用舆论、宗教等因素对喀尔喀展开攻势，使得喀尔喀部众处于较为被动的状态。最终经过哲布尊丹巴的调停使得双方关系得以缓和，并且规定了"八札萨克"的爵位和"九白之贡"的藩贡范式，同时1659年喀尔喀右翼诸部做出让步，与清廷重修16世纪30年代时期的旧好，让喀尔喀诸部从名义上归属清廷的管辖。但对于喀尔喀来说，则认为与清廷属于周边上的"外交关系"。不过，这也为喀尔喀附清在政治话语的构建上，建立了舆论的前提。

　　此时，喀尔喀上一代的三汗王也在这一阶段纷纷离世，这一时期为了争夺各自的属民和领地，新一代的统治贵族再次陷入了内部的争斗中。在周边环境上，一方面，虽然与清廷重修旧好，但是清廷的强势渗透让诸汗部在日后的归属问题上产生了诸多分歧，特别是右翼札萨克图汗部在内斗中，倾向于向西与日渐强大的准噶尔部联盟。另一方面，来自漠西准噶尔的压力，准噶尔汗的日益强大，不仅对清廷造成威胁，对于同为蒙古部落的喀尔喀贵族也造成了不小的震动。最终，喀尔喀两翼三部诸汗、台吉从1662年开始，经过了长达近30年的内部斗争后，从1686年开始进入与准噶尔部的战斗阶段。这场战役对于喀尔喀诸部是致命性的。其导致的结果是一方面，让喀尔喀内忧不断加大，另一方面，

[①] 《清世祖实录》，转《蒙古民族通史（第四卷）》，内蒙古大学出版社，2003年，第125页。

准噶尔汗对于喀尔喀右翼的拉拢，让左翼不断孤立，加速了喀尔喀内部政权的崩溃。尽管在1687年清廷曾派出理藩院尚书阿尔尼在库伦调停喀尔喀内部矛盾，但是并没有因此而止息，噶尔丹汗对于土谢图汗和哲布尊丹巴呼图克图的"亲满""附清"行为表示不满，因而大举进兵，并扬言一举消灭喀尔喀、擒获哲布尊丹巴。面对强劲的对手，以土谢图汗和哲布尊丹巴为首的喀尔喀部众遣书清廷，寻求保护，基于战略考虑，清廷此时对喀尔喀万户采取了怀柔之术，一方面将其安置在漠南一带驻牧，并且采取赈济之策补给其生产、生活，同时，又对噶尔丹汗部采取了军事对抗，并驱逐噶尔丹汗部。最终在1688—1691年间，将喀尔喀万户全部收纳，并且于1691年在多伦举行会盟，以宣告漠北喀尔喀部正式归附清廷，受其统辖。

四、17世纪90年代-20世纪初，实际控制阶段

1691年多伦会盟之后，喀尔喀诸部正式归附清廷之后，清廷在依据早期对其设置的八札萨克基础上，又依照内蒙古的四十九旗盟旗制度，在漠北喀尔喀部设置了三十六旗。康熙皇帝设置旗属的目的明确表态"以示朕一视同仁之意"。[1]在保留了土谢图汗和车臣汗的汗号外，下设与漠南蒙古和满洲八旗相一致的亲王、君王、贝勒、贝子、镇国公、辅国公等6个等级制度，并且赏赐了土谢图汗、车臣汗和哲布尊丹巴等诸贵族。并在征讨噶尔丹之后，于1697年全部返回原驻牧地。

不过此时西北地区的蒙古部落以及回部、西藏问题一直是清廷较难控制的周边藩部，而包括漠南蒙古诸部和喀尔喀各部都处于内亚环境

---

① 《亲征平定朔漠方略》，卷10，转《蒙古民族通史（第四卷）》，内蒙古大学出版社，2003年，第139页。

下被争夺的重点战略要地，因而即使是在实际控制之后，也依然没有警惕，对喀尔喀诸部一方面采用了礼遇的厚待，同时又加强对其控制，以及舆论和民情的监视，因而设置了能够控制和管理喀尔喀诸部的媒介机构，并且在有清一代一直起到应有的效力。

第三节　清廷对内外蒙古诸部的宣传策略

清廷对漠南、漠北蒙古的战略部署中，兵戎相见时而有之，但相比清廷与漠西蒙古和回部的剑拔弩张之势相对较少，而清廷也重视自身形象的维护，对于包括喀尔喀部在内的已归附的蒙古诸部采用了一套行之有效的宣传策略

一、汗统正宗的自周边形象宣传①

清廷出于"混一"蒙古的政治目的，采用了蒙古社会笃信藏传佛教的传统宗教信仰，利用仪式、观念，以及符命神话、满蒙一体等政治修辞，来宣传自身作为蒙古大汗的顺位继承人、控制蒙古的合理性依据。

首先，由于蒙古人奉佛，且遵循政教二元的社会制度，因而，无论是出于早期的控制目的，还是中后期的教化之用，清廷皇室均采用了佛教中的仪式仪轨来宣传自身与蒙古利用藏传佛教的文化范式，建立"僧俗"一致的"施主-福田"关系。例如，在察哈尔部来归之时，太宗皇太极率领众满洲贵族臣下迎接象征蒙古国运的玛哈嘎拉塑像，并且对之行

---

① 陆地：《周边传播理论在"一带一路"中的应用》【J】，载《当代传播》2017年，第5页。关于"自周边传播"和"它周边传播"的概念界定，地师的界定为"所谓自周边传播，就是在主体自身周边进行的信息扩散和其他传播活动"。"所谓它周边传播，就是在客体周边也就是传播目标对象的周边进行的信息扩散和其他传播活动"。

三跪九叩礼。①这一仪式过程中，佛像是由蒙古诸部的宗主部之察哈尔部奉上，其象征意义即是蒙古国运已经东移，并且满洲皇帝已经成了继承这一汗统的顺位继承人。到了入关之后，清廷又给章嘉呼图克图授予金印金册和新的荣誉称号，并且对藏传佛教的最高领袖达赖喇嘛授以"西天大自在佛领天下释教普通瓦赤喇旦喇达赖喇嘛"的尊号，并授予其金印金册和"统理黄教"的最高荣誉地位。而在之后的康熙、雍正、乾隆等三朝皇帝也都高度重视其地位。蒙藏宗教领袖也同样称清廷皇帝为"文殊师利菩萨"的转世化身，这与蒙古历史上的忽必烈大汗和宗教领袖八思巴喇嘛、俺达汗和三世达赖喇嘛索南嘉措的历史记忆和神话构建关系有相续之意，这也构建出了一种与蒙古历史相一致的"汗权佛授"的体系。这样一种对于历史记忆的复制，所产生的效果在《蒙古源流》《阿萨拉克齐史》《宝贝念珠》等清代由蒙古人撰写的编年史书中有所体现，这也从另一个层面体现了蒙古民众对于清廷作为蒙古诸部的宗主在形式上的认可，达到了形象宣传的目标。此外，因"尊崇佛教"的形象宣传，在喀尔喀诸部归附时，作为漠北宗教最高领袖的哲布尊丹巴，对于自身的归属问题也倾向于内附清廷，清廷的这一策略起到了笼络的作用。

其次，利用"传国玉玺"的符命神话，来说明自身汗位是得到"上天"认可的，并且突破了族际间的藩篱，关于传国玉玺的符命传说，其为秦皇汉武时代的福瑞祥兆，为历代帝王所用之宝，在政治神话中，其意义代表了"得之，受命于天；失之，气数已尽"。清廷正是利用了这一点来说服蒙古诸部，察哈尔部作为蒙古的宗主汗国气数已尽，而清廷得之则象征了能够如元代一样一统天下的命运。这即是一种对自身民族

---

① 中国第一历史档案馆，《清初内国史院满文档案译编》上：126—127，转，李勤璞：《蒙古之道：西藏佛教和太宗时代的清朝国家》【M】，2007年，第56页。

凝聚力的说服手段，同时也对于周边来说，使其归附的重要政治修辞。

再次，利用"满蒙一体"的舆论导向，使之认同满洲帝王与其有别于汉地和其他周边的"内属"地位。蒙古传统文化属于家产制文化，对于地缘、血缘极为重视，满洲作为一个政治共同体，将早期归附的蒙古诸部的首领之妻女、姐妹与清廷皇室结为姻娅关系，这就使其从血统上，在蒙古人的观念中，具备了一定说服力，形成一个新的民族共同体。同时，语言文字上的相似性，也使得清廷皇室深谙"蒙古之道"。因此，在很多场合下，清廷以此大做文章。例如在顺治朝，喀尔喀遣使来贡时，顺治皇帝对其内附时的训诫："我们红缨子之人自古以来位一体，今为安抚大国使政体归一。"①在面对复杂的现实环境时，对于来朝的喀尔喀部利用服制上的相似性进行说服，来创造一种二者本质同源而外化中原民族的宣传模式。

清廷在自周边的形象构建上，通过宗教、仪式以及政治修辞等多种模式将自身和蒙古之间建立起一种内化的周边关系。

二、宗藩关系的他周边形象规训

他周边传播有两重目的，一种是对于敌对者树立起传播者自身的好形象，塑造被传播者的坏形象；另一种是树立传播者的良好形象，营造和被传播者的友好印象或氛围。②在清廷建立初期，漠南蒙古诸部很早归附清廷，并且受其意识形态的影响，因而清廷在各种场合都会构建自身与漠南蒙古诸部的良好的自周边形象的传播，以进一步拉拢漠南蒙古诸

---

① 国家清史编纂委员会：《清内秘书院蒙古文档案汇编》，社会科学文献出版社，2015年，第64页。
② 陆地：《周边传播理论在"一带一路"中的应用》【J】，载《当代传播》2017年，第5期。

部。但是从清廷的视角来看，漠北喀尔喀部尚有"不臣之心"的表现，因而在清初与漠北喀尔喀诸部的周边舆论宣传众，呈现出他周边传播的两种样态。一种即是为了维护自身相对独立性和清廷为了将其控制成为藩部臣下的舆论征战，另一种则是营造起清廷作为统治中央的威仪、仁君形象和喀尔喀诸部对清廷的忠君护国的藩部臣下的舆论氛围。

首先，喀尔喀诸部在尚未归附之前一直在与清廷展开舆论上的主导性争夺，例如在察哈尔部归附前后，喀尔喀左翼车臣汗曾致书给察哈尔部苏泰太后，劝服其归附并联合与其同属于同源同种的喀尔喀部，但这封信却被清廷截获，并利用军事和舆论双重手段对其打压。在腾机思事件和巴林人畜抢夺事件中，喀尔喀诸部和清廷展开论争，喀尔喀部以停止使贡相要挟，清廷也毫不手软对叛逃部众的安抚来施压。同样产生成功效力的依然是清廷一方。主要原因在于，清廷在此时的军事实力压制，以及当时喀尔喀内部的矛盾，使得此时的清廷已经在舆论上成为主导，并且在其他蒙古诸部树立起了其威仪形象。此外，在右翼札萨克图汗与顺治皇帝的书信中亦可以看到对于各自形象的构建："汉人八十万众，原系我攻城敌也，今闻尔已收服，念总属我红缨蒙古所得，甚为喜悦，故去年我曾遣使朝贺。"而顺治皇帝则回书："我朝原系红缨满洲。所称蒙古为谁？尔来书不名，又尔我相称，意欲与我敌体乎？"① 从言辞间可以看出，此时的双方还属于不稳定的周边关系，札萨克图汗不愿放弃自身作为"黄金家族"后裔的蒙古正统统治性，因而不采用清廷的藩贡体系中的礼仪性修辞，但清廷此时已经入关，漠南诸部以及喀尔喀左翼诸部亦对之使贡，成为实际上的中原和漠南蒙古诸部的控制者。因此在文书的论战上显得措辞更为强硬，并且指出札萨克图汗部"尔我相

---

① 《清世祖实录》卷31，顺治四年四月丙子，258，载齐木德道尔吉、巴根那编：《清太祖太宗世祖朝实录蒙古史史料抄》，内蒙古大学出版社，2001年，第698页。

称"不合礼制的错误。在所有争战中，清廷无论从硬实力还是软实力来说，都更胜一筹。

其次，在对于喀尔喀诸部的它周边传播中，利用民族的"混一"性再次建构出了一套自身仁德的君主形象以及训诫并说服喀尔喀诸部应该所具备的从属、忠君形象。例如在与相对于柔和的喀尔喀左翼车臣部来使，同样利用"仇汉"的历史记忆和满蒙"红缨人同源一体"的民族相似特点来向左翼渗透意识形态，并且劝服其归顺。这一点与自周边传播有所重合，但更主要的是将喀尔喀诸部作为"属部"应具有的忠君护主形象构建出来。这一形象更多地体现在藩贡体系中，皇室对其封赏时的诏书和礼物，以及藩部作为礼仪的身体回馈。这在康熙皇帝赏赐进贡喀尔喀多罗郡王符合朝仪的礼服时的场景可以看出，多罗郡王当即表达了尊君敬上的臣下思想并施以三跪九叩礼以示效忠。

总体来说，自周边与它周边传播在清代与包括喀尔喀诸部在内的宣扬君主威仪仁德和"混一"蒙古，树立其忠君形象方面是一种有机一体的宣传模式，脱离任何一种宣传模式都无法达到其传播目的。

小　结

本章主要就清廷与以喀尔喀为主的蒙古藩部之间的特殊宗藩关系、历史背景以及清廷和蒙古藩部的宣传模式进行简述。由于清廷从崛起到入关统治中原，其自身也经历了从"朔"到"正"的变迁过程，因而在治理藩部和传播自身形象上采用了带有满洲共同体特色的传播模式。特别是不同于前代的藩贡周边关系和各自形象构建的宣传模式，在有清一代顺利的构造出一套有利于自身统治的意识形态体系。

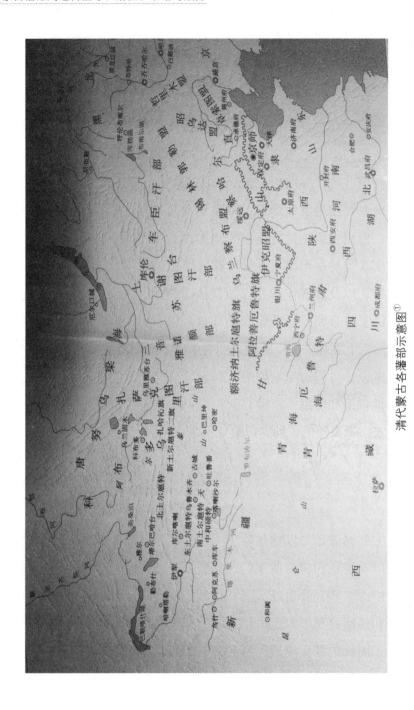

清代蒙古各藩部示意图①

---

① 《蒙古民族通史》（第四卷），内蒙古大学出版社，2002年，附录地图。

第三章

清廷与蒙古藩部间周边传播的
媒介渠道概况及范式

  在展开探讨清廷与蒙古诸部的传播媒介渠道之前，首先要界定的是在传统封建社会政治语境下的传播媒介。回溯美国传播学者拉斯韦尔的"5W"模式说中，强调了传播主体（Who）、传播内容（What）、传播渠道（In what channel）、传播客体（To whom）、传播效果（With what effect）之间的有机传播系统。并且将渠道通常界定为传播媒介，即"重点研究广播、报纸、电影等传播渠道所做的媒介研究"。①不过在实践的检测中，这种概念只是在狭义的大众传播研究的框架内进行的界定，而对于在清代初期的社会语境中，传播媒介不仅仅囿于大众传播之境，其外延更为丰富。特别是在周边地区和民族的传播中，对于传播媒介不能简单地认为是作为信息传递的大众媒介，更是一种作为规训和教化、带有政治功能的、具有组织性的存在。周边传播理论认为，周边传播的渠道是立体的，所谓立体即"可以是各种官办的大众传播媒介，也可是各级政府、商业、文艺、体育旅游等机构组织的各种合作和交流活动，甚

---

① ［美］哈罗德·拉斯韦尔：《社会传播的结构与功能》【M】，何道宽译，中国传媒大学出版社，2013年，第36页。

至是在周边地区流动的商品和个人"。①对于清代包括喀尔喀在内的蒙古诸部，在和清廷中央的传播活动上，使用的渠道分为两个层面，一是从中央到诸藩部发布政令、管理礼制以及教化蒙古民众的实际媒介机构，一是指所使用的技术性的媒介手段。本章将对媒介机构进行探析。

媒介渠道"是由人类创造用来发挥基础社会功效的大规模实体，它能够形成广泛的社会关系和深刻的社会作用"②。它是一种实在的社会组织，组织性和制度性是其基本属性，它可以做出决策，是权力得以实现的实体。在社会中，媒介渠道包含了诸如学校系统、宗教团体、政府机构和军事组织等多种权力形态。

对于媒介渠道，传统意义上的理解是具备"生产知识、传播信息、渗透意识形态、规范社会秩序"等诸种功能的出版机构、广播电视媒介等专门从事传播活动的中介性机构。但是在清代，虽然对于中原地区已经形成了一定规模的出版机构，例如清代的内务府武英殿即是专门进行出版发行的媒介机构和渠道，另外又有在清代中后期形成的传达中央政令和决策的官办报纸。但是对于蒙古地区的媒介渠道或机构，除了当时的嵩祝寺和智珠寺两座京城寺院是专门承担刊刻藏传佛教佛经和蒙古文佛经的出版机构外，对于蒙古地区生产和传播信息的媒介渠道几乎为零。但是这是否意味着在有清一代对蒙古藩部的周边传播中，是否真的没有任何媒介渠道或机构？又或者在彼此间的文化传播过程中是否具有部分媒介功能的其他机构？

笔者认为，在对媒介进行界定之前，首先要厘清，在文化传播中的媒介与大众传播中的媒介的异同。首先要看到的是，大众传播的媒介主

---

① 陆地：《周边传播概念和理论的再思考》【J】，《新闻与传播研究》，2017年，第2期。

② ［美］劳伦斯格罗斯·伯格等著：《媒介建构：流行文化中的大众媒介》【D】，祁林译，南京大学出版社，2016年，第13页。

要强调的是信息的承载和传播功能，其功能不足以覆盖文化传播的媒介及媒介特点。但关于广义的"万物皆媒介"则又过于宽泛，没有将文化和文化传播中特有的现象提炼出来。实质上，文化的传播更像是一种跨越族群的"人–物–人"的传播过程，这可以称之为在文化传播过程中媒介的基本要素。对于文化媒介的界定，曾有学者指出是一种"以物质为载体、语言为符号、记录和传播反映人的信仰、思维方式、审美以及重大事件的中介物质"。[①]这一观点与周边传播理论中的渠道的立体性有相似之处，突破了大众传播媒介框架内的媒介的单一功能。

回归到本文所提到的媒介机构和手段，无法简单地将其视作专门从事信息生产的机构和信息传播的手段，而是在清廷与蒙古藩部、蒙古藩部对清廷传播文化过程中，所要使用的带有媒介功能的机构或组织，以及仪式和手段。综合来看，在清廷对蒙古的控制、联络和教化、宗教等几种机构，分别具备了媒介的不同功能。而这些媒介功能又将两种或两种以上文化在不同的主体间进行输出和渗透。

有清一代，中央政府出于对边塞的蒙古诸部进行政治教化、文化规训的目标，采用了二元机构设置，在清廷中央设置了理藩院，专门处置包括蒙古在内的边疆民族事项，而在地方又设置了传递信息的驿站，以及管理地方行政事务的机构，此外，在以满洲共同体为核心的内部又设有专门教授满蒙汉文化的教育机构。同时作为蒙古僧众教化机构的佛寺，无论是对民族内部的民众教化还是被清廷利用"以俗治俗"的控制工具，都起到了深远的作用。

---

① 熊高、卢有泉：《文化媒介学》【M】，武汉大学出版社，2012年，第7页。

第一节　理藩院

理藩院的前身为专司蒙古事物的"蒙古衙门"，清太宗皇太极为了便于管理刚刚归附的漠南蒙古诸部而设置的中央民族管理机构，其设置的具体时间在史学界说法不一，但主要集中在1636年。而随着与周边少数民族的接触日渐频繁，在1638年更名为"理藩院"①其机构由中央直接管辖，而内部各司也经历了多次更制与变迁，至乾隆二十七年，即1762年成为定制。理藩院的各个职能部门主要分为六司②，权力各有不同。且各个阶段因历史原因，其所统辖对象有所差异。

一、理藩院的形成

这一阶段尚无明确的机构分工，而只有上下两级的官吏，专门管理蒙古事务，从崇德元年（1636）"承政三四员，余者皆为参政"到崇德三年（1638）的"承政一员，左右参政各一员，副理事官八员，启心郎一员"③之后一年（1639）又增设理藩院每旗章京一员。再到顺治元年（1644）效仿明制，改承政为尚书、参政为侍郎，同时又增设汉院判、

---

① ［清］会典馆：《钦定大清会典事例 理藩院》，赵云田校点，中国藏学出版社，2005年，第2页。

② ［清］会典馆：《钦定大清会典事例 理藩院》，赵云田校点，中国藏学出版社，2005年，第3页。理藩院在顺治十八年即1661年设有录勋、宾客、柔远、理刑四司，至康熙四十年即1701年将柔远一司划分为前、后二司。乾隆二十二年即1757年改录勋司为典属司、宾客司为王会司、柔远后司为旗籍司、柔远前司为柔远司。乾隆二十六年即1761年，再次将旗籍和柔远并为一司，增设徕远司。一年后又将旗籍与柔远分立。

③ 《清太宗实录》卷四十二，载齐木德道尔吉、巴根那编：《清太祖太宗世祖朝实录蒙古史史料抄》，内蒙古大学出版社，2001年，第464页。

汉知事、汉副员各一名，并于顺治十六年（1659）归礼部管辖。

所有的机构设置均与当时清廷从关外进入中原之后，政治地位改变有着密切的联系，一方面要加大满洲贵族的权力，另一方面要因循明制，加快对中央机构的完善以便统治尚不稳定的新政权，因此加大了满汉官员在管理事务方面的数量。但是从机构的隶属上却没有直接受中央统辖，而是隶属于礼部。

二、内部机构完善

这一阶段的机构设置已经趋于完善，首先即是将理藩院从礼部剥离，成为只属于中央，专管藩部的机构，并且分化出了录勋、宾客、柔远、理刑四司。这么做的原因，从清廷统治者看来是由于理藩院专司藩部的民族事务，有安抚柔化的目的，责任非同一般，而"作礼部所属，于旧制未合。嗣后不必兼礼部衔，仍称理藩院尚书、侍郎，其印文亦著改正铸给"。①此时的统治阶层已经进一步意识到周边民族事务的重要性，因此加大了对理藩院的权力，同时将其内部结构也进一步细化。

从管制上来说，仍然是"一主二副"的权力核心，即一名尚书，左右两位侍郎。在其下又分为首领官员和属官，分别掌四司之事。录勋司主要掌管漠南蒙古诸部的日常事务，其中包括"封爵、会盟、户丁、邮驿、逃人"；宾客司则主要管理漠南蒙古诸部来朝进贡献礼、参与宴赉及年班围班等礼仪事项；柔远司则有两项功能，一方面管理漠南蒙古的僧众事项，另一方面则管理漠北喀尔喀诸部和漠西厄鲁特部的朝贡事项。理刑司则主要管理漠南蒙古的各类纠纷和刑罚。

---

① 《清圣祖实录》卷二，顺治十八年三月，载齐木德道尔吉、巴根那编：《清太祖太宗世祖朝实录蒙古史史料抄》，内蒙古大学出版社，2001年，第880—883页。

从各司的管理事项可以看出，此时的漠南蒙古诸部已经成为天朝集权统治下被严格规训的周边一隅，而涉及到漠北喀尔喀的事务仅在于柔远一司，而关于西藏和回部的管理则完全没有涉及。从这一侧面可以看出，此时的喀尔喀蒙古诸部仍然只是清廷鞭长莫及的"化外之地"，与漠南蒙古和清廷的关系不可同日而语。这也就出现了喀尔喀部左翼汗王在朝觐顺治皇帝时，会出现"不识我朝仪制"的情况。[1]但是从这一时期的变化也可以看出，漠北蒙古喀尔喀部的战略意义对于清廷中央已经十分重要，因而会在涉及蒙古事务时，特将柔远一司的主要边务治理侧重于漠北喀尔喀部。

三、六司定制形成

这一时期，随着漠北喀尔喀部的归附、漠西蒙古诸部叛乱的平息以及大小和卓之乱的平叛等历史事件的影响，治理藩部的工作也产生了内涵上的变化，特别是对于不同藩部的治理模式在理藩院内部形成立体化管理的模式。

康熙四十年开始，将柔远一司变为左右两司，柔远左司专门管理漠北喀尔喀部、漠西蒙古诸部以及回部、西藏等藩部的会盟、围班、喇嘛等事宜，以及包括俄国在内的对外贸易，而柔远右司则是专门管理漠北喀尔喀部的经济事务，以及朝贡、仪制等事宜。在乾隆朝时，被规范为一种定制，其目的是"国家声教所被，无远弗届。大漠以北，流沙以西，诸部君长稽首携来。画疆置吏，有如县郡。其来朝述职诸政事，分

---

① ［清］昭梿：《啸亭杂录》卷十，中华书局，1997年，第12页。《世祖问喀尔喀使者》："章皇即位时甫七龄，时喀尔喀使者来朝，随班祝贺，拜跪失仪，上即宣问。侍臣答以远方使者，未娴礼节，上乃悦。"

隶本司"。①此外，典属司在这一阶段被设置，其主要职能分为两个方面，一方面是专门管理漠南内蒙古诸部的封爵、游牧等诸事。另一方面则专管外札萨克蒙古，即漠北喀尔喀部和西藏的封爵、会盟、互市以及喇嘛等逐项事宜。

从3个阶段理藩院对于不同各司的设置以及整合，不难看出，在对待漠北喀尔喀部的态度上的转变，从化外之民，逐渐变为"庇我宇内"，与漠南蒙古诸部一视同仁的态度。而每一次机构设置的改革，都与当时的历史语境变迁下的社会变化有着密切的联系。

从传播的样态来看，清代社会仍处于印刷和口语交融的媒介传播时代，特别是在蒙古地区的传播和教化方面，由于当时能够得到教育机会的多数为蒙古上层贵族以及喇嘛僧侣，识字率仍然不是很普遍，因而通过口耳相传的方式进行的信息传递成为一种普遍现象。此外，清初对于边疆地区没有专门的新闻传播机构，理藩院作为中央直属部门，对于包括蒙古诸部在内的少数民族地区来说，即是管理和规训的权力机构，同时又是中央信息、政令自上而下传播到周边民族地区的媒介机构，两种功能相互融合，互为补充。

从文化融合来看，一方面，理藩院作为中央权力机构，其规训的方式是通过制定一系列仪制、法规和条例来约束以达到控制蒙古诸部的目的。另一方面，理藩院对于藩部来说其教化功能，使得蒙古诸部从文化方面成为帝国统治的一维周边。从满洲统治者的角度来看，满洲民族共同体入主中原之后，其统治地位仍然不够稳固，面对复杂的国内政治环境和民族问题，满洲统治者既要能被众多的汉族"民人"认可其统治地位的合法性，同时又要能够被蒙古诸部认可其汗统与元代蒙古的中心位

---

① 《大清会典》（乾隆朝）卷八十，载［清］会典馆：《钦定大清会典事例 理藩院》，赵云田校点，中国藏学出版社，2005年，第230页。

置一脉相承，因此建构起了一套"满蒙一家"和"满汉一体"的政治修辞。因而在入主中原之后，对于北方的蒙古各部的"混一"，采取了不同程度的"因俗而治"的柔远策略，同时利用中央王朝的朝觐、礼制手段对其进行教化，使其在礼制上即保留了蒙古之俗，又被中央王朝的礼宾制度所规训。对于中原汉民族也采取了尊崇儒术和因袭明制的治国之术。此外，对于本民族来说，又强化满洲民族共同体的民族意识，凸显"国语骑射"的"满洲之道"，同时对待汉族民众也采用了强硬的剃发令和更易服制的策略。可以说，三者之间的文化融合是一种以"崇满"为核心、"法明"和"柔远"为重要基础的民族治理之策。那么理藩院作为教化蒙古诸部的媒介机构，其运行模式上又是如何处理满蒙汉3种民族文化的关系？

（一）"崇满"为核心的"满洲之道"①

作为一个政治概念，"满洲之道"对于统治阶层的清廷皇室以及八旗贵族来说，是增强其民族团结力和凝聚力的民族认同意识。特别是在入关之后，作为统治阶级的满洲贵族和作为被统治者的汉族民众之间有着难以逾越的界限。面对作为强势文明的中原儒家文化体系，满洲统治者在吸纳和学习的过程中，并不是完全吸取或沉湎其中，而是时刻警醒"自我"与"他者"之间的不同。特别是成为"九州共主"的清廷皇帝，在对满臣的训谕中，以政治制度的规定，使满洲臣下时刻记住自身的身份。顺治皇帝曾对礼部的训令中，格外强调了满洲以尚武的骑射之

---

① "满洲之道"的概念来自美国清史学者欧立德的专著《满洲之道：八旗和中华帝国晚期的族群认同》（*The Manchu way*： *The Eight Banners and Ethnic Identity in Late Imperial China*），他所强调的核心概念是族群的形成在于民族的共同文化与传统被有意识地用来激发群体的团结力，增加族群的社会资源，降低生存危险。对于少数民族政权来说，面对庞大的汉地被征服者，具备一种"族群主权"保护民族的自我身份认同。在文化方面则主要体现的尚武风俗的"国语骑射"。

俗而得以问鼎天下，因而时刻警醒他们"我朝原以武功开国，历年征讨不臣，所至克捷，皆资骑射。今仰荷天庥，得成大业，虽天下一统，勿以太平而忘武备，尚其意习弓马，务选精良，嗣后满洲官民，不得沉湎嬉戏，耽误丝竹"。①同时，顺治皇帝沿袭了前两代皇帝对于满语满文的重视，并且对满洲贵族宗室习汉文汉书入汉俗而荒"国语"和对满洲旧制遗忘的担忧，因而屡次下令"教习满书"，对于宗室内学习的宗室子弟则采取"著永停其习汉字诸书"②。在习俗方面，面对汉族民众的"华夷秩序"观念根深蒂固，满洲统治者不得不采取剃发、更服制的训令，一方面保护自身的民族特性，激发民族意识觉醒。另一方面，强制改变汉族被统治者的服制习俗。这一强制性的规训模式，不仅仅是简单的移风易俗，而是触动了满汉之间更深层次的民族文化的矛盾。即使是当时投诚的并效力清廷的汉族内阁大学士陈名夏也表达了内心的不满，对于清初的"剃发令"，他直言不讳地指出"留发服衣冠，天下即太平"。③

基于满汉矛盾在文化层面的日益凸显，因而从顺治到康熙两代君王对于儒教和汉文化提出了"兴文教，崇儒术"④"更国子监孔子神位为大成至圣文宣先师孔子"。⑤此外，到了康熙朝，康熙皇帝更多次宣扬明清关系的一脉相承，并且多次赞扬明朝，并称"有明二百余年，其流风善政，诚不可枚举"，⑥并且在南巡中拜祭明太祖朱元璋之陵。对于孔子孔

① 永根冰齐：《清朝实录采要》，卷三，转孙静：《'满洲'民族共同体形成历程》【M】，辽宁民族出版社，2008年，第126页。
② 《清朝文献通考》卷63，转孙静：《'满洲'民族共同体形成历程》【M】，辽宁民族出版社，2008年，第128页。
③ 《清史稿》卷245，《陈名夏传》。转张昆将：《东亚视域中的'中华'意识》【D】，东亚儒学研究中心，2017年，第62页。
④ 《清史稿》卷5，《世祖本纪二》：中华书局，2010年，第141页。
⑤ 《清史稿》卷4，《世祖本纪一》：中华书局，2010年，第137页。
⑥ 《清圣祖实录》卷218：205，转张昆将：《东亚视域中的'中华'意识》【D】，东亚儒学研究中心，2017年，第64页。

庙更是行三跪九叩之礼，书写"万世之表"的匾额悬挂于孔庙。这些政治修辞和举措以及文化仪式上的行为方式，其目的在于化解当时出现的民族矛盾，同时能够维系自身在中原统治的正统性。不过，虽然清初的君主都推崇儒学，但是却禁止满人更多地接触汉文化，对于蒙古藩部，更是从根源上断绝了其与内地文化的接触，除了部分八旗蒙古贵族的子弟能够在八旗官学接触到经过满、蒙文翻译的儒家文化外，在北方的蒙古诸部很难有机会接触到汉文化的核心。即使中原文化进入蒙古也是在18世纪清朝中后期的事。从文化的客观角度来看，又保护了关外满洲和蒙古社会民族文化的纯粹性，但是却使其社会文明的发展严重滞后。

（二）"法明"制度下的"满洲化"延伸

"因循明制"的做法从后金改元清朝时期就已经形成。其最典型的即为中央机构的设置，效仿明朝的六部，但在族群构成上更为多元，以满洲共同体为核心的、蒙汉官员各占席位的带有民族特色的六部①。同时，又效仿明朝的内阁、翰林院和通政司而建立的内三院，即内国史院、内秘书院和内弘文院②。除此之外，清廷又在崇德元年（1636年）设置了专门监督皇帝和满洲诸王贝勒的督察院，其地位高于六部，并且官员设置上也和六部相同。理藩院也是在这一时期设立，并且称为"蒙古衙门"，专门管理蒙古诸部事宜。这样就形成了沿袭明代，但又充分带有满洲特色的"三院八衙门"机构设置。并且这一制度在延续了几十年

---

① 《清太宗实录》卷9，载齐木德道尔吉、巴根那编：《清太祖太宗世祖朝实录蒙古史史料抄》，内蒙古大学出版社，2001年，第124页。六部中的官员族系设置，除了吏部承政为满蒙汉各1名外，其余五部皆为满洲2人、蒙古、汉各1名。各部的参政为8人，工部为满洲8人、蒙汉2人。

② 《清太宗实录》卷28，载齐木德道尔吉、巴根那编：《清太祖太宗世祖朝实录蒙古史史料抄》，内蒙古大学出版社，2001年，第355-356页。

后，不断被加强和完善。官员设置上，形成带有满洲特色的官缺制[1]，特别是在理藩院内部，加大了蒙古官缺的设置，在员外郎和笔帖式等官员设置上多任用蒙古八旗官员，但是在主要的郎中职任则仍然以满官缺为主。一方面保证了满洲官员的权力核心，另一方面，蒙古官缺的提升，对于"以俗治俗"的战略会有更积极的作用。

尽管在诸多的历史文献以及学术讨论中认为，清廷遵循蒙古诸部的风俗，在觐见之时，可以不拘泥于礼仪的形式，采用蒙古礼仪觐见清廷皇帝。[2]但是并不代表作为礼仪制度的文化，其中的汉文化因素和满洲文化因素不会影响到蒙古诸部。例如在满洲贵族上层流行的抱见礼，以及从周代流传下来的三跪九叩之礼仪制度在蒙古王公拜见清廷皇室成员、八旗官员中都随处可见。不过随着清廷入主中原成为统治核心，象征友好和地位平等的抱见礼日渐式微，而三跪九叩之仪不断加强，这让蒙古诸部在仪式施行的过程中，逐渐认知到自身地位与满、汉之间的差别，从行为上逐渐被纳入到满洲文化为核心、汉文化为基础的礼仪体系当中。

（三）"以俗治俗"的柔远策略

清廷在针对不同时期、不同部属的蒙古部落，也采用形式各异的手段。对于编入八旗的蒙古，采用了与满洲八旗相类似的治理之策，成

---

[1] 官缺制是清代具有满洲特色的一种官员制度，通常是"以官补缺"，通常会在官员设置中，加强满官缺，提升满洲八旗旗人的地位和政治权力。汉官缺虽然也存在于官缺制中，但汉族官员的地位却远不及满洲官员。而蒙古官缺则比较特殊，任职的官员只是针对蒙古八旗出身的蒙古人，而不是内外藩蒙古人。蒙古八旗作为满洲共同体的一部分来说，对于满洲和汉军八旗来说，其族系身份是蒙古人，但是对于内外藩蒙古来说，其身份又是满洲共同体中的一部分，因而在理疆治边的策略，针对蒙古地方的问题，多数都采用了蒙满兼通的蒙古八旗官员出面调停。

[2] 张崑将：《东亚视域中的'中华'意识》【D】，东亚儒学研究中心，2017年，第74页。

为八旗的重要组成部分。而内外藩蒙古则是在此基础上设立的，具有自治权的盟旗制度。八旗蒙古直属于中央，而在内外藩蒙古诸部则有些设置了都统、副都统、笔帖式等职务，而有些则保留了汗号，并设置了与满洲贵族类似的王、贝勒、贝子等爵位称号，通过年班和围班的方式来朝进贡。这种进贡的方式又与当时周边国家，如朝鲜、暹罗、琉球、安南等有着显著的不同，与地方政府的朝觐又有明显的差异，是一种具有周边民族特点的朝觐制度，在清朝中期形成了定制。而且在每个藩部的进贡的贡物中，又有各自的特点，例如喀尔喀部的"九白之贡"从崇德年间开始，到进入中原之后日渐频繁，到1691年正式归附清廷之后，形成朝贡的定制。从清廷对外的言辞中，所构建出的是一种"朝廷抚有属国，厚往薄来"抚恤臣属的仁君形象①，而实际上，在清朝建立之初，喀尔喀部仍然没有完全内附，且处于内部混战的无政府状态，清廷自身面对复杂的三藩之乱和内部宗室的争权夺利，对于喀尔喀鞭长莫及，因而通过朝贡和回礼等柔远的文化战略来抚恤和拉拢，并分而治之。

此外，清廷看到了佛教对于蒙古诸部的重要意义和作用，因此，在蒙古政教合一的制度基础上，又推行了喇嘛旗管理制度以及喇嘛年班的朝觐制度。一方面，用崇高的礼节来宽待藏传佛教的高僧，并且形成一套与蒙古汗王和喇嘛上师之间类似的"施主–福田"关系，另一方面，利用喇嘛贵族，加强蒙古诸部对于清廷中央的向心力和认同感。例如在面对外部沙俄扩张的压力，以及漠西蒙古噶尔丹汗的压迫，以及清廷的崛起和对喀尔喀左翼的渗透，作为喀尔喀宗教领袖的哲布尊丹巴一世对喀尔喀贵族、民众、僧俗发布训谕"我辈受天朝慈恩最重，若因避兵投入俄罗斯，而俄罗斯素不奉佛，俗尚不同，视我辈异言异俗，殊非久安之

---

① ［清］福格：《听雨丛谈》卷一：《九白》，中华书局，1997年，第37页。

计，莫若携全部内徙，诚投大皇帝，可享万年之福"。①尽管在文献中夸大了哲布尊丹巴在喀尔喀内附清廷时的作用，但是其所代表的黄教在内附过程中起到了积极的推动作用。因而在正式附清之后，康熙皇帝在1693年多伦会盟之后，颁布旨意"封哲布尊丹巴胡图克土为大喇嘛，于喀尔喀地方列为库伦，广演黄教"。②这一举措不仅从宗教地位上使哲布尊丹巴在喀尔喀诸部的地位加强，使得他成为和达赖、班禅等西藏喇嘛贵族同等重要的地位，同时也削弱了达赖喇嘛在喀尔喀部的影响力。

综合文化融合的角度来看，清廷在对待蒙古诸部的机构设置上，无论是早期的蒙古衙门，还是之后日渐完善的理藩院，其在控制和教化蒙古部落的方式上具有清廷独特的满洲特征，从礼仪和制度的设置上，将满洲旧俗渗入到蒙古地区，在官员设置上也采用了满蒙汉官缺制，但不完全是以满洲之道对蒙古进行教化，在入主中原之后，其在制度上又采取了古代《周礼》中的礼仪制度对蒙古进行了规训，从礼仪文化的角度，让作为藩部的蒙古诸部在觐见和朝贡的过程中，也被不断"儒化"或"汉化"，但是却严格的限制满蒙贵族学习汉字和汉文化。同时，注重蒙古的信仰和习俗传统，在进贡的贡物中采用了具有分化特色的九白之贡和佛教高僧转世与年班制度，保留了蒙古原有的风俗，这与处理满汉关系上有着显著的不同。

从拉斯韦尔的媒介三重功能角度来看，理藩院作为媒介机构来说，其首当其冲的功能即是监视和控制包括蒙古诸部在内的藩部，维系疆域的稳定，同时又利用盟旗制度分而治之的分化手段。第二层级即是其利用不同的制度策略来联系藩部与中央，一方面将清廷中央的训令下达给

---

① ［清］松筠：《西陲总统事略》，转杨绍猷：《论第一世哲布尊丹巴》【J】，载《中国民族史研究》1987年，第2期。

② 《大清会典事例》卷974，载［清］会典馆：《钦定大清会典事例 理藩院》，赵云田校点，中国藏学出版社，2005年，第157页。

蒙古诸部，又将各地的信息汇总集中到中央来采取新的措施。第三重功能即是文化的传承性，因清廷素来对藩部采取了"以俗治俗"的策略，因而一方面使得诸部的文化得以保留，另一方面又将自身的教化方略传递到蒙古地方。

具体来说，在清代初期，蒙古衙门设立之时，出于监控、管理和规范蒙古社的目的，专门对蒙古地区颁布了《蒙古律书》《蒙古律例》和《理藩院则例》。①早期的《蒙古律书》对于蒙古的管理主要吸收了蒙古社会法制中对于牲畜和人丁的管理模式和奖惩机制。同时对于尚未归附的蒙古部落与已归顺的蒙古部落之间的往来也有严格控制。例如在边界马市贸易就曾规定"喀尔喀、厄鲁特、唐古特、巴尔虎等人，止于呼和浩特、巴彦苏莫口岸贸易。上至王等，不得擅自遣人前往喀尔喀、厄鲁特、唐古特、巴尔虎贸易"。②此外，还对蒙古地区违背律法的行为有严格的罚牲畜、杖责和凌迟处死等规定。相比于蒙古地区旧有的法律显得更加严苛。不过，这也为清初稳固蒙古社会，加强对其的控制产生了实际效果。同时也对后期《蒙古律例》和《理藩院则例》打下了坚实的基础。

《蒙古律例》的形成则经历百余年时间，最终于乾隆朝编纂成册。关于《蒙古律例》的条规以及内容，目前史学界说法不一，主要集中于

---

① 《蒙古律书》《蒙古律例》与《理藩院则例》三者形成的时间贯穿了清初的太祖、太宗朝、中期的康熙、雍正、乾隆朝以及嘉庆朝。三者间的关系是根基和传承的关系，最终形成的是针对蒙古藩部以及其他少数民族地区的《理藩院则例》。根据学界的分析和判断，目前承认的《理藩院则例》最终形成和完善是在清代中后期的经历了乾隆、嘉庆和道光三朝完成，并有补充。那仁朝格图：《13-19世纪蒙古法制沿革史研究》【M】，辽宁民族出版社，2015年，第283页。

② 那仁朝格图：《13-19世纪蒙古法制沿革史研究》【M】，辽宁民族出版社，2015年，第268页。

194条和209条之说。①其控制的对象主要是蒙古全社会阶层，包括上层的王公贵族，以及平民阿拉巴特，同时还专门将喇嘛和黄教的监控、管理纳入律例。具体涉猎法制内容主要有：官职任免、户籍管理、进贡、会盟、戍边、窃盗惩戒、人命、告发、追捕、其他犯罪、喇嘛以及断狱等门目的规定。相较于《蒙古律书》，《律例》的内容更加详尽，其突出特点即是"以俗治俗"。举例来看，在喇嘛律一门中，对于喇嘛日常的寺院管理、不同等级的喇嘛贵族和普通僧众的服制提出要求。但主要以遵循旧有规制的基础上将其更加明细化。

《理藩院则例》形成于清朝中后期，其形成的主要原因在于，随着帝国版图的扩大，归附清廷的周边少数民族部落日益增多，一方面出于有效控制的目的，另一方面出于边疆稳定的目标，清廷将原有的《蒙古律例》12门纳入到《理藩院则例》，并编制成63门，共计731条。其中对于蒙古地方的管理占《则例》的绝大多数，对于西藏和俄罗斯则单独设立通制和事例。《则例》的内容并非一成不变，而是在清廷与蒙古的相互交往中有所增加，一直到光绪朝修编完成，形成了64门、965条针对蒙古和其他藩部的规定。涉及内容归结起来包括：官职的任免、旗属的划分、进贡的规制、年班和围班的礼仪、宴赉和赏赐、赈济政策规定、追捕逃亡、惩戒重犯、戍守边疆等名目众多的律例规制。但相较于《蒙古律例》，则更加明确的对蒙古社会进行了规训。最典型的例证即是在各个蒙古藩部对中央进行朝觐之时的贡品都做了明确规定，不可以互相借鉴或僭越。同时，对于所进贡的礼物，都是该地区所独有的诸如"九白""汤羊""牛马"之类的寻常物品。

综合来说，从《蒙古律书》到《蒙古律例》再到《理藩院则例》，

---

① 日本学者岛正敏郎和苏联学者梁赞诺夫斯基主要考证为209条之说，而国内学者赵云田的考察论证则为196条之说。笔者根据目前所搜集到的文献，主要以前者的论点为准。

都体现出了清廷对于蒙古藩部治理的变化以及其意识形态对周边地区的渗透之深远。但同时，又在客观上，维持了地方的原有社会秩序和习俗，在遵循蒙古社会传统畜牧家产制基础上，对其进行有效的监控和管理。

第二节　驿站

关于驿站，并非产生于清代，在中国古代，驿站作为一种军事防御系统和信息传播的渠道已经经历了数千年的历史，而在蒙元帝国"大一统"的辽阔疆域内，信息的传递更是有赖于驿站，元代称这一制度为"站赤"，是沟通蒙古各个汗国之间，传播信息和加强贸易、军事战略的一种机构设置，既沟通了故元旧地的漠北首都哈拉和林，也连接了当时元朝的政治文化中心大都（北京），同时跟其他汗国之间紧密相连，形成一种国际驿站通道，在当时对于不同文化的沟通起到积极的作用。[①]但是，随着16到17世纪蒙古诸部封建领主的利益纷争，在战争的烽烟炮火下，这些驿站也不断被破坏，真正在蒙古地区重新设立驿站也是在漠北喀尔喀蒙古部归附清廷之后的1692年，出于对漠西准噶尔部的军事控制，分别在内外蒙古设置了驿站并且在平定准噶尔之乱后，在新疆、外蒙古科布多等地也设置了多路驿站，最终于1755年准噶尔部阿睦尔撒纳叛乱时期完成。

清代蒙古地区的驿站，主要用于"宣传命令，通达文移"[②]，有其特殊的地区和民族特点，并且在不同时期、不同藩部其称谓上有较大的出入，在清代统一被称之为台站。在内蒙古地区采用了"站"的称呼，

---

① 金峰：《清代蒙古台站通名的产生与命名》【J】，载《蒙古论文集》（第三辑），呼和浩特市蒙古语文历史学会，1983年，第300页。
② 《清朝通典》卷二十六，转赵云田：《清代蒙古政教制度》【M】，中华书局，1985年，第184页。

其功能主要是军事上的防御之用。①而"台"一词在蒙古语和满语中主要是指边界的哨卡，在清朝中后期主要使用了蒙古语中的卡伦一词，与台的本意一致。而在漠北蒙古、呼伦贝尔以及漠西蒙古诸部的台站，则主要是是指邮驿。台站的功能从满、蒙语义中来理解，一方面是为抵御外来入侵，如沙俄和噶尔丹之乱。另一方面则是传达来自中央的文书和训令，以下达到边疆蒙古诸部。与京城到达其他内地交通驿站设置塘、铺不同，在蒙古诸部的公文、训令主要依靠台站来传送。塘，在中央与除蒙古和东北地区之外的地方，主要是负责中央三院八部与地方之间较慢的文件传送；而铺则是皇帝的圣旨和地方高级文武官员的机要快件。②不过在蒙古地区这两个机构被卡伦所代替，并且卡伦的主要功能一是监督，一是通讯。并且在机构设置上分为官办驿站和苏木驿站，前者主要是以清廷直接拨款设立并统辖，后者则主要由各个盟旗自主设立。驿站制度的设立补充了理藩院在传达消息指令以及监督地方，搜集情报方面，因距离遥远而产生的真实性有所误差，信息接收被动的问题。对于理藩院传达消息和管理疆务的被动问题，康熙皇帝曾经对当时的理藩院尚书阿木忽郎提出批评"近见内外蒙古接壤地方，相互攘夺盗窃者甚多。遇此等事，遣尔衙门官员前往察阅。不思调和两国裨益地方，据实奏闻，以副朕驱使，但苟且竣局，希图脱免，凡事有问，诿云不知。此等事情，皆朕亲行咨访得之，尔等堂司官，何曾启奏一事。尔衙门司官笔帖式，并无一人克尽职掌"。③从这一段训谕中，可以得到的信息是，理藩院在处理蒙古事务上，对于信息的收获被动且闭塞，虽然康熙皇帝的

---

① 金峰：《清代蒙古台站通名的产生与命名》【J】，载《蒙古论文集》（第三辑），
呼和浩特市蒙古语文历史学会，1983年，第301页。
② 金峰：《清代蒙古台站通名的产生与命名》【J】，载《蒙古论文集》（第三辑），
呼和浩特市蒙古语文历史学会，1983年，第301页。
③ 《清圣祖实录》，康熙二十一年正月己巳条，转张永江：《清代藩部研究》
【M】，黑龙江教育出版社，2014年，第176页。

斥责中强调的是理藩院官员的"懒政"，但不能不考量在茫茫瀚海两侧的内外蒙古社会的地缘问题。这样使得自下而上的信息收获十分被动。然而驿站的作用却是一种信息渠道的补充，在蒙疆的信息汇总到驿站之后，再由驿站传递回中央，能够补充理藩院在收获信息时渠道不足的缺憾。

清代蒙古地区的台站始建于康熙三十一年，并且分为内蒙古五路、外蒙古北路以及漠西蒙古军台。本文主要研究的是内蒙古以及漠北喀尔喀诸部和清廷之间的文化传播问题，因此根据以往的研究成果简要概述内蒙古五路驿站和外蒙古北路驿站。

一、内蒙古五路驿站分布：①

（一）喜峰口驿站

北京—喜峰口—哈岱罕，共1600里，18站，所通地点，自北京向东北方向，通往卓索图、昭乌达、哲里木三盟二十九旗，由哈岱罕向东北延伸进入齐齐哈尔。

（二）古北口驿站

北京—古北口—鞍匠屯—承德—阿鲁噶木尔，共923里，16站，所通地点，自北京向北，通往昭乌达、锡林郭勒二盟九旗。

（三）独石口驿站

北京—独石口—胡鲁图，共685里，7站，所通地点，自北京向北，通往察哈尔左翼、昭乌达、锡林郭勒二盟七旗。

---

① 数据来源：《内蒙古五路驿站统计表》，转《蒙古论文集》（第三辑），呼和浩特市蒙古语文历史学会，1983年，第355页。

（四）张家口驿站

北京—张家口—昭化—四子部；北京—张家口—昭化—归化城；北京—张家口—吉斯黄郭尔，共分三路，1070里，18站，所通地点，自北京向西北通往察哈尔右翼和乌兰察布、锡林郭勒二盟五旗，阿拉善左右翼二旗、额济纳旗，并从吉斯黄郭尔进入漠北蒙古。

（五）杀虎口驿站

北京—杀虎口—归化城—乌拉特三公旗；北京—杀虎口—归化城—鄂尔多斯，从归化城开始共分南北两路进入鄂尔多斯（南）和乌拉特（北），1690里，12站，所通地点，自北京向西北通往归化城、土默特左右翼旗、乌兰察布和伊克昭二盟十旗。

内蒙古六盟五十一旗悉数被驿站联结，并形成一套邮驿网络，共5965里，71台站，将内蒙古腹地和京师有机的联结起来，同时，在漠北喀尔喀蒙古诸部的信息传递中，内蒙古地区的台站也发挥到应有的作用。在清代蒙古各部朝觐的年班和围班制度框架下，各部贵族在往返的路线中，基本上都通向了各路驿站，因而内蒙古的五路驿站在清代蒙古与中央之间的消息传递、制度文化的传播和规训方面起到十分重要的作用。

二、漠北蒙古驿站分布：①

（一）阿尔泰军台：

张家口驿站：喜拉穆呼尔—图古里克，400里，5站，所通地点土谢

---

① 数据来源：《外蒙古北路驿站统计表》，转《蒙古论文集》（第三辑），呼和浩特市蒙古语文历史学会，1983年，第408页。

图、车臣二汗部；

赛尔乌苏驿站：莫霍尔嘎顺——哈达图，1410里，21站，所通地点土谢图、三音诺颜二部；

乌里雅苏台站：哈拉呢敦——乌里雅苏台，1650里，20站，所通地点三音诺颜部；

乌里雅苏西路台站：乌里雅苏台——科布多，1320里，14站，所通地点三音诺颜、扎萨克图汗部及科布多东南部；

（二）库伦台站

南路：赛尔乌苏——库伦，980里，14站，所通地点土谢图汗部、车臣汗部；

北路：库伦——恰克图，920里，12站，所通地点土谢图汗部与沙俄边界；

（三）乌里雅苏台北路台站

乌里雅苏台——察罕多罗海，600里，9站，所通地点经扎萨克图汗部抵达唐努乌梁海地区；

（四）科布多北路台站

科布多——博罗布尔嘎苏，522里，8站，所通过地点经过西部明阿特、厄鲁特、杜尔伯特左右翼诸旗到达阿拉腾诺尔乌梁海二旗、阿尔泰乌梁海七旗，向西通往新疆伊犁、塔尔巴嘎台地区；

（五）科布多南路台站

科布多——苏济卡伦，1090里，8站，所通地点扎哈沁旗、新和硕特旗、新土尔扈特二旗抵达新疆古城；

（六）恰克图卡伦道路

东路：恰克图—孟克托罗盖，2720里，28站，所通地点土谢图汗、车臣汗二部与沙俄边界，向东通向呼伦贝尔地区；

西路：恰克图—巴彦布拉克，2210里，19站，所通地点土谢图汗部与沙俄交界、三音诺颜和扎萨克图汗二部同唐努乌梁海交界地区；

（七）乌里雅苏台卡伦道路

东段：近吉里克—索果尔，1205里，14站，所经地点扎萨克图汗部、科布多与唐努乌梁海交接地区；

西段：索果尔—和呢迈拉呼，990里，9站，所经地点扎萨克图汗部、科布多西北部地区。

通过北路驿站与内蒙古五路驿站相对比，驿站的数量和所覆盖的范围有较大差异，北路驿站总计17017里，共181站，里程上是漠南五路驿站的3倍，数量是其2.5倍，覆盖范围要远远大于漠南地区。从设立驿站的原因上来看，北路驿站的设置其军事性特点更为明确，特别是在靠近沙俄的北亚腹地，其国防意义十分突出。不过，在传统的天朝疆域里，随着不同部落的归附和来朝，周边是在不断变动和迁移的。[1]特别是生活在内亚腹地中的诸民族，他们在与中央王朝的关系变动中，使得驿站在不同阶段的功能性有所差异，内外蒙古驿站形成一个大的信息传播和交通网络，沟通中原与蒙古地区。

驿站的产生不仅仅适用于中央信息在周边民族地区的传达，也是地方舆情向中央汇总，辅助理藩院工作的有效助推器。从社会发展的角度来看，驿站在清代还发挥出了其作为边贸的媒介功能，蒙古地区的商路

---

① 葛兆光：《殊方未遂：古代中国的疆域、民族与认同》【D】，中华书局，2016年，第23页。

也就是各个驿站所在地。①内地商贾在销往蒙古地区的主要是内地的生活必需品，如丝绸、茶叶、佛教用品、瓷器、家庭日用品等，而作为交换，蒙古地区的民众则将草原五畜、皮货以及各种土特产销往内地。在驿站重地，因贸易、治疆等经济、政治方面的原因，形成了具有当地特色的城市，如多伦、归化、库伦、恰克图、乌里雅苏台等一批城市即是在各地驿站形成，逐渐发展成该地区具有规模的政治、经济、宗教、文化中心。另外，驿站作为媒介机构，其最为主要的是传递清廷和地方的重要军政消息，要求信息准确、及时，因而在传递信息的驿站上形成了专供传递使用的驿马和差夫。并且因传递信息的范围远近而形成了马递和飞递两种不同的传递方式。②

总体来说，驿站在清代的蒙古地区的功能是多样的，其主要功能是用作信息的传递和舆论的监督，在此基础上，形成了独具民族文化特色的城市城镇，并且对于加强内外蒙古与中央王朝之间的联系，起到了重要的联结作用。

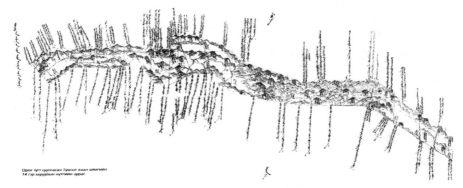

（清廷与蒙古藩部驿站图）③

---

① 赵云田：《清代蒙古政教制度》【M】，中华书局，1985年，第187页。
② "马递通常是指日传送三百里以下的驿驰范围，飞递则是从三百到八百里范围内的驿驰范围"。金峰：《清代蒙古台站通名的产生与命名》【J】，载《蒙古论文集》（第三辑），呼和浩特市蒙古语文历史学会，1983年，第308页。
③ 图片来源：《清廷与蒙古》，蒙古文，蒙苏德出版社，2015年，第148页。

第三节　教育机构

在清代文化的传播中，作为意识形态教化工具的学校，在历史上发挥较强的作用。本文所探讨的主要是中央王朝与蒙古藩部多元文化之间的传播，因而主要将传播机构放在了专门针对满蒙学员为教化对象的教育机构。

学校在中国古代封建王朝的地位举足轻重，在《礼记》中对于学校的描述可以看出，从先秦时代开始，学校作为传播思想文化和统治者意志的传播机构，被当时的统治者高度重视。《礼记》中明确指出"古之王者建国君民，教学为先"，同时"家有塾、党有庠、术有序、国有学"。①到了明代，朱元璋也十分重视学校教育，因而提出"治国以教化为先，教化以学校为本"②并且在全国范围内自上而下广设学堂。清廷因循明制，学校的设置在参照前朝的基础上，又根据自身的民族特征有所创新。不过清代对满洲、蒙古民族的学校教化方面，从中央官学到地方学堂经过了200余年的时间，且在课程设置上有很大出入。总体来说分为尚书房、京师官学、地方官学、私塾四种类型，其出现的时间前后差距较远，在教学内容和师资上也有差距，同时其教学的对象和目标也有很大差异。

一、尚书房

尚书房是清廷皇室后裔修学读书处所，其目的是为了清廷皇室培养统治者的教育机构。其设置的时间目前史学界暂无定论，主要集中于康

---

① 《礼记》卷6，《学记第十八》，胡平生、张萌译注，中华书局，2017年，第698页。

② 《明史》卷69，《选举一》，中华书局，1974年，第1686页。

熙初年和雍正年间两种观点。①在课程设置上，清廷统治者一方面重视采用古代传统的四书五经教养内廷，学习汉文化。另一方面又增授满蒙文课程，培养统治者的民族意识，加强与藩部之间的"混一"观念。在严格的皇室教育中，清代前中期的皇室成员多精通满蒙汉语言，例如康熙皇帝本身就精通满蒙汉三族语言，而雍正时期的果亲王允礼也精通蒙藏文字和佛典，并在雍正朝参与理藩院工作，并对藏文文献进行了蒙古文的翻译。②这对于蒙古文化在清廷内部的传播形成一种范式，皇子皇孙在学习时，每天都要"先学蒙古语两句，挽竹板弓数开，读清文书二刻，自卯正末刻读汉人书，申初二刻散学。散学后晚食，食已，射箭"③。这一精致化的教学方式，也为其他满蒙学堂提供了范例。

二、京师官学

与统治核心的皇室成员教育相互辅助，清廷十分重视在京师的满蒙贵族子弟教育，为稳固其统治地位，下令在京师的满洲、蒙古八旗子弟进入学堂接受其教育，并且在不同阶段设立了水平各异，且教学特色明显的京师官学，主要分为3种，即国子监、八旗官学和八旗义学。

（一）国子监

国子监又被称为太学，是清廷入关之后最早的高等学府，是清廷效法明制所创制的文化教育机构。顺治元年（1644）十月规定"文官三品

---

① 苏日嘎拉图：《满蒙文化关系研究》【M】，内蒙古教育出版社，2006年，第96页。
② 乌兰其木格：《清代官修民族文字文献编纂研究》【M】，辽宁民族出版社，2010年，第95页。
③ ［清］福格：《听雨丛谈》，中华书局，1984年，第219页。

以上，荫一子入监读书"①；顺治二年五月又颁发命令"命满洲子弟就学，分为四处，每处用伴读十人，勤加教习。十日赴监考课。遇春秋演射，五日一次，就本处习练。犹文武兼资，以储实用"。②该年八月，"礼部会同内院以内外职官送子入监事具题。得旨：文官在京四品以上，在外三品以上，武官二品以上，俱着送一子入监读书"。③顺治八年，吏部议准满洲、蒙古、汉军八旗子弟参加科举考试，并根据其应试结果授予相应得官职。在康熙十年（1671）设置满蒙廪生各20名，雍正年间形成定额，改为满蒙各60名，汉军30名④。

课程设置方面，除了教授满蒙民族语言文字外，还开设四书五经、《性理》《通鉴》等传统汉文课程，另外在内部设立算学馆，开设算学课程。在系统化的教育管理体系下，清代国子监产生了多名满蒙汉兼通得高级人才，据不完全统计，在雍正、乾隆、嘉庆年间产生于国子监的蒙古八旗进士就有109人之多，并且位居清廷要职。

（二）八旗官学

与国子监形成于同一时期，八旗官学亦是在清廷入关第二年形成，并且在北京设立四所学堂，专供在京的八旗子弟入学，并在雍正五年（1727）改为每旗一所，建立8所官学。其生源上来看"一旗额设官学生一百名，分派满洲六十名，约三十名习满文，三十名习汉文；蒙古二十

① 《清世祖实录》卷9，载齐木德道尔吉、巴根那编：《清太祖太宗世祖朝实录蒙古史史料抄》，内蒙古大学出版社，2001年，第95页。
② 《清世祖实录》卷16，第145页，载《蒙古民族通史》（第四卷），内蒙古大学出版社，2002年，第451页。
③ 《清世祖实录》卷20，第175页，载《蒙古民族通史》（第四卷），内蒙古大学出版社，2002年，第453页。
④ 《中国民族教育论文集》，内蒙古教育出版社，1987年，第155-156页。

名；汉军二十名"，^①其所学课程主要为满蒙汉文和四书五经、翻译等课程，学生的学习年限较长，以10年为期。入学前3年以诵读经书为主，经过3年学习之后通过考试，成绩优异者可进入汉文班学习，并且会选择有意愿从事翻译工作的学员进入满文班。对其学员学习情况的监督工作严格有序，每月会安排学员到国子监考核，内容主要有解析经书、翻译文献以及骑射。官学对于蒙古语言的重视主要从雍正三年（1725）开始，增加16名精通满蒙语文的蒙古教习，以满足蒙古八旗学员的学习需求，且学期为5年。官学在清代前中期发挥了积极的作用，特别是在培养满蒙翻译人员方面，官学生从官学结业之后身居清廷要职。不过到了嘉庆、道光朝之后，官学的地位每况愈下，到了光绪朝，逐渐转变成为新式学堂。

（三）八旗义学

与八旗官学不同，八旗义学是官学的一种补充形式，其目标对象为没有进入八旗官学，而又有意愿进学的八旗子弟，举凡10岁以上，20岁以下的八旗适龄子弟都可以进入义学学习，且人数没有定额。义学形成的时间目前尚无定论，但晚于官学出现，统一由礼部管理，因而又被称之为"礼部义学"。八旗义学的班级设置上严格区分满洲、蒙古、汉军的授课课程。满洲学员学习满语、满文，蒙古学生则学习蒙语、蒙文，汉军学员学习满文、满书。后期除了蒙古学员课程设置不变外，满洲、汉军学员则满、汉文均要修习。3类学员共同学习的课程还有骑射，这与官学的设置上基本一致。

---

① 《钦定大清会典事例》卷1101，中华书局，1991年，第18071页。

三、地方官学

地方官学作为中央教育机构的补充形式，在历代王朝均有不同程度的存在，不过其出现的时间晚于中央教育机构，并且其政治控制和意识形态的教化性更为突出。在清代之前，明代就曾经在各地兴办官学，明太祖朱元璋也毫不避讳的指出，兴办地方官学的目的就是为了"讲论圣道，使人日渐月化，以复先王之旧"，[①]能够使中央的意识形态渗透到民间。

清代沿袭了这一做法，并且分而治之，在不同地区和不同阶段设立符合当地特点的地方官学。在北方草原，清廷统治者重视边疆地区的稳定以及中央政权对其有效控制，并且"混一"蒙古的概念从王朝建立之初就已经深入到统治中心，因而在教化蒙古诸部的战略上，除了遵循蒙古旧制、广建佛寺、鼓励出家为僧的控制手段外，在地方设立教授满蒙文的蒙古学堂也成为其教化手段之一。并且产生和发展的时间经历了一百多年，在漠南蒙古诸部和漠北喀尔喀部形成了因俗教化不同种类的学校类型。笔者按照在时间和空间上的分布，将漠南蒙古诸部的学堂和漠北喀尔喀地区的蒙古学堂进行比较分析。

（一）漠南蒙古官学

漠南蒙古学堂在清代中后期兴起，并在清末随着社会与时局的变迁，逐渐演变成近代化的新式学堂。笔者根据有限资料的收集和整理，将漠南地区较有规模的蒙古官学列举出来

1. 土默特官学

设立于雍正二年（1724），主要招收对象为归化城土默特左右翼二

---

① 《明史》卷69《选举一》，中华书局，1974年，第1686页。

旗下的蒙古族子弟入学修习，不分贫富，公费培养。初建时教习4人、笔帖式7人、学员120人。[①]学制为3年，所学课程主要为满、蒙文课、满蒙汉合璧《四书》和《圣旨》以及骑射课程。学员期满后，多数被派任地方任官职，其中多被聘用作笔帖式和翻译以及参领等职务。光绪三十三年（1907）年之后更名为土默特高等小学堂，成为新式教育机构。

2. 绥远城蒙古官学

其设立时间晚于土默特官学，为土默特二旗于乾隆八年（1743）在绥远城建立的专供地方八旗入学的官学，其课程设置主要为满蒙文课和儒家经典讲习，其余规制没有详细的史料记录。

3. 绥远城翻译官学

设立于乾隆十一年（1746）的绥远城翻译官学主要招收对象为绥远城内各旗属的蒙古族子弟，且都已通晓蒙古语，专门学习满汉文翻译的培养翻译的学校。

4. 热河蒙古官学

设立于清朝中后期道光八年（1828），因招收对象均为察哈尔八旗贵族子弟，又被称为察哈尔蒙古官学，课程主要讲习满、蒙、汉文和儒家经文，期满后，学员多到各自所述各旗充当额外笔帖式等文职工作。

5. 呼伦贝尔八旗满蒙学堂

设立于光绪七年（1881），主要招收呼伦贝尔海拉尔当地的少数民族学员，课程为满、蒙语言和文字，其他暂无详细记述。

6. 绥远城满蒙学堂

设立于光绪三十一年（1905），初设之时共招生145人，分4斋，8名教习，讲授满语、蒙古语和《四书》等课程。

---

① 　苏日嘎拉图：《满蒙文化关系研究》【M】，内蒙古教育出版社，2006年，第104页。

（二）漠北蒙古官学

漠北喀尔喀地区的蒙古官学成立时间上要晚于漠南诸部，第一家官办学堂的出现科布多官学，此后在库伦地区又不断出现由地方军台设置的官办学校，在汉文文献中鲜有记录，不过在蒙古文历史资料中则有对其设置时间和课程的详细记录。

1. 科布多蒙古官学

设立于乾隆三十二年（1767）在科布多设立。"择厄鲁特、明阿特诸旗二十员旗下儿童入学，修习满文、蒙古文"。[①]关于其他内容不详。

2. 土谢图汗部官学

其初始设立在乾隆四十六年（1781年），在土谢图汗部官方属地（又称库伦办事大臣衙门），选择旗下适龄幼童且已通晓蒙古语者，抽拔进入满文学堂，并于乾隆五十一年（1786）开始，"由笔帖式参与，教习幼童蒙古、满文"。且规定入学学员每半年一轮学习。[②]兀勒盟旗官学持续五年教学，直到乾隆五十五年（1790）停止办学。其间只有少数学员精通满蒙文，并进入地方机构从事文职，而大多数学员只做到蒙古语读写，并返回所属旗。

3. 库伦第一官办学堂

设立于光绪二十四年（1898）十月，招收对象为土谢图、车臣二汗部和寺院辖区等地方学员入学，主要教授满蒙汉文的书写，费用皆有二部和寺院支出，年均600两。

4. 喀尔喀蒙古小学堂

根据《蒙古国史》记载，这一学堂为库伦第一官办学堂的延续，从制度上较其前身更完善。建立于光绪三十四年（1908）八月，对象为土

① ［清］噶拉丹：《宝贝念珠》，蒙古文，蒙古社会科学院，1960年，第136页。
② ［蒙］《蒙古国史》，蒙古文，蒙古社会科学院，2003年，第275页。

谢图、车臣和寺院地区的适龄学童，每期4年，学制为3到5年。以《四体文辞典》作为教材，教授满、蒙、汉文。根据史料文献的记述，这一学堂设立的目的主要是为了适应当时清廷的新政，同时也为了培养多语言人才。其经费的主要来源为土谢图和车臣汗部及库伦寺院。并在1910年之后，增加俄文等新设课程，培养俄语人才。

5. 乌里雅苏台初等师范学堂

这是在漠北地区设置最晚的一所学堂，初步设立在宣统二年（1910），关于这所学堂的设置情况，在当时乌里雅苏台将军堃岫上书的奏折中有详细记载"乌城所属三扎两盟，远处北边，质性朴陋，于汉语概不练习。……欲化除固陋，自以广设学塾为切要机关。现拟在乌城创建初等师范学堂一所，设满、蒙、汉教习三员。调取三扎两盟聪颖子弟四十名，学习满、蒙文，兼习汉语汉文，学有成就，即令回旗，转为教授。并调乌梁海学生五名，先教以满、蒙文字兼学汉语，以渐授汉文汉语之基，学成后亦令回旗教授。并扎令各盟长，自立满蒙学堂一所，学生以三十名为度，遇有学堂空额，即由此学堂内调补。并令各旗均设蒙养小学堂一所，专收本旗子弟，学习蒙文以植初基，如有可造之才，调升满蒙小学堂，以备乌城调选。似可为开通蒙智切实办法"。①可以看出，在这份奏折中阐述了在乌里雅苏台设置一所官学的目的，以及学员最终的去向。其对于学员的教化目的，要大于其学习知识的目的，严格地限制了旗属学员的去向，使得这些地区的蒙古学员只能留在故地，无法得到其他工作的机会，最终只是变成一种教化民众的媒介。

教化八旗子弟的八旗官学和内属、外藩蒙古的官学的差异性主要体现在哪些方面，如下表所示：

---

① 邢亦尘编：《清季蒙古实录》（下辑），内蒙古社会科学院蒙古史研究所，1990年，第443页。

	对象	课程	培养目标
八旗官学	在京满洲、蒙古、汉军八旗适龄子弟	满蒙汉文、《御制清文鉴》、四书五经、翻译、骑射	理藩院满蒙额缺官员、理疆大臣、翻译官员
内属蒙古地方官学	驻防八旗子弟，及土默特、察哈尔、热河、呼伦贝尔地方蒙古贵族子弟	满蒙文、《四书五经》《圣旨》、满蒙文翻译、骑射	笔帖式、翻译官员
外藩蒙古地方官学	各旗适龄且通晓蒙古语之学童	满蒙文、《御制四体清文鉴》	返回所属旗，承担教习、笔帖式等职务

此外，因不同的教化之道而设置的学堂和课程会产生何种结果，在下文中将详细进行探讨。

四、私塾

私塾是中国古代一种独有的教育机构，通常为私人创办，从事启蒙教育的机构。不过作为国家意识形态的教化机构与官学无实质性区别，是官学的一种补充形态。但是，蒙古地区的私塾出现的时间比官学更晚，初创于同治年间，主要存在于归化、库伦、科布多、乌里雅苏台等地区，无论从管理制度上还是教化工具以及学习年限上都较为简陋，与各地方官学不可同日而语，且教学时间不稳定。例如，从1776年到1781年在喀尔喀汗兀勒地区各个旗内设立的蒙古私塾，设立了旗属内的私塾，主要教授蒙古文，但没有详细的教材作为教化工具，且设立时间较短，4年之后即被地方官学所取缔。①此外，清代在蒙古地区形成的大规模寺院学校和出家制度，也让私塾很难发挥出如同在中原地方的作用。

综合来看，学校作为清代传播国家意识形态的教化媒介，在不同地区、不同族属以及不同类型和时期，其作为传播知识和文化的作用也是

---

① ［蒙］《蒙古国史》，蒙古文，蒙古社会科学院，2003年，第274页。

多样的，主要由以下几种特征：

第一，"分众化"施教：传播内容的差异性

从培养统治者的上书房，到培养京师满蒙汉八旗的官学，再到蒙古周边地方的官学，其传播对象有明显的差异。作为核心统治者，一方面要利用儒家思想来为政，另一方面又要有警醒的族属意识，时刻注重"满洲之道"和"混一"蒙古，因此，在学习的内容上有严格的规定和考核的模式，既要熟知作为中原主流文化的儒家思想，习得诸多知识。又要重视民族文化的教育，建立起自身作为权力核心的意识，所习得的是多方面的文化，蒙古语言和文化也只是其中的一维。

作为京师八旗贵族，在教育方向上既采用了精英化的文化教习，同时又利用了分众化教授模式。例如，在京师八旗义学中，采用了满蒙汉分班制度，并且在满、汉班级加强满文和汉文的教学，而对于蒙文则相对较弱。在八旗官学也采用了满文和汉文已经读诵传统经文为主的满汉合璧式教育模式。这与八旗满洲、蒙古、汉军的族属问题有直接关联。对于藩部来说，八旗中不同旗属的人均属于满洲共同体成员，并且在京师他们亦属于统治阶层的主要辅助群体，无论是在学习的内容上，还是在肄业之后的前途上，都处于协助皇室核心成员治国的主体人群。但在其内部又分别有不同的身份属性，因而一方面要对其传播知识文化，以更好地传播给八旗内部，但另一方面又让其清醒地认知到自身的身份属于国家意识形态下被规训和控制的群体，因而要更好的建立起一种与清廷皇族之间属内的君臣关系。

地方官学设置上与京师官学有着明显的区隔。其施教的对象为周边的少数族群，既有与中原汉族类似的"庇于宇内"的臣下特征，同时又有自身的民族特殊性和相对独立性、自治性，因而在其地区建立的官学既有教化其臣下的社会教化功能，同时又要建立起"满蒙一体"的"满洲之道"思维。这是因为"和中央官学相比，地方官学注重的是社会教化而非知识的传授"，①而作为变动的内陆周边，无论漠南蒙古还是漠北喀尔喀诸部，其自身文化与中原本身大相径庭，利用"汉化"或"儒化"的方式对其进行教化很难产生实际效果，因而一方面让其保留蒙古本有的文化风俗外，加强其满文的教育和骑射的训练，更容易实现对其教化。

第二，地方官学设立的滞后性

无论是上书房，还是京师官学的设立时间，都与清廷进入中原统治的时间相重合，这主要是由满洲贵族的统治地位来决定的。进入中原面对庞大的帝国，满洲统治者欲要站稳其统治地位，仅靠武力是不能够起到实际作用的，并且满、汉民族间的矛盾在清初也日益激化，此时能够建立起统治的合理性对于满洲统治者是首要任务。清廷统治者认识到统治广大的疆土和人数众多的中原汉族，必须要在文化上了解其根源，因而一方面在保留自身尚武、重骑射的"满洲之道"的同时，又要效仿明朝的统治秩序，利用汉族传统文化来建立起一套适用于汉地的统治思想，因而在培养统治权力者的问题上，学习四书五经等传统文化。在设立学堂的时间上，与其入关时间是统一的。

蒙古边疆的地方官学产生时间远远落后于京师官学产生的时间，最早的土默特官学也产生于清朝入主中原之后的80年时间里，而漠北地区的科布多官学的设置则落后了100多年。其原因主要在于，清廷的以俗治俗策略，他们希望蒙古诸部依然能够在佛教的控制下，稳定的接受清廷作为中央统治者的领导。此外，藏传佛教在蒙古已经流传近两百年，已经深入到了蒙古人的信仰体系中，清朝统治者认识到藩部民众对佛教的笃信，因而一方面在蒙古大兴土木建设寺庙，并形成出家制度，另一方面又拉拢黄教领袖，并且形成其受制于中央的臣属地位。另外，清廷在中后期的统治中，也认识到蒙古上层贵族在其统治秩序中的地位和作

---

① 黄书光：《中国社会教化的传统与变革》【M】，山东教育出版社，2005年，第70页。

用，因而在官学的教化上，也注重培养蒙古族民众的满文学习，并且加大满文授课在其他课程设置上的覆盖程度，即使是在学习儒家文化上，也都是以满蒙文合璧书来教化。但是，无论是时间上，还是课程的设置上，蒙古地区的官学都落后于中央官学，并且社会教化功能不断加强。

第三，地方官学教化的"内外有别"

从漠南蒙古诸部的学校和漠北诸部的学校的课程设置上，可以看出泾渭分明的差异。漠南蒙古诸部的课程设置上，与京师官学有很多相似之处，除了满蒙汉文的教学外，也在不同程度上设置了四书五经等传统儒家课程，而在设立较晚的漠北蒙古官学课程，只有满蒙文课程的设置，其课程与童蒙教育更为接近。同时，在学员肄业之后，其未来的职务也有较大差异，漠南蒙古的几所主要官学学员多数都走向了笔帖式、参领之类的管理职务，而在漠北官学的学员则更多的返回旗籍，充当教习之职务。究其原因，一方面，在于地缘战略上，漠南蒙古位于与中央王朝接壤的地带，更容易接触和接受来自中原的异文化，并且在历史上漠南蒙古就与明朝有过深入交往，因而对其教化不仅仅是意识形态上的输出，更多的是先进文明知识与技术的输出；而漠北地区所处的位置，中原王朝鞭长莫及，在清廷入主中原之前，与明廷几乎没有直接往来，因而对于来自中原的知识与文明是陌生的，很难像漠南诸部一样很快接受这种文明的教育。另一方面，出于政治战略上的考量，能够拉拢漠南蒙古诸部贵族，即可以维持其在内部边疆的稳定，臣服于清廷，同时又能够防御来自外部边疆的威胁，因而在内部边疆培养出能够具备较高文化水平和管理能力的官员。而对于相对变动的漠北地区，则一直采用寺院学校为主的教育方式，以佛教柔顺蒙古，而减少中原文化对其传播，同时又让他们学习作为"国语"的满文，使其在身份的建构上，认同自身是清廷藩部的成员。

综合来看，满蒙文在各地学校的开设，维系了清廷作为庞大帝国统治中心的稳定地位，巩固了边疆民族的安定，同时也培养出了较多出色的翻译人才，使得多种文化在不同民族间不断传播和交流、融合，但分而治之的教化机构设置，也从客观上使得蒙古诸部，特别使漠北喀尔喀部的文化教育水平远远落后于漠南蒙古诸部以及中央满洲共同体，在蒙古国的诸多文献中亦对此提出批评，例如在《蒙古共和国史》中，对于清廷在喀尔喀的教化效果曾严厉批评之"余后二百年，喀尔喀尽归满清统辖，蒙古文化从此进入停滞和衰退期，旗民皆目不识丁，唯有喇嘛教言听之"。①虽然这一说法因当时苏联控制下特殊的意识形态影响而对史实的论述有所偏颇，但也可以看到清廷对于漠北蒙古地区在知识教化方面的控制和影响之微弱。

第四节　藏传佛教寺院

作为宗教文化传播的实际空间，寺院在清代蒙古历史上发挥了重要作用。特别是清廷在柔顺蒙古的战略上，极大程度上利用了藏传佛教这一来自于雪域高原，后被蒙古民族吸纳并结合自身信仰而形成的独特信仰文化。而无论是作为政治手段还是文化规训策略，兴建佛寺，为藏传佛教在蒙古地区的繁荣带来了重要的传播渠道，而佛教寺院不仅在蒙古地区兴建，在京师以及作为满洲共同体"龙兴之地"的东北地区也有设立。

一、蒙古寺院作为媒介机构的概况

（一）清代蒙古地区寺院兴建情况

藏传佛教自16世纪后期传入蒙古地区之后，在当地落地生根，并且

---

① ［蒙］《蒙古人民共和国史》，蒙古文，蒙古人民社会科学院，1963年，第268–298页。

融合了本地信仰的部分仪式，逐渐形成具有蒙古特色的寺院。进入清朝之后，清廷出于对蒙古"以俗治俗"的治理策略，鼓励在蒙古地区大量修建佛寺，用以规训和教化蒙古民众。与明末的蒙古寺院修建数量和规模相比，清代蒙古寺院已经达到了"寺庙林立，僧众遍布"①的程度。

关于寺院修建的具体数据，在历史文献中的记载没有系统化的统计，但是有研究统计，在清朝前中期，漠南蒙古地区的寺院数量已经达到1800余座，出家僧人的人数达到15万人上下。②在喀尔喀地区的喇嘛寺院则达到700多座，出家僧人为105557人，其数量占当时喀尔喀男性总数的44.6%③。关于清代漠北喀尔喀蒙古地区的寺庙数量记载，除了上述提到的之外，另外其他较小规模的寺院仍有不同数量的出家僧人，其中土谢图汗部为3000余名，车臣汗部5000余名，赛音诺颜部7600余名，札萨克图汗部3000余名④。关于寺庙的建立情况，在蒙古国学者策班赞拉古齐和博塞弗整理编纂的《蒙古寺庙史》提到，在蒙古（喀尔喀部）境内，大库伦所属寺院16座，土谢图汗部96座，车臣汗部52座，赛音诺颜部41座，札萨克图汗部27座。⑤这一报告中所统计的佛教寺院只是规模较大的寺院，没有提到各个旗属内规模相对较小的寺院。其中大部分寺院形成于康熙到嘉庆年间，并且在道光到光绪年间建立的寺庙数量也不占少数，这与内蒙古地区的情况有所不同。不过可以从现有的史料看出，蒙古地区的寺院设立情况可谓空前繁盛。此外，在清廷主持下修建的寺院，在漠南、漠北的不同地区数量有所差异，在内蒙古四十九旗又有所差别，具体见下表：

---

① ［清］益西巴勒丹：《宝贝念珠》，蒙古文，民族出版社，1989年，第50页。
② 德勒格：《内蒙古喇嘛教史》，内蒙古人民出版社，1998年，第452页。
③ 《蒙古人民共和国通史》，科学出版社，1958年，第122页。
④ ［清］丹却扎木斯：《白莲花传》，民族出版社，1996年，第370页。
⑤ ［蒙］S.班吉拉赤、赛音乎：《蒙古寺庙史》，蒙古社会科学院，2004年，第124页。

表一：清代漠南内蒙古地区寺院和喇嘛数量[1]

	寺院总量	清廷主持修建数量	喇嘛人数
呼和浩特	59	49	
伊克昭盟	约250	约250	9000人
乌兰察布盟	118	115	10460人
锡林郭勒盟	273	273	14378人
昭乌达盟、卓索图盟	约600	约600	12437人
哲里木盟十旗	约200	约200	4031人
呼伦贝尔都统衙门	42	42	2655人
总计	1542	1529	约52961人

表格中的统计数量多为统计该地区较大规模且为清廷主持下修建的寺院，而所谓的15余万人出家僧人和1800余座寺院为虚数，包含了入清之前修建的大小寺院，以及一些王公贵族的家庙。因而，寺院实际的数量要多于此数，特别是在清代繁盛时期所修建的寺院和出家人数。此外，在外札萨克地方的出家人数和寺院也同样如同繁多，以清代外札萨克喀尔喀地区的喇嘛出家人数和外蒙古独立运动后的喇嘛僧众及其所占人口比重作对比：

① 数据来源：孙利中：《呼和浩特召庙补遗》，载《呼和浩特史料》，第八辑，第60页；满都麦、莫德尔图主编：《乌兰察布寺庙》，内蒙古文化出版社，1996年，第15页；德勒格：《内蒙古喇嘛教史》，内蒙古人民出版社，1998年，第485页；嘎拉增、呼格吉勒图、巴图巴雅尔编：《昭乌达寺庙》，内蒙古文化出版社，1994年；呼日勒沙编：《哲里木寺庙》，内蒙古文化出版社，1993年，第1~7页；包义琴：《朝阳掌故》，朝阳市地方史办公室，1985年，第80页；阿拉坦嘎日第编：《蒙古贞宗教》，内蒙古文化出版社，1994年，第178页。

表二：外蒙古在清代与独立后喇嘛人数及比率对比[①]

	喇嘛人数	男性人口总量	所占男性人口比重
清代（18–19世纪）	约105557人	约236675人	44.6%
独立后（1926年前后）	91269人	345062人	26.45%

总体来说，从横向的对比来看，外札萨克蒙古的出家人数要少于同时期内属蒙古和内扎萨克蒙古的出家人数，但按照人口基数来说，此时的漠北诸部出家人数比例却不占少数。而从纵向的数据来看，从清代到外蒙古独立之后的数量有明显下降，但仍然可以看出寺院学校在外蒙古仍然繁盛。直到苏联意识形态强烈渗透的20世纪20年代末开始，才被彻底消除。

（二）清代蒙古寺院的分类

清代蒙古寺院的分布情况因其人数、规模、行政、宗教隶属体系等多种因素而划分为不同类型的寺院。并且其职能有所差异。

1. 札萨克达喇嘛与掌印呼图克图寺院

呼图克图和达喇嘛作为藏传佛教中具有崇高地位的宗教领袖，清廷对于其在蒙古地区宗教方面的统治地位给予较大的特权，因而其在某一地区的寺院享有较大的行政管理权力。例如在清代呼和浩特的15座寺院，行政隶属上均归属于呼和浩特大召的掌印札萨克达喇嘛；在喀尔喀地区的呼图克图又有各自单独管理的寺院，例如咱雅班第达呼图克图的咱雅库勒。

2. 王公家庙

这类寺院与掌印达喇嘛的政治官方色彩的寺院有所差异，其寺院

[①] 数据来源：张羽新：《清政府与喇嘛教》，西藏人民出版社，1988年，第178页；吉村忠三：《外蒙古之现势》，李祖伟译，商务印书馆发行，1935年，第54页。根据原始文献中的数据重新进行分析。

的设置类似于汉地的祠堂或家庙。由于蒙古王公贵族信奉佛教，因此，这些贵族家庭都设立起了各自的家庙，专门请来出家喇嘛到寺院念经供奉。这在蒙古地区较为普遍，例如漠南蒙古归化城土默特右翼旗的巴氏家族在包头地区设置的家庙福徵寺（又称包头召），其中心为寺院，东侧为巴氏家族成员居所，西侧为出家僧人住处。这一情况在漠南蒙古较为普遍，在鄂尔多斯右翼四旗的王公家庙，其供奉情况为"任何王府，均有佛堂，除王爷日常必念经外，佛堂内亦有喇嘛常住。此喇嘛或系各大召庙派来者，或为王府庙自己所招收者，悉受王爷之优待"。[①]

3. 各盟旗苏木及村落寺庙

此类寺庙与前两种在功能上有所不同，其朝拜的群体主要是各个盟旗内的普通居民，出资修建的主体为各个盟旗内的蒙古王公贵族。相对于前两种类型的寺院，盟旗苏木的寺庙规模相对较小，并且主要是满足日常居民的信仰需求和旗属内的宗教活动所设立。

4. 驿站召庙

这类寺院具有双重属性，一方面是该驿站周边举办佛寺活动的宗教性场所，另一方面是站丁在战争时的防御体系所用。不过作为寺院的教化和知识传播的功能相对较弱。

5. 呼图克图属庙

作为清代控制蒙古地区的重要手段，设立哲布尊丹巴呼图克图（漠北）和章嘉呼图克图（漠南）的活佛转世系统是一项重要的柔远策略，对于他们的推崇除了政治和礼仪上的仪式规训，更重要的是设立其所属地区的寺院，使寺院整体归于呼图克图的控制。

[①] 蒙藏委员会调查室：《伊盟右翼四旗调查报告》，远方出版社，2007年，第250页。

左：漠南土默特部汉藏融合寺院美岱召；右：漠北喀尔喀大库伦甘丹寺

（三）清代蒙古寺院的教学设置

　　清代的蒙古寺院有严格的管理机制，且等级森严，不同阶层的喇嘛僧人不可轻易逾矩，并且世俗民众对于喇嘛贵族阶层要有绝对的崇拜和礼待。总体来说，喇嘛分为大致三个阶层，第一阶层为呼图克图、掌印执事喇嘛；第二阶层为具有学问的喇嘛上师；第三阶层为普通喇嘛。前两个阶层属于上层喇嘛，特别是处于中间第二阶层的喇嘛上师，因其通过行医、占卜、诵经等方式获取财务或通过获得学位来得到较高的寺院地位。第三类普通喇嘛为寺院的大多数僧人，又被称之为学僧①，第三类僧人与蒙古地区的出家习俗和制度有关，其来源多数为寺院的属民和其他普通牧民，出家并非自愿，而是根据当地衙门或军台设置的出家制度，一般分为"二丁抽一""三丁抽一"和"五丁抽二或三"②，用这样的方式来为寺庙招募学徒喇嘛，即"班弟"。这种募集方式在蒙古贵族中同样存在，但通常他们会用钱来购买贫穷的蒙古牧民家子弟代替出家。

---

① ［蒙］莎·那楚克道尔吉：《喀尔喀史》，（蒙古文），内蒙古文化出版社，1997年，第407页。

② 唐古思：《藏传佛教与蒙古族文化》【M】，辽宁民族出版社，2007年，第213页。所谓二丁抽一，即一个牧户家庭成员中的男丁，出一人进入寺院出家成为"班弟"学僧，三丁抽一和五丁抽二或三的方式于此一致。

　　蒙古班弟喇嘛进入寺院的年龄为七到八岁左右，也有极少数寺院招募三四岁的幼童入寺。进入寺院不会直接进入到寺院学经，而是先受五戒，再进行蒙、藏文的学习，时间以六年为期。不过虽然很多班弟喇嘛学习了藏文和简单的经文背诵，不过"只知讽诵，不解经意"①。经过基础阶段学习肄业之后，再通过教授经文的喇嘛上师推荐、考核之后，班弟学僧会有部分进入寺院正式开始学习，根据藏传佛教格鲁派"先显后密"的学习顺序，采用分科入学的方式入班。显宗为基础教育学习，而密宗则注重的是修持。通常分科为三种，一种为先进入显宗扎仓学习，毕业之后再进入密宗的扎仓学习；第二种为直接进入密宗扎仓，不经过显宗扎仓；第三种为进入显宗扎仓之后止步。②显宗学习是藏传佛教学习的第二阶段，主要讲授的是佛教的因明学和五部论等佛教基础教义学习，学习时间为六年左右。密宗扎仓的教育则相当于寺院的高等教育阶段，通常要经过十五年甚至更长的时间。分为十三个等级，每个的等级学习一到两年的时间，第十三等级为最高级别，时间长度没有年限。学习的课程为因明、般若、中观、戒律、俱舍等五大经论，在学成之后，由寺院授予相应的学位，在蒙古地区称为"道仁巴"③一些蒙古寺院相对富裕的喇嘛会继续前往塔尔寺、拉卜楞寺以及拉萨三大寺以期望获得更高的学位，并且回到蒙古地区享有"拉然巴"或"呼毕勒罕"等显赫的宗教领袖身份，但这只占少数，多数僧人只停留在第二阶段，即显宗扎仓学部的阶段。

（四）寺院的媒介功能

　　寺院作为清代治理蒙古的政治手段，在清朝几百年的发展中，其所

---

① ［蒙］《蒙古国史》，蒙古文，蒙古社会科学院，2003年，第276页。
② 所谓扎仓，是指出家喇嘛僧人的学习场所，又成为达场，是一种学部。
③ 唐古思：《藏传佛教与蒙古族文化》【M】，辽宁民族出版社，2007年，第215页。

发挥的媒介功能不可小觑，主要集中在文化传承、社会教化和政治控制等几个层面：

1. 文化传承

蒙古社会在清代一直保留了其逐水草而居的游牧生产方式，对于普通民众来说，蒙古传统文化不易于保留，而寺院的建设不仅使蒙古化的佛教文化得以保留，更重要的是在其基础上产生的蒙古文学、历史、医学以及艺术等传统文化得以长期保留并传承。在非物质文化方面，因寺院的宗教属性，使得很多融入蒙古信仰体系的宗教性节日被流传下来，例如在藏历佛教的节日，蒙古地区的寺院都会举办相应的宗教活动，例如"查马"舞蹈表演、纪念宗喀巴的"燃灯节"。此外，蒙古传统的祭祀敖包活动因为寺院的出现、喇嘛地位在民众信仰中的提升，让很多祭祀活动中增加了喇嘛诵经的仪式环节，这既是一种文化的纳入，又是一种文化特殊保护下的流变。

2. 社会教化

与之前满蒙学堂对于蒙古社会的媒介教化功能形成鲜明的对比，寺院在充当教育教化方面的作用，对于蒙古社会要大于学校。由于蒙古地区的地缘环境、政治经济等诸多方面的因素，除了少数蒙古贵族将其子弟送入学堂接受教育外，大多数蒙古民众会选择在寺院接受教育。当然，寺院教育所接受的是与满蒙学堂完全不同的教育模式，其政治规训的属性大于知识的传播功能。不过，藏传佛教中的哲学、数学和医学等学科的知识文化又在蒙古喇嘛群体中得到延续，特别是医学的延续，在蒙古寺院的"曼巴扎仓"就是培养蒙古医学人才的主要场所。此外，藏传佛教中最主要的核心知识和信仰体系即是"无我空性"和"轮回转世"之说，这一理念让蒙古僧俗都奉行不修今生修来世的思想观念，清廷正是利用了这一信仰观念鼓励蒙古民众出家，达到其柔化民众、削减战斗力、维护边疆社会稳定目的。

3. 政治控制

从16世纪后期到17世纪初，佛教在蒙古地区的繁荣发展使得蒙古地区形成了一套政教并行的统治秩序，清廷明确地看到了藏传佛教对蒙古全社会的影响力，于是对喇嘛采用了崇高的礼节来柔顺蒙古，清太宗在迎请喇嘛高僧时曾在书信中提出"朕不忍古来经典泯绝不传，故特遣使延致高僧，宣扬佛教，利益众生"①。入关后，顺治皇帝又颁发给藏传佛教最高领袖五世达赖喇嘛金册金印，并授予封号，表达了清廷对藏传佛教领袖地位的认可。基于这一因素，推动了蒙古诸部与清廷的关系，特别是漠北喀尔喀蒙古，在顺治十二年遣使通贡与清廷结盟。但清廷只是利用蒙古诸部对藏传佛教的信仰，但自身并不信奉，也严格限制满洲贵族信佛，诚如《啸亭杂录》所述："祇以蒙古诸部信黄教已久，故以神道设教，藉仗其徒，使其诚信归附，以障屏藩。"②

二、满洲寺院作为媒介机构的概况

与蒙古寺院出现的时间、规模和寺院结构不同，满洲的佛教寺院，特别是藏传佛教寺院出现的时间相对较晚，最早在京城招募满洲八旗僧人的寺院始建于乾隆十四年（1749），并在乾隆五十二年（1787）建成京师第12座专门招募满洲八旗僧人的藏传佛教寺院。京师的12座藏传佛教寺院主要集中在北京及周边地区，其修建的动机主要是出于政治目的的考虑，由章嘉呼图克图国师推动建立一座"专门为满洲人服务，念满文经，与雍和宫相仿的满族寺院"③，这座寺院即为宝谛寺，在其前后分

① 《清太宗实录》卷49，载齐木德道尔吉、巴根那编：《清太祖太宗世祖朝实录蒙古史史料抄》，内蒙古大学出版社，2001年，第85页。
② ［清］昭梿：《啸亭杂录》卷10，中华书局，1997年，第361页。
③ 土观·洛桑·却吉尼玛：《章嘉国师若必多吉传》，民族出版社，1988年，第205页。

别还有11座规模相当的满族藏传佛教寺院。

对于招募的满洲僧人在内务府有过明确的档案记载"宝谛寺于乾隆十五年（1750）十一月设立喇嘛200名，于内府闲散内挑补，令其学习经文"。①内务府是专门为皇室宫廷成员服务的机构，其成员皆为"上三旗包衣"。所谓上三旗是指由皇帝亲领的正黄、镶黄、正白三旗，而包衣是满语，意为臣仆。是皇室最为信赖的特殊群体，因而在选择满洲僧人时，要经过内府的选拔。而"挑补"通常是挑选和补充，具有强制性，并非自愿出家。挑选的对象都是不负担差役的"闲散宗室"及其后代，这么做的目的是防止满洲青壮男子大量流入佛门，减弱八旗的战斗力。②因此，从规模上，与蒙古地区的藏传佛教寺院相比，人数上要小很多。

从所教授的课程来看，乾隆皇帝曾经下旨"在寺聚诵时，全部必须用满语诵经"。③此外，在光绪朝《钦定理藩院则例》中，关于乾隆朝的满洲藏传佛教寺院也有关于持诵满文经的记载："东陵隆福寺、西陵永福寺、香山宝谛寺、圆明园正觉寺、功德寺等五庙诵满洲经"，另"殊像寺讽诵清字经卷"④这一学习经文的过程与蒙古寺院的层层考核、选拔、学位等严格的制度有着显著的不同，在寺的僧人皆使用由章嘉呼图克图主持完成的满文佛经。

在宗教活动和仪轨上，以及使用的法器，"皆与蒙藏寺庙一致"⑤，

---

① 中国第一历史档案馆：《内务府奏销档》319册，转王家鹏：《乾隆与满族喇嘛寺院》【J】，《故宫博物院刊》，1995年，第1期。

② 奇文瑛：《满—通古斯语族民族宗教研究》【M】，中央民族大学出版，2004年，第242页。

③ 奇文瑛：《满—通古斯语族民族宗教研究》【M】，中央民族大学出版，2004年，第240页。

④ 《钦定理藩院则例》卷56，转，奇文瑛：《满—通古斯语族民族宗教研究》【M】，中央民族大学出版，2004年，第239页。

⑤ 王家鹏：《乾隆与满族喇嘛寺院》【J】，《故宫博物院刊》，1995年，第1期。

但是寺院并不是为了教化而使用，而是为清廷皇室成员的祈福以及方便其他满洲贵族的礼佛活动，为了"祈福禳灾"的宗教仪式功能，以及为了显示满洲贵族塑造自身民族的文化统治地位的政治传播功能而设置。关于这一功能，在乾隆皇帝作序的《御制清文翻译大藏经》中有所体现："盖梵经一译为番，再译而为汉，三译而为蒙古，我皇清至中原百余年，彼三方久属臣仆，而独阙国语之大藏可乎？"①从乾隆皇帝的序文中可以窥见，这是一种自身奠定国本伟业，构建自身仁君形象的政治修辞。

除了在京师的12座藏传佛教寺院外，在"龙兴之地"的关外东北，藏传佛教寺院的情况又是否会如京师专供满洲贵族奉佛的藏传佛教功能一致呢？在有关的史料和方志中对于东北地区的藏传佛教数量没有详细的统计，但是对喇嘛僧人和民众奉佛的模式有所描述。例如在旧都盛京，每年年节之时喇嘛僧人对民间信仰的影响"喇嘛均有品级，交通官府或干预词讼，民间皆敬畏之……宗长率男妇老幼，序列跪佛前，喇嘛旁立摇铜铃诵番经，散杂粮，撒糖水，又注糖水于杯中，倾少许于缸中，余分饮之，谓之可治百病；或与之灌顶、洗目，取头清目明之意。事毕，酬以钱钞或米谷而去"。②在盛京周边地区民间的满洲、蒙古以及锡伯等民族，"皆奉佛铜像、小木龛置于案头，常年香火供奉甚虔"，③而在更遥远的黑龙江、吉林将军府辖区，"唯呼伦贝尔草原有两个喇嘛庙，皆从喀尔喀蒙古接受而来"，④并且开始了解佛教是康熙之后的事情，并且受多神信仰的影响，该地区生活的满洲民众"不知有佛，诵经

---

① 《御制清文翻译大藏经》，转，奇文瑛：《满—通古斯语族民族宗教研究》【M】，中央民族大学出版，2004年，第242页。

② 《奉天通志》卷99，《礼俗三》，东北文史丛书，1983年，第2272页。

③ 《奉天通志》卷99，《礼俗三》，东北文史丛书，1983年，第2272页。

④ 西清：《黑龙江外记》卷二，转，奇文瑛：《满—通古斯语族民族宗教研究》【M】，中央民族大学出版，2004年，第245页。

则群伺而听，始而笑之"。①即使是后来"合掌以拱立矣"也是将其与关帝、老子、孔子等其他宗教一同供奉的诸神之一。

由此可见，无论从规模上、形式上、数量上等诸多方面来看，藏传佛教寺院在满洲民族共同体的社会结构中，受到了极大限制，与蒙古地区藏传佛教寺院的"召庙林立"形成了鲜明对比。

三、满蒙寺院作为媒介机构的对比

清朝作为中国历史上最后一个封建王朝，其政权统治的时间与蒙古各部的交往贯穿了整个王朝的全过程，特别是作为满洲共同体的统治者，无论是共同体的内部组成部分的蒙古八旗，还是和作为藩部的内外蒙古诸部都有无法分割的关联，而采用文化的方式来传播国家意识形态、培养柔顺清廷的臣仆，清廷中央采取了多元并重的方式来加强与蒙古的联系。特别是利用藏传佛教，分阶段、分类型的"柔化"蒙古社会，清朝的历代统治者都因时而治。

同时要认识到寺院在满蒙社会中所充当的媒介功能又有极大的差别，除了拉斯韦尔所提出的监视、联系和文化传承的三重功能外，还要认识到在不同社会，不同语境下媒介的复杂性，但每一种媒介都"包含技术、关系（机构）和文化形式的因素，并在它们的交互作用下被塑造"②。是一种具有中介特性的，"调解或斡旋，真实世界及其图像或阐释话语之间的差别，主体和世界之间的阐释性沟通，以建立一种意义沟

---

① 方拱乾：《绝域纪略》，转《黑龙江述略》，黑龙江人民出版社，1985年，第112页。
② ［美］劳伦斯·格罗斯伯格等著：《媒介建构：流行文化中的大众媒介》【D】，祁林译，南京大学出版社，2016年，第13页。

通的循环路径联系"。①它能够让人了解传播的过程以及作为中介的媒介所生产出的意义，由此而形成传递和文化两种传播模式。传递的模式广为知晓，而文化的模式在最近也不断被争论，在雷蒙德威廉斯看来，文化模式"旨在将传播看成是共享意义和空间的建构过程，这使得人们能够和谐相处"。②这一模式所注重的是语言、文化和仪式的重要力量。

尽管研究对象是传统封建王朝中的媒介机构，但讨论的范畴不仅仅是媒介本身，而是其与社会的关系，即社会功能。因而，作为清代特殊的藏传佛教寺院，主要就其中介的文化模式和媒介功能对其在满蒙社会不同环境下进行比较分析。

（一）满蒙寺院的文化输出模式

根据所掌握的史料中对于满蒙寺院的文化输出模式来看，二者的差异性集中体现在语言、宗教文化以及仪式性上。

1. 满洲寺院

其诞生的时间要远远晚于蒙古寺院近200年的时间，数量上来看，与漠南蒙古和漠北喀尔喀部的寺院相比，微不足道。

从诵经的种类来看，尽管在蒙古出身的章嘉呼图克图主持下诵持藏传佛教的经典，但是所使用的语言采用了经过翻译后的完全的满文佛经，在关外的满族聚居地，亦没有形成满洲僧人出家的形式，而只有使用"番文"的喇嘛僧人。他们多来自于周边的蒙古藩部或藏地。这也形成了一种具有满洲文化特色的诵经模式。

---

① ［美］劳伦斯·格罗斯伯格等著：《媒介建构：流行文化中的大众媒介》【D】，祁林译，南京大学出版社，2016年，第16页。

② 雷蒙德·威廉斯，英国文学批评家和传播理论家，转［美］劳伦斯·格罗斯伯格等著：《媒介建构：流行文化中的大众媒介》【D】，祁林译，南京大学出版社，2016年，第21页。

宗教文化上，没有形成如同蒙古学问寺一样的学校机构，佛教寺院
的功能只是为满洲民众提供祈福、参拜的宗教场所，而并非教育机构。
对于佛教教义的理解，无论是满洲贵族还是普通的满洲八旗民众，都没
有深入到哲学层面的理解，更不用说修持佛法，大多数人只是"祈福禳
灾"，因"佛以灵异著闻，京师寓内王公大人、士庶妇女，捐金庄严以
丐福利者，岁无虚日"。①形成一种祈祷今生祸福的民间信仰文化。

仪式上，虽然在京师的满洲寺院出家喇嘛也会举行与蒙藏佛寺相一
致的"喇嘛跳鬼""放乌斯藏"等佛教仪式活动，但是这并未成为满洲
宗教的主要仪式，而是和萨满祭祀、拜祭老庄、关帝相结合的多元信仰
模式的一种，而在关外的吉林、黑龙江等地，喇嘛佛寺的地位在一定时
间内远远不及关帝庙、老庄殿。同时，京师的寺院，主要目的也是为了
皇室贵族的延寿祈福之用，没有纯粹的法会、讲经等仪式。

2. 蒙古寺院

蒙古寺院从建立到形成规模比满洲寺院早于满洲寺院，并且形成了
寺院林立，全民奉佛的社会景观，其寺院制度也因袭了藏地佛寺，形成
一套自上而下的宗教社会制度，与世俗社会相联系。

从语言和文化来看，在蒙古寺院的第一阶段即要入寺的班弟僧学
习藏语藏文，并且在日后的学习中以藏文持诵经咒。不过另一方面，从
阿勒坦汗迎请三世达赖喇嘛索南嘉措开始，藏文经的蒙译工作就已经开
始，从1587年开始的《金光明经》到1607年《甘珠尔》的翻译完成，前
后经历了多年。并且在藏传佛教遍布蒙古各部后，清廷也加大了对蒙译
经文活动的支持，特别是从康熙朝到乾隆朝，译经共230部。②1717年康
熙皇帝降旨，重新翻译《甘珠尔》历时近四年，于1720年完成108卷蒙译

---

① ［清］高士奇：《金鳌退食笔记》卷下，北京古籍出版社，1982年，第141页。
② 唐古思：《藏传佛教与蒙古族文化》【M】，辽宁民族出版社，2007年，第243页。

本《甘珠尔》。乾隆皇帝将译经事业进一步推进，赋权章嘉呼图克图主持翻译《丹珠尔》，以元代蒙译本为基础，从1742年到1749年历时7年翻译完成225卷本蒙文本《丹珠尔》。这些卷本基本上都是在京师、多伦诺尔庙和大库伦等地的寺院采用木刻版刊印完成，并且在蒙古僧俗间流通。清代蒙古寺院译经工作产生了两方面效果，一方面对蒙文辞典、蒙古修辞学起到了助推作用，例如，康熙年间编著的《二十一卷本辞典》既实现了蒙古书面语的标准化和统一化，又为编纂和翻译蒙译本大藏经奠定了书面语基础；《简明蒙藏词典》《智慧之鉴》、蒙藏合璧版《新旧韵典》等一系列蒙藏翻译专用辞典形成，为蒙语译经的修辞工作提供了范本。另一方面，蒙译佛经也培养了一大批蒙藏兼通的翻译人才。例如卫拉特高僧咱雅班第达根据卫拉特发音习惯，将经文译成蒙古语之后又发明了托忒蒙古文，并且创制了专门记录藏语、梵语的音标，同时用托忒文翻译了170余部藏文著作，包含了佛经、哲学、神话、格言、天文历法和医学，特别是将藏族医书《四部医典》已成托忒蒙古文，对于蒙古地区的医学发展产生了助推作用；阿拉善僧人阿旺丹达尔编著了蒙古文语法作品《蒙古文字法之语饰》，提出了蒙古文正字法，同时还编写了蒙藏合璧的《名词词义辩明之月光》和藏文文法《智者语饰–藏文字词概述》对于译经和蒙藏文化的交流具有很高的学术价值；乌拉特西公旗莫日根格根喇嘛在梅力更召推出了利用蒙文修辞特点诵经的《蒙文经文新诵经法》以及将萨满信仰纳入佛教诵经体系的《火神祝词》《圣主伊金桑》《风马桑》《圣苏勒德桑》和《毛尼罕桑》等带有蒙古萨满色彩的祝赞词①，这对于佛教文化和萨满信仰的吸纳、融合产生了积极意义。由此可以看出，蒙古寺院既保留了蒙古民族自身的语言文字，同时又将藏语藏文和藏族的文学、历史、哲学、医学等在寺院中对僧俗进行传播和教

---

① 唐古思：《藏传佛教与蒙古族文化》【M】，辽宁民族出版社，2007年，第354–361页。

化。对于保留本民族语言文字和吸纳外来文化进入本民族文化体系具有积极的传承作用。据此也可以看出，蒙古寺院传播知识的教育功能要大于满洲寺院，这也从另外一个侧面反映出，满蒙学校在地方办学稀少的原因。

仪式仪轨上，蒙古寺院不但沿袭了藏族寺院的传统仪式活动，同时也会定期在寺院进行讲经传法活动。蒙古寺院参加法会的僧众有严格限制，班弟僧必须经过寺院堪布和经师的同意，并通过考试才可以参加法会，并且要穿上僧衣僧帽和由师父和家人准备的法物、法器才可以闻法。此外，在蒙古族传统的节日中也纳入了藏传佛教的因素，例如祭敖包活动中从寺院请来喇嘛诵经，并且将传统萨满信仰中的祝赞词也融入到了祭祀活动中。特别是将成吉思汗神格化之后，附会为佛教中金刚手菩萨的化身，利用佛教仪式加以朝拜。当然，在日常生活中，为了祈求"今生幸福"和"来生平安"，蒙古地区无论是贵族还是普通的民众，都会采用不同的方式来供奉作为信仰圣地的实际空间，即寺院。于是在清代产生了蒙古民众"倾家荡产不以为意"的奉佛特点。①从清初蒙古僧俗的自愿信仰，到清廷"淑民教化"的强制性措施，无论是对寺院的喇嘛贵族还是寺院的神圣性空间，都成为蒙古民众的传统信仰的核心。

（二）满蒙寺院的媒介功能比较

通过对满蒙寺院的文化模式差异的对比，可以看出二者作为一种组织化的媒介机构存在，其功能有极大出入：

1. **政治控制的二元性**

关于媒介控制的问题，法兰克福学派集中讨论的是国家权力对媒介

---

① 奇文瑛：《满一通古斯语族民族宗教研究》【M】，中央民族大学出版社，2004年，第234页。

的控制和媒介作为国家意识形态的工具对于社会的控制。[1]作为媒介综合因素一维的媒介机构同样具有被控制与控制的关系。特别是在极权主义制度下构建的媒介机构，既是被权力的统治者严格控制的对象，又是为统治者"代行其职"的工具，在封建君主专制的清代，藏传寺院作为一种具有组织性的宗教团体机构，被以满洲君主为核心的权力中心严密监控。并且又严密地控制着其所要驯化的对象。

寺院的被控制性对于满蒙藏传佛教寺院主要体现在，对于蒙古寺院制定严格的《蒙古律例》，并且利用长久以来形成的出家习俗，令青壮男子出家为僧。通过理藩院制定相关条例"凡喇嘛之辖众者，令诏其事如札萨克焉"。并形成与扎萨克旗一致的喇嘛旗制度。对于上层喇嘛拥有大量沙比纳尔僧众而没有掌印者，理藩院请旨下诏"今后各处呼图克图其弟子超过八百人，离所属旗印信处五百里外者可赏印信。"并且对于求印信者"先让其盟长核实情况，确定沙比纳尔数额及具体距离后造具清册报院"，"理藩院指令有关将军大臣衙署派人再次核实证明情况属实后才能奏闻皇上求授印信"。而对于虚报、瞒报情况则采取"不与授予印信，处罚所属盟长罚俸一年，所属呼图克图罚畜三九数"的惩戒。并将此列入《理藩院则例》。[2]这一条例最终被皇帝"谕旨依议"纳入条例。这是为了防止僧团积聚，且唯呼图克图信之，而造成难以控制的一种严格手段。而对于满洲寺院，则是利用内务府挑补没有差役的闲散宗室成员，额定人数遴选，在京师及周边的满洲寺院制定额缺制度，其中几个主要的寺院如宝谛寺、梵香寺、大报恩延寿寺、正觉寺、功德寺、隆福寺、永福寺、殊像寺分别限定宗室内的出家额缺为205人、45人、40

---

① 邵培仁、李梁：《媒介即意识形态——论法兰克福学派的媒介控制思想》【J】，浙江大学学刊（社会科学版），2001年，第1期。

② 阿拉善左旗档案馆藏档，编号101-05-0011-011。

人、30人、32人、20人、20人和50人入寺出家为僧。①无论是出家人的
身份还是额缺制度，满族寺院都有严格的限制。这与清初作为最高权力
统治者的皇帝，禁止八旗满洲出家为僧的国策有关，清太宗就曾对喇嘛
与民间的施为关系提出"诞妄莫过于此"的强烈斥责。并且对于私自建
造寺庙者"问应得之罪"，对于出家喇嘛提出"不得娶妻""不得予各
固山为民"，请喇嘛至家中诵经祈福者，"若男人不在家，与犯奸者同
罪"②。如此高压制度下，很难形成一套寺院制度，并且如蒙古般成为
出家之习惯。因而在数量上，二者无法相较，以18-19世纪的寺院情况为
例，如下表所示：③

	寺院数量	僧人数量	经文语言
内蒙古寺院	1200余座	100000人	藏文、蒙古文
漠北寺院	700余座	105557人	藏文
满洲寺院	12余座	442人	满文

从寺院控制僧俗社会的角度来看，蒙古地区"寺院林立"，民众
"唯喇嘛之言是听"。在蒙古社会流传了几百年的藏传佛教在僧俗的意
识上已经成了全民的唯一信仰，寺院也成为民众修心祈福的圣地。清廷
认识到了这一点，采用了崇奉黄教，兴建寺院，"藉仗其徒，使其诚心归
附，以障屏藩"④的柔顺控制之策。对于满洲寺院来说，其修建的时间

---

① 王家鹏：《乾隆与满族喇嘛寺院》【J】，《故宫博物院刊》，1995年，第1期。

② 《清太宗实录稿本》卷14，崇德元年四月，载《清初史料丛刊》（第三种），第14页。

③ 数据来源：［意］图齐，［德］海西希：《西藏和蒙古的宗教》，耿升译，天津古
籍出版社，1989年，第353页；乌云毕力格、成崇德、张永江：《蒙古民族通史》
（第四卷），内蒙古大学出版社，2002年，第334页；张羽新：《清政府与喇嘛
教》，西藏人民出版社，1989年，第178页；王家鹏：《乾隆与满族喇嘛寺院》，载
《故宫博物院院刊》，1995年，第1期。

④ ［清］昭梿：《啸亭杂录》卷10，中华书局，1997年，第361页。

远远落后于蒙古，再加上满洲民众无论从入关前到入关后，其信仰模式上，佛寺并非其唯一的圣地，只是诸神信仰中的一种，其信仰方式上本身带有萨满信仰祈求现世生活富足的特点，因而对于满洲社会来说，其控制效果并没有如蒙古般能够达到实际目的。此外，满蒙官学的繁盛以及清廷对自身民族的知识传播和意识形态的传播都分化了佛教对于僧众的控制。

2. 知识传承与社会教化的功能的有机结合

从文化模式上可以看出，蒙古寺院的功能不仅仅是传播宗教思想，建立蒙古民众信仰体系的宗教传播圣地，更重要的是其传播知识文化的功能。无论是从蒙藏语言启蒙教育开始，到显宗学部和密宗扎仓的学习流传，可以看到，寺院充当了与学校一致的传播知识文化的功能。一方面，将藏传佛教文化中的医学、算学、天文学等科学知识传播到蒙古僧众中，使得蒙古人能够习得藏文化中的精华。另一方面，将佛教哲学和思想在蒙古寺院的特殊空间环境下，结合蒙古自身的传统文化，创造出适合蒙古社会的历史、文学、哲学等知识，并且将这些文化保存在寺院中，代代流传。以乌拉特莫日根格根寺院为例，自从其创造了蒙文诵经和收纳蒙古传统萨满信仰将其以祝颂词的形式进入佛教体系的模式以来，其时间之久，在当代仍有流传，并成为国内唯一以蒙文诵经的寺院；而佛教化的祝赞词，在鄂尔多斯、达尔罕茂明安以及蒙古国也都仍然以文字和仪式唱诵的模式流传下来。对于蒙古传统知识和文化的传承，蒙古寺院在很长时期内发挥了积极的作用。

不过，更应该看到的是，在清代蒙古寺院除了知识的传承之外，更重要的是其社会教化功能。特别是在清代前中期的皇帝都建立起了与16世纪后半期，蒙古各部封建领主与达赖喇嘛，借轮回转世学说建立起的

"施主–福田"关系。①一方面，皇帝授予作为菩萨化身的达赖喇嘛等转世活佛以荣誉；另一方面，转世活佛又将清代皇帝附会为"文殊师利菩萨"的化身，②建立起与蒙古人传统记忆中相一致的施为关系，从心理上让蒙古人承认满洲皇帝的控制之合法性和统治的正统性，从而稳定蒙古社会。不难看出，这是满洲统治者利用一套神话的重构方式，来发明了一种传统，虽然在当时的档案和方志中很难判断其作用和效果，但是从17世纪开始的蒙古编年史撰写中这种与满洲"混一"，认同其统治正统性的修辞随处可见。例如，在17世纪的蒙古编年史《蒙古源流》中，沿袭了蒙古佛教信仰框架下，编修史书的特点，特别是沿袭了以蒙古为中心，高丽、回部、汉人、吐蕃为周边的"五色四藩"观念。不过在最后的话语表达中，史学家萨冈彻辰将顺治皇帝统辖下的周边四夷和中心重新界定，除了四边与以往史书一致，将中央定义为"四省满洲，六万蒙古之地"。③同时，对于顺治皇帝优待达赖、班禅等宗教领袖和修建藏传佛教寺院大加赞颂。对于清太祖努尔哈赤的描述用"智勇收服众庶"，并且将其统一女真诸部的历史功绩，借天降异象之吉兆，称其为"固非凡人所能比"的"大力英雄太祖"。从这类修辞中可以看出，在蒙古"汗权佛授"的思想体系下，蒙古社会的精英阶层已经从形式上认可了作为满洲贵族的清廷皇帝对其控制的正统性，这也是清朝从建立政权之初欲"混一"蒙古，建立"满洲–蒙古"民族共同体的社会教化的一种体现。

与蒙古寺院的传承知识文化、规训建立"满洲–蒙古"共同体的教化目的不同，满洲寺院的功能显然要更单一。除了招募闲散宗室出家、翻

---

① 关于这一部分的讨论，将在第六章详细展开。

② 奇文瑛：《满—通古斯语族民族宗教研究》【M】，中央民族大学出版，2004年，第233页。

③ ［清］萨冈彻辰：《蒙古源流》，内蒙古人民出版社，1987年，第470页。

译和持诵满文佛经外，没有如同蒙古寺院班丰富的课程设置和淑民教化的功能，只是在形式上作为宗教仪式的场所而设立。至于清代前中期的皇帝，特别是顺治、康熙、雍正和乾隆等精通佛理、尊佛而不入教的几代君主，他们对于藏传佛教知识的习得，与满洲寺院没有直接关联，更多的是在皇室内部的教育中所习得。因而，在传承方面，满洲寺院的功能显然十分微弱。

3. 利用仪式，制造认同

这主要体现在清代皇帝利用寺院进行宗教仪式，与蒙古建立认同。满洲寺院除了十二座藏传佛教寺院外，早期的寺院都是与其他宗教神祇一同供奉，即便在关外的喇嘛寺院，也都是只招募蒙古族喇嘛僧人的寺院。并且在诸多祭祀活动中，奉佛只是其中的一种。但是在特殊的社会语境下，清廷统治者会利用寺院中的佛教仪轨来表达对喇嘛、上师的尊重。

例如在清初，清太宗在盛京迎请象征蒙古国运的"玛哈嘎拉"佛像，并将其供奉于实胜寺，率领满洲、蒙古亲王、贝勒等王公大臣"往叩实胜寺佛尊""脱帽，行三跪九叩礼"。[1]此后，又在盛京周边修建寺院，收纳附近的蒙古僧众。再，顺治皇帝为五世达赖喇修建黄寺，并办法金印金册，授予"西天大善自在佛领天下释教普通瓦赤喇达喇达赖喇嘛"的尊号，并且赋权统理黄教之权[2]。此后，顺治皇帝再听从喇嘛建言后，又在琼华岛修建藏式白塔，"以祈求国泰民安"。[3]同时将五台山作为清代皇室祝祷的圣地，为皇室服务，而五台山作为佛教中文殊师利

---

① 《崇德三年满文档案译编》，转奇文瑛：《满—通古斯语族民族宗教研究》【M】，中央民族大学出版，2004年，第225页。

② 《清世祖实录》卷68，顺治九年九月，载奇文瑛：《满—通古斯语族民族宗教研究》【M】，中央民族大学出版，2004年，第235页。

③ 高士奇：《金鳌退食笔记》卷下，北京古籍出版社，1982年，第142页。

菩萨的"显灵道场"，更将这一神话附会到清朝皇帝身上。此外，在内廷的喇嘛佛寺活动中，采用了与蒙、藏寺院一致的初一、十五诵经、火供、放乌卜藏、跳查马驱鬼舞蹈。

左：象征蒙古国运的玛哈嘎拉；右：顺治帝与五世达赖喇嘛会面

通过上述所有在藏传佛教寺院中的仪式仪轨，可以看出，在寺院的媒介仪式中，统治者通过寺院这一空间，利用宗教仪式的行为，来构建一套自身的文化身份，让同处于这一公共空间里的蒙古贵族和喇嘛僧人，认同其作为沿袭"印藏蒙同源"之说的文化共同体中的身份，模糊彼此间的界限，建立起一种跨民族的"我者"关系。这一功能在漠北喀尔喀诸部归附过程中起到了实际作用，当时作为漠北宗教领袖的哲布尊丹巴，在面临生死存亡的绝境时，毅然率领民众投奔清廷，其重要原因之一即是清廷利用佛教的诸多活动，增加了漠北喀尔喀部归附的向心力。

综合来看，满蒙寺院在不同历史阶段和社会语境下，所发挥的媒介功能各不相同，但对于清廷在处理与蒙古的周边社会关系上，产生了助推作用。特别是在清初政局未稳的动荡社会环境下，对于民族间的文化交流、稳定民族成员民心都有承前启后的积极效果。

小 结

本章对于清代专门针对处理蒙古藩部问题的组织机构进行了史料的整理和内容的分析。由于对于蒙古的怀柔羁縻策略使然，没有专门设置相应的如同中原一样的信息传播机构。然而在清代，针对蒙古地区的周边政治、教化、信仰等方面进行传播的相应机构却是一个系统性强、组织性完备的庞大组织体系，并且每一个机构所具备的媒介机构的职能也有各自的差异。

首先，作为皇权直接控制的治疆机构理藩院，在清代充当了向蒙古诸部传达中央意识形态和政令，规范藩部的政治、经济、朝觐和信仰等诸多问题的核心机构，处于整个媒介传播机构的顶端和头脑的位置。理藩院所发布的限制和规范蒙古诸部的所有律令，都直接体现了中央决策者的意志，并且直接将其下发到蒙古各地。

其次，理藩院虽然是专门处理周边民族边疆的管理和传播机构，但是地缘上的位置阈限，使得其实质控制功能难以达到预期的效果，正所谓鞭长莫及。而各路驿站以及在后期设置的将军衙府和都统衙门又成为了其在蒙古诸部进行下情搜集、监控并联系中央的直接渠道。如果以头脑来比喻理藩院在传播机构体系中的位置，那么驿站和衙府则代表了蒙古地区的血管。特别是驿站的作用之大，直接将地方的社会情况和民族问题上传中央，由中央来解决和处理。同时，驿站在清初也是礼仪文化规训的重要实物性保障，特别是远离中原的漠北喀尔喀部，在来朝是必须经过内陆驿站进行休憩、等待传召才能够入京，在这一体系中，驿站作为媒介的联系功能十分重要。

再次，教化与敬俗共治下的文化传承功能机构。这主要是指满蒙学堂和藏传佛教寺院。满蒙学堂虽然对于满洲和蒙古两个不同民族共同体在清代的不同阶段都有设置，但是两者因教化对象的不同，则采用了不同的教化模式。在以八旗满洲为主体的满洲共同体中，重视的是作为能够协助君王治理朝政的精英统治阶层，因此，重视的是知识的传播和忠君思想的传承，让满洲共同体更具有向心力，同时，又不忘记其"满洲之道"的根本和"混一"蒙古、构建新的政治共同体的目标，因而又采用了满蒙传统文化的教化，与儒家思想并行教授。而对于蒙古诸部，在漠南地区的蒙古部落因历史和地缘上的特殊位置，在清代中期，统治者也十分重视对其作为与中央"主从"周边关系的教化，采用了与其相似的传授模式，因而在漠南蒙古的贵族阶层里，出现了很多满蒙汉文化精通，同时又具有地方权力的官员。而对于鞭长莫及的漠北地区，则主要加强了满文和蒙古文的教学，有清一代将满语称之为"清语"，以国语之地位视之，因而一方面对于喀尔喀地区的蒙古学堂让其意识到自身民族的特征和文化属性，但另一方面又使用这一教授满文让其从心理上对于自身属于"臣下""藩部"的身份更加明确。不过这已是清代中后期的历史现象，而在前期，藏传佛教寺院的教化功能和控制功能，对于安抚和控制蒙古诸部起到了实际效力，并且在接受藏传佛教文化的同时，通过寺院将其与蒙古的原生知识与信仰相融合并保留。

总体来说，清代的满民族间的行政管理机构、教化场所以及寺院学校是一个自上而下、有序运营的媒介系统，尽管在清代后期其实际作用在变革的历史环境下有所削弱，但是对于清廷中央和蒙古地方之间的周边传播活动，产生了多样化的效力。

第四章

清廷与蒙古藩部周边传播的
媒介手段类型及其特征

媒介手段相比媒介机构来说,其承载的是信息的规范和传递的介质性功能,从种类来说也更为丰富。并且在传统的媒介研究中,其技术层面的分析是众多议题的重点。不过关于媒介的文化属性讨论成为近年研究的重点,例如劳伦斯对于媒介的界定为综合性的概念,是技术、机构和文化的集合。不过对于媒介的其他属性中,在本尼迪克特和哈贝马斯的观点中又有重新的界定,媒介"一方面承担了民族国家、城市社区想象共同体的沟通角色,另一方面,在公共领域中演绎了催生议论、参与公共的政治职能"①。

作为具体的媒介手段来说,无论是从类型、组织形式、性质等层面来看,种类数不胜数。特别是本文以文化传播研究作为出发点,其样态也是无法穷尽的,很难包罗万象,将所有的媒介一一列举。既然立足于清代蒙古周边的文化传播,并且将清廷中央与包括喀尔喀蒙古在内的蒙古诸部之间的文化传播作为研究对象,那么就要根据彼时的社会语境以及文化特征进行探讨。

有清一代,作为中央政府,对于包括理藩院在内的管理机构进行了多次机构上的改革和重构,目的就是安抚北方蒙古诸部。不过蒙古诸部

---

① 崔波:《清末民初媒介空间演化论》【M】,北京大学出版社,2012年,第27页。

归附时间各不相同，特别是漠北喀尔喀部，在清朝建立政权半个世纪之后才正式归附，虽然其与清廷从入关前早有联系，但是与正式归附后成为清廷诸藩部中的一员来看，其传播方式有较大差别。

从清廷一方来看，对诸蒙古也都采取了"柔顺""混一"的民族共同体的重构之策，因而，从政治控制和文化教化的方面，清廷处于强势一方，其处理北方周边民族地区的策略也都是淑民、教化的手段。不过包括喀尔喀在内的蒙古诸部，也都采用了自下而上的方式来传递信息，并且在长期与清廷的交往中，其自身的文化也在不断输出，并被纳入满洲共同体的文化体系，另一方面，又被清廷的输出性的文化影响，并纳入自身体系。因而，本节所陈述的媒介，主要是政治教化、礼制规训等方面的具体媒介手段。种类上来说，根据清代满蒙民族特殊的文化特征，主要从文字媒介、"礼"媒介和人灵媒介三个层面来简要介绍。

第一节　文字媒介

在封建集权制度的模式下，文字作为媒介，沟通中央与蒙古藩部来说发挥了重要的作用，不过，按照其属性来看，文字媒介在清代的蒙古诸部大致可以分为向周边传播的政治化媒介、和传播知识与意识形态的教化媒介。

一、向周边传播的政治化媒介

本节提出这个概念并非是刻意要追求新意，而是在特殊的少数民族建立的统一封建王朝的框架里，周边的变动环境下，很难将古代的媒介手段与现代传播学中的具体媒介类型相对应。而此处的周边则是不同于清代其他附属国诸如安南、暹罗，也并非日渐强大的西方资本主义国家，而是无论从地缘距离上，还是生活环境上都与清廷统治核心的满洲共同体相类似，却又各有差别的民族地区。政治上采取柔顺、安抚的策略，但也不乏对其进行强制性的控制。基于特殊的民族地缘政治周边，清廷和诸蒙古之间的政治媒介主要分为自上而下的圣旨和自下而上的表文两种类型。

（一）圣旨

圣旨在中国传统封建王朝，作为中央集权社会制度严格控制下的文书，成了宣扬最高权力统治者圣德形象和推行强权意志的重要宣传工具。通过对清代皇帝作为最高权力统治者向蒙古周边的政令传播模式的观察，笔者认为，清代的圣旨具有广义和狭义双重含义。广义来看，圣旨包含了作为最高权力统治者的帝王，为了维护自身形象而采用的祭告天地之书、昭告天下其统治正统性和前代君王昏庸腐朽的檄文；也包含对先祖祭祀的加封尊号之诏书以及册封能臣干将和皇室成员的敕谕；还包含了对违反统治秩序加以惩戒的训谕等。狭义上的圣旨则主要是针对某一具体人物或事件，统治者对其做出判断并以文字的形式加以规训的文书。本节所阐述和列举的是广义上的圣旨。汇总《清内秘书院蒙古文档案》的档案内容，对其分析整理，大致可将其分为祭祀昭告文书、斥责文书、恩赏文书。

1. 昭告文书

此类文书是帝王自我"圣德""仁君"形象构建的表达方式，特别是在改元和建立王朝之初，政局尚未稳定，新君出于对自身形象的正统性和天赋君权的神圣性，必须采用文字的方式在其统辖范围内广泛宣传，以造声势。清廷发际于关外，并且自身也是和华夷秩序相矛盾的作为"夷"之苗裔的周边民族。因此，需要借助周边民族的力量来强化自身的力量，并且蒙古地域广阔、藩部林立，其控制起来具有一定难度，因而在联合已经归附的蒙古诸部的前提下，利用昭告天下的方式来传播给尚未归附的蒙古部落，从客观上劝服其归顺。这在清太宗皇太极崇德元年（1636）改元时的祭告天地书中有具体体现：

（前略）臣以眇躬嗣位以来，常思置器之重，时深履薄之虞，夜寐夙兴，兢兢业业，十年于此。幸赖皇穹降佑，克兴祖父之业，征服朝鲜，混一蒙古，更获玉玺，远拓边疆。今内外臣民，谬推臣功，合称尊号，以副天心。臣以明人尚为敌国，尊号不可遽称，固辞弗获。勉徇群情，践天子位，建国号曰大清，改元崇德元年。窃思恩泽未布，生民未安，凉德渐怀，益深乾惕。伏惟帝心，昭鉴，永佑邦家，臣不胜惶怵之至……①

短短200余字，却透露出很重要的信息。首先对于自身圣德的形象表述，通过对皇天的敬仰，用"臣"的看似谦卑的表述，来说明自身对于皇权获得的不安。其次又表达自己对于基业的奉献和勤恳，并得到皇天庇护，通过开疆扩土，收获玉玺来获得汗统的正宗。之后是对明朝的态度，虽未敌国，但是不能僭越，之所以称皇是因为群情所致。并且在最后表达了对于民心的安抚。这篇祭告诏书的表述看似是在顺应天意，感化上天，并且是民心所向使其获取政权与皇位，而实际上这是一种政治修辞之术，极尽所能来凸显自身的圣德。通过这一方式来美化其通过血雨腥风、屠戮征战获得的政权，并重构了作为"他者"的蒙古臣下及其后嗣对历史的记忆，在史书中留下其谦恭、圣德的仁君形象。结合当时的历史语境，漠南诸部归附，象征帝王国本的传国玉玺已从察哈尔部的额哲孔果尔台吉那里获得，这一昭告文书的部分内容所指对象即是漠

---

① 国家清史编纂委员会：《清内秘书院蒙古文档案汇编》，社会科学文献出版社，2015年，第2页。

北蒙古喀尔喀诸部，其目的之一即是要传递出，所谓"混一蒙古"也包含了喀尔喀诸部，这亦是一场与之展开政权归属，且目的性很强的舆论战。而另一对象则是日渐没落的朱明王朝，因"恩泽未布"，则要展开下一场权力的争夺。总体来说，昭告文书是以宣扬仁德形象的基础上，展开权力争夺的舆论引导。

在顺治二年（1645）的诏书中，对于喀尔喀部左翼的车臣汗颁发的诏书中则更直言不讳地表达了其政治目的，诏书中指出：

> ……受皇天眷佑，朕夺取自古以来有仇之汉人国政，嗣登大位。我们红缨子之人自古以来位一体，今为安抚大国使政体归一。①

诏书中利用"满蒙同源"的政治修辞来规劝车臣汗，归附清廷是大势所趋，在历史上二者即为一体。同样是利用创造历史记忆的模式来进行政治上的说服。同时对于入主中原后的满汉矛盾情势，在文书中公开，目的亦是为了说服喀尔喀诸部其敌手并非与其文治武功近似的、同为少数民族政权的清廷，而是更加广大的汉人之国（明朝），如若归顺一体，其地位上也与满洲可比。通过政治修辞的劝诱来招抚喀尔喀蒙古归附。

2. 斥责文书

这是对于违逆王朝统治秩序和礼制制度的藩部而采用的一种文字书写方式，其目的主要是为了宣扬皇权的威严和达到规训藩部的目的。不过这一模式对于尚未归附的藩部来说，其作用和效果并不明显。以顺治四年，顺治皇帝对喀尔喀两翼策动"腾机思事件"和"掠夺巴林人畜事件"，对车臣汗硕垒、札萨克图汗、丹津喇嘛和哲布尊丹巴分别下旨训斥。

---

① 国家清史编纂委员会：《清内秘书院蒙古文档案汇编》，社会科学文献出版社，2015年，第64页。

针对车臣汗的训斥主要是：

……若朕素来对尔等不怀好意，那士兵为何不长驱直入？……尔等若希望享受太平，俘获腾机思等人既擒拿，并连其属民奉还。……若力不能俘获，尔等派遣大臣作质，朕派少数士兵，必将其歼灭之……若以为朕命正确，下雨雪之前，速遣使者。若不听朕命，尔等切勿遣使者前来。[1]

针对札萨克图汗的训斥则更为具体：

……尔等来无名文书，又写出尔与朕相等，苏尼特逃遁，从北逃回，尔等却追击之与丹津喇嘛、达赖济农作战。……额尔克楚虎尔偷袭巴林，朕将依法论处。真以为巴林、苏尼特之事与尔无关，果真尔等能协谈，则今与尔商议，尔将其一网打尽，否则何必骄横空言？若希冀享受和平之政，按适宜于国政修改，革除前嫌，下雨雪前遣使者来。若不听朕命，亦勿遣使者来。[2]

此时的喀尔喀内部斗争严重但同时，他们又想维护自身相对独立自主的封建游牧汗国政体。而对于清廷来说，虽然仅有喀尔喀一隅尚未归附，但是在宣传上已经将其视为与漠南诸部一致的蒙古诸藩部中。因而在训斥的谕旨中，对于左翼的车臣汗相对较为强硬，并且提出了多种条件，而对右翼的札萨克图汗则在修辞上更柔和并还有协商的成分。最大的惩戒即是不归还勿遣使。这次训诫的结果是部分有效的，左翼归还了

---

① 国家清史编纂委员会：《清内秘书院蒙古文档案汇编》，社会科学文献出版社，2015年，第117–118页。

② 国家清史编纂委员会：《清内秘书院蒙古文档案汇编》，社会科学文献出版社，2015年，第119页。

苏尼特部叛逃的人畜，而右翼却置若罔闻，最终不了了之。这与此前喀尔喀左右翼对待清廷的态度上不无关联。清廷皇帝作为帝国中心的统治者，一方面认识到其对喀尔喀未有实际控制，因而在言辞上更像是一种近似于外交辞令的宣发，以停止通贡作为制裁。另一方面则又维护了作为蒙古汗位的正统继承者的身份，自上而下地进行斥责，构建自身至高的权威。

3. 恩赏文书

恩赏文书在不同阶段有所差异，在早期的清太宗时代，恩赏的对象主要是喇嘛等政教领袖，并且会在文书中以"今承喇嘛有拯救众生之念，欲兴扶佛法，遣使通书，朕心甚悦，兹特恭候安吉"。[1]在赞扬喇嘛的"功德"之后，再将派遣奉送的使臣以及礼物的名目数量列在其后。其目的是利用礼物的赏赐来达到联合并控制蒙古诸部的目标。

在入主中原的顺治年间，虽然漠南诸部尽归，但是此时中原政权仍然不够稳固，清廷仍然需要北方游牧藩部作为强大的盟友支持其统治，因而需要继续拉拢漠南蒙古诸藩部，特别是与清廷有姻亲关系的科尔沁诸部联系，于是在顺治十三年（1656）对科尔沁诸汗、贝勒、镇国公等颁发满蒙文黄敕，一方面赏赐礼物，另一方面在文书中强调"太祖、太宗开创之初，即诚心效顺，结为姻娅，请为屏藩。太祖太宗嘉尔等勋劳，崇以爵号，赏赉有加，恩至渥焉。朝觐往来，时令陛见。教诲饮食，异数有加。凡有怀欲吐，俱得奏臣，情谊和谐，如同父子"。[2]利用共同的记忆以及姻亲上的关联，用溢美之词来赞颂彼此间的关系，之后再点出赏赐之物，随后再陈词其主要目的"朕方欲治天下于太平，尔等

---

① 国家清史编纂委员会：《清内秘书院蒙古文档案汇编》，社会科学文献出版社，2015年，第53页。

② 国家清史编纂委员会：《清内秘书院蒙古文档案汇编》，社会科学文献出版社，2015年，第232页。

心怀忠直，毋忘太祖、太宗历年恩宠。我国家世世为天子，尔亦世世为王，享富贵于无穷，垂芳名于不朽。岂不休乎！”①再次利用彼此间的君臣关系来传递给科尔沁蒙古诸王"忠君""护主"的思想意识。

到了康熙朝，蒙古诸部的主要问题是在处理喀尔喀诸部的归附问题上，并且在康熙八年（1669）在喀尔喀通贡时，发布恩赏文书，在恩赏来贡的车臣汗、黛青台吉、昆都伦托音、车臣济农、土谢图汗、丹津喇嘛时，首先强调自古以来圣君帝王的安定民众、德行化天下的共性，并且对于诚心归附的化外之民也会"加封器重"。之后赞扬来朝的喀尔喀部首领"知晓天命，始识时务，崇尚德行，真心践行盟约，每年及时来贡，未曾间断遣使来朝觐见"。基于这样的"忠信"之举，康熙皇帝表示"朕不分内外，一视同仁，以聊表恩养之心"之后遣使赏赐，最后说出目的"尔亦谨慎笃实，传扬善名，以副朕仁爱之心，安定边陲诸国。若果真行事，则永享如江山般福祉，务必谨慎"。②与彰显圣德与仁君形象不同，恩赏类的圣旨文书更主要的是突出所恩赏对象的忠君、护国、维护社会稳定的功劳赞颂，并且采用溢美之词的政治手段来赞颂所赏赍的对象，并且不忘记在恩赏、赞扬之余，先扬后抑的使用训诫性话语来强调对方作为帝国统治下的君臣关系，从精神上对其进行层级的监控和规训，按照帝国天朝的意志来淑化其心。

总体来看，圣旨是清廷与蒙古特有的正朔关系和君权神授、汗权佛授等封建集权话语体系下的最直接的文字媒介。通过这一模式，表达了满洲统治者形式上作为"蒙古宗主大汗"和九州共主的权力意志，并将此传播到蒙古社会，使其在强硬的政治制度和严密的言论氛围下，接受

① 国家清史编纂委员会：《清内秘书院蒙古文档案汇编》，社会科学文献出版社，2015年，第233页。

② 国家清史编纂委员会：《清内秘书院蒙古文档案汇编》，社会科学文献出版社，2015年，第360页。

统治者的控制。

（二）表文

与圣旨相对应，表文是作为臣下身份的蒙古诸王，对清廷皇帝表达对帝国秩序的认可且自身忠诚，并且对统治者仁德执政大加赞扬的一种修辞范式。表文一直伴随着古代封建王朝而存在，是古代封建社会对外传播和国家形象塑造的一种重要手段。其起源于汉代，为臣属陈情所用之文书，而流变于唐宋，演变为庆贺和献礼时的专用文书，从功能上又分为"进贡表文、请封表文、庆贺表文、谢恩表文"。[①]不过作为清代统治者特殊的少数民族属性，使得朝贡和藩贡有所差异，藩贡既不等同于外交使臣出访，又不等同于内地官员进京述职上贡，而是一种介于两者之间的周边政治文化的传播样态。并且其表文的书写形式也有严格的规则。对于清代蒙古藩部的表文主要有两种，一种是在特殊政治仪式和公共空间内，赞誉帝王德行和维护其统治形象的政治陈情表文，另一种则是在进贡环节中的使臣奏疏。

1. 政治陈情表文

政治陈情表文的发布时间通常是在特殊的时间拐点，例如刚刚建立清政权时八旗满洲、蒙古诸部以及投诚的汉军八旗拥戴皇太极为新政权的皇帝。空间上为公共活动开展的具有政治仪式色彩的地点，例如在社稷坛、寺院或皇室宫廷的公共场所等。参与人员多为不同族属的臣下成员，所传播的对象则是作为权力核心的皇帝。其修辞模式多为先赞扬帝王的德行，之后再表达自身作为臣下的忠君之心，最后说明所要提出的要求。以清初满蒙汉官员恭请天聪汗表文的内容为例：

---

① 白文刚：《中国古代政治传播研究》【M】，中国社会科学出版社，2014年，第249页。

……表曰：诸贝勒大臣文武各官及外藩诸贝勒上言，恭维我皇上承天眷佑，应运而兴，辑宁诸国，爱育群离，当天下昏乱之时，体天心，行天讨，逆者以兵威之，顺者以德抚之，宽温之誉，施及万方。征服朝鲜，混一蒙古，更获玉玺，受命之符，昭然可见。上合天意，下协舆情。臣等遇景运之丕隆，信大统之攸属，敬上尊号。一切仪物，俱已完备，伏愿俯赐俞允，勿虚众望。①

这篇表文在表述上仍然没有摆脱以往历朝历代陈情表文的写作模式，一方面盛赞皇帝的仁德，并且将其统治附会为上天之意，另一方面则表达了自身作为臣下的仰慕与忠诚。不能不考虑的是作为这一表文发布的空间，即是具有政治目的的公共空间的仪式中，且代表的主体是满洲、蒙古、汉军等不同族群的贵族王公，其目的之一是为了能够突出传播对象，即君主至高无上的权力，又表达了传播主体自身对于这一统治秩序中的谦卑。这是一种自下而上的组织传播模式，并且是地位较低的大多数共同体成员对位高权重的皇帝的谏言。在宣誓发文之后，会及时得到信息的回馈，其回馈的模式是先以自谦的方式表述"朕德薄，若受尊号，恐上不协天心，下未孚民志"，②因此之前3年的时间"未从允"。但马上话锋一转"今内外诸贝勒大臣，复以劝进尊号，再三固请，朕重违尔等之意，弗获坚辞，故勉从众议"，③以"满足众人之意"登基称帝。而臣下又行三跪九拜之礼。并且在这一仪式之后，马上发表祭告天地书。而所有一切都包含在了仪式规训的政治权力体系中，表文也是这一仪式中的

---

① 国家清史编纂委员会：《清内秘书院蒙古文档案汇编》，社会科学文献出版社，2015年，第2页。

② 国家清史编纂委员会：《清内秘书院蒙古文档案汇编》，社会科学文献出版社，2015年，第2页。

③ 国家清史编纂委员会：《清内秘书院蒙古文档案汇编》，社会科学文献出版社，2015年，第2页。

元素之一，如阿多诺所言"所有人类和机构的行为都是象征性的"。①这种所谓的陈情表文也是具有强烈的政治象征意味，与祭告天地书形成一套有机结合的文字媒介，来达到统治者合乎正统的修辞目的。

2. 仪式奏疏

这在蒙古王公、蒙古喇嘛贵族与清廷的藩贡体系中为最常见的一种文书模式，同样是以赞扬天朝皇帝权力的至高无上和神圣性，以及自身作为偏安一隅的部落或兀鲁思边陲成员地位的卑下。不过在蒙古对清廷的仪式奏疏中，能够看到明显的佛教话语表达方式。这种宗教修辞与蒙古的主体信仰不无关联。本文以蒙古喀尔喀部作为重点研究对象，因此在查阅的史料档案中，主要以喀尔喀部王公、喇嘛贵族与清廷的相互传播活动为主。下文中以喀尔喀诺门汗遣使顺治皇帝的仪式奏疏为例，其书写范式可以折射出当时佛教对蒙古的深刻影响：

……四部兵马尘埃尚未落定，笼罩须弥山及海水等，让骄奢淫逸诸汗王跪在足下，瞻部洲帝王赐鉴！如同释迦牟尼降伏妖魔鬼怪一般，嗣登上宝贵坛座，为整个瞻部洲造福，与如同天神般众神环绕，至高无上仁君高坐金坛，故心中不胜喜悦。问安之言，师尊父子命令，如同尊敬成吉思汗之礼般敬重瞻部洲皇帝，乃造福天下常法也。明鉴如我等老人不顾人畜暑热冬寒、饥渴等种种不便，积善积德，以求成事。与诸诺颜一起欲二百位官吏来。先皇上曾敕命有关政体，尔老喇嘛做主，并说'我若到喀尔喀去，敬仰之事由喀尔喀部负责；若喀尔喀部来此地，则敬仰之事由朕负责。'无胜于此事之妙哉！期盼赐鉴！此善良政体，先人得见，后人耳闻，所以一切都在人君之手，明鉴！②

---

① ［美］大卫·科泽著，王海洲译：《仪式、政治和权力》【M】，江苏人民出版社，2015年，第6页。

② 国家清史编纂委员会：《清内秘书院蒙古文档案汇编》，社会科学文献出版社，2015年，第159页。

这一书写范式并非喀尔喀或其他蒙古诸部的唯一标准，但在进贡之时，都会先以佛教中某一神佛的形象借喻，并赞扬清廷皇帝，为南瞻部洲坛城的最高统治地位。①之后再印证彼此间在历史上的友好往来关系，以及自身所属汗国或兀鲁思的卑微却国泰民安的情状。并且表达了对于天朝和皇帝的仰慕之情和对其恩泽的临表涕零之状。不过喀尔喀蒙古部与漠南蒙古诸部有所差别，其归附时间晚、内部动荡且教化相对滞后，并且有自身的独立特点，因此在修辞上与附属国的极尽吹嘘之能事略有不同，也不同于完全被王朝控制的内属臣民的谦卑，而是带有一定外交特征的辞令，但又不同于真正的外交，更准确地说是"周边辞令"。既保留了自身的相对独立性，又表达了对天朝威仪的恭敬。虽然作为"周边辞令"的奏疏并无实质性的信息内容，但他依然是清廷周边民族传播中一种实际的媒介手段，本质上仍然是清代藩贡体系中礼仪性的一种规定产物。在礼制体系的传播活动中，奏疏不仅不可缺少，而且要受到清廷的审查。

无论是何种类型的表文，在清代的蒙古藩部和清廷的礼制关系中，不仅仅是一种自下而上的组织性信息传播，而且是带有自身民族属性和相对独立特征的"周边辞令"。一方面其承载了对权力最高统治者的清廷皇帝崇敬之情的信息传递，另一方面，又是皇帝规训诸藩部的工具，通过这些表文来提示藩部，作为帝国最高统治者的权威性。

二、教化媒介

教化媒介是指教化民众的具体教化手段和工具，与教化机构二者

---

① "南瞻部洲"和"坛城"均是佛教中所指的器世间的一种，多数情况是指代天下一统的共主，是佛的人格化，或人的神格化表述。

相互结合，达到传播知识、淑民化俗的目的。在前文中，对于清代的满蒙民族间的教化媒介已经有所叙述，主要是满蒙学堂和佛教寺院两种类型，而作为宣扬意识形态和传播知识文化的载体主要还是要凭借文字化的媒介。主要的类型是具备民族特色的教化书籍和木制刊刻的佛经。

（一）教化书籍

在古代封建王朝的知识传播和文明教化方面，无论是官学还是私塾，多采用儒家传统经典，通常所采用的是四书五经，即《大学》《中庸》《论语》《孟子》和《易经》《尚书》《诗经》《礼记》《春秋》等权威教化媒介。"五经"在汉武帝时期被确立为权威经典，以"专掌通五经之官"作为标志。[①] "四书"成为儒学权威则是在南宋之后，朱熹沿袭二程对"四书"的研究基础上，重新注解、修缮之后完成的《四书集注》，建立起了对"四书"精良的解析体系，被当时的统治者认可，并为后世所用。

就"四书五经"本质来说，能够成为历代教化媒介的主要手段，归根结底在于其从多元角度来阐述了儒家文化的政治理念和治国修身之道，形成一套符合封建王朝统治下，完备的政治话语文本系统。

清廷因循明制，特别是在传播知识文化的模式上，也采用了利用四书在满洲、蒙古八旗、内属蒙古等蒙古藩部进行推广和教化，而在外藩蒙古则很少看到以儒家经典进行教化的教材，这与清廷对包括喀尔喀在内的外藩蒙古的"柔远羁縻"之策不无关联，并且在当时的佛教寺院林立，全民信佛，普通蒙古民众选择进入寺院扎仓学经。并且在前文中对其时间和具体教化内容有过介绍，此处不再赘述。

不过，以汉语言为核心的儒家文化和以阿尔泰语系蒙古、满–通古

---

① 钱穆：《秦汉史》，三联书店，2004年，第92页。

斯为母语的满蒙民族之间，有着天然不可逾越的语言和意识形态上的鸿沟，这在文本的教化上造成了文字上的阈限。再加上满洲 "尚武"的"国语骑射"之道和蒙古的崇奉喇嘛之俗，让儒家文化面临了语言和文字上的限度。但是，满洲统治者并没有因此放弃将儒家文化输出到满蒙民族当中，反而引发了一轮又一轮的"兴文教，崇儒术"①的教化传播。而由此产生了独具特色的教化文本出现，即"满蒙汉三书合璧""满蒙合璧""满汉合璧"等教化类书籍，以及规训蒙古社会与满洲"混一"的"四体清文鉴"和"五体清文鉴"等民族语言类课本及辞书。

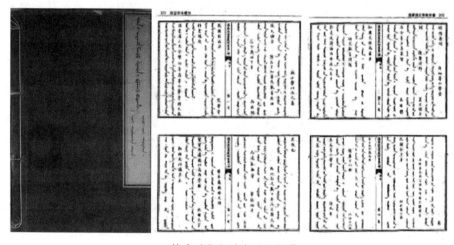

三体合璧御制清文鉴故馆藏

关于儒家经书的翻译工作肇始于康熙年间，当时的由翰林院学士喇沙里（满臣）主持编辑、修改了《四书讲章》，并将其刊刻成为满文版本，编纂出满汉合璧版《日讲四书解义》并于康熙十八年刊刻出版。此外还将《日讲书经解义》于康熙十九年翻译刊刻，并且"赐诸王，贝勒、贝子、内大臣、都统以下，阿思哈尼哈番以上；大学士、学士、詹

---

① 《清史稿》卷5，《世祖本纪二》，中华书局，2010年，第47页。

士、国子监祭酒各一部"。①对于儒家经典的推崇，康熙皇帝曾在满汉合璧书中作序提出"四书之昭炳天下也，如日月经天，万古不磨，以其理深而实庸，道大而甚约也。我朝文治兴昌，满汉之仕，无不欣然向道。且现今八旗复行科目，添设义学，无论老幼，必以《四书》为的，故家弦户诵之声，直达寰宇。第满汉各为一本"。②并且指出四书在八旗中的学习目的"虽于学问高深无大裨益。然于初学者未必无小补云"。由于清初的八旗贵族的汉语水平有限，因而在翻译合璧经书时，将其文字翻译的较为浅显，以适用于当时的八旗贵族。满蒙合璧的四书成书时间较晚，就目前第一历史档案馆的图书馆藏中，已发现的满蒙汉三书合璧经文最早为乾隆二十二年（1755）刊刻本，在光绪朝亦有翻刻。这一时期也是理藩院和蒙古各地方的将军衙署完善和形成规模时期，除了八旗蒙古之外，作为控制地方，并且直接由中央统辖的内属蒙古在各地的办事机构也已经形成。③这些教化文本的完成与漠南内属蒙古地方官学设立的时间大致重合。另外，此外还有乾隆五十年（1785）刊刻的满蒙汉合璧《大学》《孟子》和《论语》等教化文献。并且将这些课本应用于京师专

---

① 康熙《起居注》卷1，第464页，转乌兰其木格：《清代官修民族文字文献编纂研究》【M】，辽宁民族出版社，2010年，第45页。

② 乌兰其木格：《清代官修民族文字文献编纂研究》【M】，辽宁民族出版社，2010年，第45页。

③ 内属蒙古并非是一个地缘概念，而是一个政治概念，其设立与清代控制外藩诸部相互结合起来，形成一套管理体系。其具体管理模式是，在所属地方，不设立盟旗，而是设置由将军、都统配合中央管理的地方自治体系。与外藩盟旗制度不同之处在于，所属旗的都统没有世袭，而是轮班执政。清代在漠南蒙古设有两个都统衙门，即察哈尔都统、热河都统，专门管理察哈尔八旗和厄鲁特镶黄旗一旗，一个将军府，即绥远将军府，统理土默特二旗事务。在漠北则设立科布多参赞和定边左副将军。专管科布多城周边的扎哈沁二旗、厄鲁特二佐领、阿尔泰乌梁海七旗、明阿特一旗、阿尔泰诺尔乌梁海二旗以及唐努乌梁海五旗又三佐领。不过在乾隆年间的阿睦尔撒纳之乱和撒驿之变事件影响下，清廷在乾隆二十六年（1761）设置库伦办事大臣，专门统理喀尔喀事务，这也是和漠西以及西藏地区平行的在外藩外札萨克设置的管理机构。

供八旗满洲、蒙古学员学习的官学、义学内，在漠南地方的热河、绥远等地的满蒙官学也有流传。将儒化思想通过官学的机构和三书或双书合璧的文本方式教授给满蒙贵族子弟。

除了利用合璧文本对满蒙子弟进行教育和淑化外，还有清代更有民族特点的语言文字教育，即《清文鉴》在满蒙学堂里的使用。虽然在康熙朝前半叶，满蒙贵族子弟依然使用本民族文字和语言进行日常的交流和传播活动，但是作为统治者的康熙皇帝也清醒地认识到，在汉文化强大的裹挟下以及"法明"的制度濡润下，会使得本民族文字的使用有极大的衰减，于是在与"法明"相对立的"崇满"民族思想的指导下，康熙皇帝于康熙十二年主持编纂《御制清文鉴》，历经35年完成，共计20卷，这亦为清代唯一的一部官修满文辞书。[①]在此基础上，康熙皇帝于第三年即康熙四十九年（1710）责成八旗蒙古官员拉锡编纂《满洲蒙古合璧文鉴》，并下有谕旨"满字既有《清文鉴》，蒙古字书亦应纂辑"，并且强调书写格式"修成《满洲蒙古合璧文鉴》一部，一边写满洲字，一边写蒙古字"。[②]与满文版本的差别在于，引经注典的部分被裁撤，其他全文翻译，同样是20卷。这一部字书的出现，同样成为满蒙官学中重要的文本教材，主要以习字为主。到乾隆朝之后，对于《清文鉴》又重新修编，产生了《御制满珠蒙古汉字三合切音清文鉴》，共31卷，在此基础上又增加了四体和五体清文鉴。[③]关于满蒙语言文字学习的强化是在雍正朝，因为此时清廷在入关中原之后，不足百年的时间，各地满蒙旗民都出现了不同程度的语言退化，因而雍正皇帝多次下旨训谕"八旗满

---

① 乌兰其木格：《清代官修民族文字文献编纂研究》【M】，辽宁民族出版社，2010年，第54页。

② 《清圣祖实录》卷241，第397页，中华书局，2010年，第107页。

③ 四体和五体是在原有的满、蒙、汉三体基础上增加的回（畏兀儿文）、吐蕃（藏文）等文字的字书，也有一些是增加了藏文和梵文。

洲人学习满洲话，蒙古人等亦应学习蒙古话，著传谕八旗大臣务将各该旗子弟加以训诲特谕！"①八旗蒙古官学以及八旗满蒙义学也正是在这一阶段形成。

除官修字书外，皇帝的训谕也被用作教材在官学中教授使用，尤其以雍正二年（1724）编纂的满汉合璧、满蒙合璧、满蒙汉合璧的《御制圣谕广训》。其作为清代教化民众的文本媒介在各个地区、不同民族间展开。《大清会典》中记载："雍正二年，御制《圣谕广训》万言，颁发直省督抚学臣，转行该地方文武各官暨教职衙门，晓谕军民生童人等，通行讲读。"②不仅仅是在满蒙官学，清廷在各省都下发了学习《圣谕广训》的命令，并且成为清代科举考试中独特的科目。

对比前文所介绍的满蒙学堂的设置和教化对象以及文本工具，结合本节所列举的在清代教化满蒙民族的学科内容，不难发现，在满洲、蒙古八旗以及漠南的内属蒙古学堂里，对于满蒙语言文字、四书五经以及《圣谕广训》的教化是自上而下相统一的。而漠北诸部仅仅是以学习文字语言的《清文鉴》为主。究其原因要从不同地区和阶层分属的蒙古族群体在清代所扮演的不同角色，因而清廷对其教化的类型也有很大出入。

值得一提的是，八旗蒙古作为满洲共同体成员之一，在中央与藩部之间成了一种"中介性"的角色，在满洲八旗的视域中，他们是蒙古人，而在其他蒙古藩部眼中他们又被看成是满洲民族共同体成员。因为这样的原因，他们的后代被视为潜在的王朝治理群体，对他们意识形态的教化和控制十分重要，而他们又与其他蒙古部落具有同源同种的历史记忆，在清代治理和处理边疆的民族问题时，额缺制度的蒙缺官员也大多来自于蒙古八旗，因而他们又是清廷统治者的得力协助管理者，需要

---

① 《四库全书》史部413，《上谕八旗》，转乌兰其木格：《清代官修民族文字文献编纂研究》【M】，沈阳：辽宁民族出版社，2010年，第76页。

② 雍正朝《大清会典》，凡例，转《钦定四库全书荟要》，吉林出版社，2005年，第5页。

对他们进行全面的与满洲八旗相一致的教育模式，使其成为帝国重要的管理执行者。

漠南内属蒙古藩部，无论从地缘上，还是战略上都与清廷中央有唇亡齿寒的紧密关联，对于这一群体，清廷统治者也会感到隐患，因其随时会被其他外藩所诱导而对清廷的控制管理造成威胁，因此，清政府需要其作为能够缓解来自北方威胁的战略要地加以柔化，必须要通过与中央一致的教化文本，使其成为忠君的地方士人管理阶层。

鞭长莫及的漠北诸部和其他蒙古部落，在清朝中后期通过《清文鉴》等内容对其教化，目的只是用语言的方式训诫和提醒他们只是帝国边陲一隅的藩部臣下，并且藏传佛教在漠北的泛滥，也遏制了其他文明和知识在该地区的展开。不过无论何种方式的教育模式，使得清代的教化带有丰富的民族色彩，亦令满蒙文化教育在有清一代呈现出繁盛的景观。

（二）佛经

以佛教寺院学校作为媒介机构的传播活动特点以及教化功能，已经在前文中有过详细介绍，此处不再赘述。本节主要列举的是在清代蒙古和满洲的藏传佛教经文的内容，以及其翻译、刊刻活动作简要阐述。

藏传佛教格鲁派，又称为黄教，是蒙古地区流传的主要流派之一，在寺院的学习中分为不同的扎仓，且每个扎仓中都有种类繁多的各种学习仪轨和特色，而能够成为上层的喇嘛僧人所占数量极少，且在蒙古地区学僧入寺的流程多数是以先显宗后密宗的学习模式，因而以佛教的基础教育的却伊拉扎仓的五部大论内容作简要介绍。①

---

① 藏传佛教的扎仓即学部，分为却伊拉扎仓、卓德巴扎仓、丁科尔扎仓、曼巴扎仓等几种学部，除却伊拉扎仓为最普遍的教育外，卓德巴则注重三密修行，具有西藏本土苯教的特点，丁科尔则注重天文、历法和数学的学习，曼巴则是培养医学人才的寺院学习机构。

五大论的内容包含《因明》部、《般若》部、《中观》部、《俱舍论》部和《戒律部》，每一部中，都有不同的教材。

1. **因明部**

该部为蒙古寺院班第喇嘛学习的第一阶段，且是大藏经《甘珠尔》《丹珠尔》的主要理论构成部分。所谓的"因"是指逻辑和推理的条件与因由，"明"则是知识与智慧。这属于佛教的逻辑和认识论的部分，也是在经过蒙藏语言学习后的第一个阶段的学习，教材主要是印度人法陈的《量释论》和陈那的《集量论》两部理论著作它所要解决的即是佛教的认识和解决问题的标准和方法。并且提出修习佛法、持诵经典就可以获得真正的量。

2. **般若部**

这是教习僧众从凡夫到通过修行获得解脱所需要的方法。所谓般若为梵文，即"智慧"，音译为"般若波罗蜜多"。这一学部强调，只有破除陈旧的执念才能获得般若智慧，达到"不生不灭""不垢不净""不增不减""无我无他"的境界。学习的教材主要是印度人慈氏的《现观庄严论》。其学习目的是解决学佛僧人应当掌握的行为准则，达到"空性"智慧的境界。①此外他们还要学习格鲁派宗师宗喀巴的《金鬘疏》，以此作为辅助性的学习材料。

3. **中观部**

此部学习的教材主要是以印度僧人月陈的《入中论》和宗喀巴的《入中论善显密意疏》两部教材，相辅相成进行学习。该部主要讲授的核心即为"缘起性空"的中道为主，阐释宇宙万物"因缘而生"的佛理，阐释宇宙万物、人世间的行为和所要的念头所产生的根源。

---

① 唐吉思：《藏传佛教与蒙古族文化》【M】，辽宁民族出版社，2007年，第219页。

4. 俱舍论部

该部为藏传佛教却伊拉扎仓的最后阶段学习，主要教材以根敦珠等高僧所编撰的《俱舍论注释》等为主。讲述了破除我执，五蕴假说等由有色心念而产生的娑婆泡影世界和现象，关于因缘果报做出详细的宗教开示。[1]这一阶段的学习卷帙浩繁，因而学习年限较长。

5. 戒律部

这一学部讲求的是日常的实修，并且贯穿到蒙古僧俗的生活当中，学习的教材是以印度人功德光所编写的《戒律本论》。该部的主要内容是让佛教徒以佛教的身、语、意的止恶扬善来约束自己。

除了以上5部经典外，寺院扎仓里的学僧还要学习历代高僧大德的注疏来进行课程的辅助学习。课程时间和结构安排上，通常会分晨、午、晚三堂学习和诵读经文，通过讲、诵、辩3种方式学习经文。

此外，佛教经文作为文本传播的手段，其翻译和刊刻、流通也是重要的传播模式。佛经的蒙译工作在元代就已经形成，通过译史和通事来进行翻译。北元时期，阿勒坦汗引入藏传佛教时期也进行了蒙译经文的活动。不过进入清代，佛经的翻译在康熙、雍正、乾隆年间进入了空前高涨时期。并且文字扩展到了满、蒙、汉、藏四体合璧经书。从康熙年间的《四体翻译心经》作为起始，展开了藏文佛经的翻译工作。除了康熙年间重新翻译的蒙文大藏经《甘珠尔》外，乾隆年间又翻译出版了蒙文版《丹珠尔》和满文版大藏经。此外在乾隆年间的多语言合璧经文，目前国内馆藏的经文还有：《大藏全咒》（满蒙西番合璧）、《大乘首楞严经》（满蒙藏合璧）、《摩诃般若波罗蜜多心经》（满蒙汉藏合璧）、《御制金刚经》（满蒙合璧）、《白伞盖仪轨经》（满蒙藏合璧）、《御译大云论晴雨经》（满蒙藏合璧）、《御制大悲心忏法仪轨

---

① 唐吉思：《藏传佛教与蒙古族文化》【M】，辽宁民族出版社，2007年，第220页。

经》（满蒙汉藏合璧）、《大威德哈达玛尼经》（满蒙汉藏合璧）、
《无量寿佛陀罗尼经》（满蒙汉藏合璧）、《诸佛事略图说》（满蒙汉
藏合璧）等①。目前发现的多语言合璧经文有明确时间节点的版本为以上
10种，另外还有其他未考证时间的经文多种。

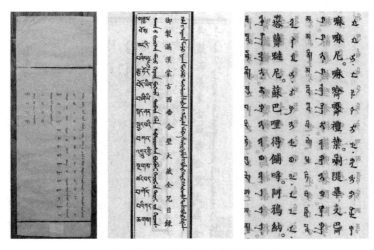

满蒙藏汉四体合璧大藏经经文

　　通过对藏传佛教经文的整理以及各学部内容的特点来看，佛经在蒙
古寺院的教化和翻译活动，对于蒙古社会所产生的功能，一方面是宗教
知识的教化，让蒙古社会普遍接受佛教知识，使蒙古社会在信仰体系上
佛教化，但其社会体系政教二道并行来看，又是佛教蒙古化的一种景观
现象。另外，译经的过程，也多数是在章嘉呼图克图等宗教领袖的主持
下，召集蒙古喇嘛和满洲官员展开的文字翻译活动，并且也在乾隆年间
建立的满洲寺院中流传，让佛教经文的宗教仪式功能在京师满洲八旗社
会得以传播。不过从经文的翻译和流通以及在两种社会中的修学情况来
看，佛经对蒙古社会主要发挥的是宗教教义的输出、历史记忆建构以及

---

① 苏日嘎拉图：《满蒙文化关系研究》【M】，内蒙古教育出版社，2006年，第113—
　114页。

政治控制等功能，而佛经作为文本在满洲社会中的流传，则主要使宗教仪式的规训和信仰的融入性教化，本质上有较大差别。①更为主要的是，译经活动让满蒙社会出现了众多精通多种民族语言的翻译人才，在另一个层面上，他们作为人化的媒介实体，将满蒙藏等语言文字在清代传承和推广。

第二节　"礼"媒介

关于"礼"的概念，在传统文化中所指的是一种作为制度的礼仪。在古代传统天朝观的框架内，礼制是王朝统治的规范性指标。

关于礼仪，在中国又有着广义和狭义的概念区分。民俗社会学者顾希佳对于礼仪的界定为，广义的礼仪是指"典章制度、朝政规范、生活方式、伦理风范、治国根本、做人本分"，②全部蕴含其中；而狭义的礼仪则是指"人际交往中为了维护正常社会秩序而形成的一系列行为规范"。③

作为人类文化中的重要系统之一，礼仪有着重要的文化功能。英国文化人类学家马林诺夫斯基在《文化论》中指出"文化根本是一种'手段性的现实'，为满足人类需要而存在"，④"文化是包括一套工具及一套风俗——人体的或心灵的习惯，它们都是直接地或间接地满足人类的需要。一切文化要素，若是我们的看法是对的，一定都是在活动着，发生作用，而且是有效的。文化要素的动态性质指示了人类学的重要工作

---

① 所谓融入性，是指佛教信仰融入到满洲社会的多神信仰体系当中。
② 顾希佳：《礼仪与中华文化》【M】，人民出版社，2001年，第25页。
③ 顾希佳：《礼仪与中华文化》【M】，人民出版社，2001年，第25页。
④ ［英］马林诺夫斯基：《文化论》【M】，费孝通译，中国民间文艺出版社，1987年，第90页。

就是在研究文化的功能。近来，在人类学中发生了一个新的学派，他们注重于制度、风俗、工具及思想的功能。这派学者深信文化历程是有一定法则的，这法则是在文化要素的功能中"。①礼仪作为文化要素中的一种外化手段和工具，它同样具备和遵循相应的法则和规矩，并且具备相应的功能。

作为一种约定俗成的规矩，礼仪具有有序、规范以及一定的强制性的特点，而这些特征的存在，也正是能够将同一族群和社会中的个人能够很好地维系在一起，因而，一个仪式的传承，特别是作为典章制度和伦理规范的礼仪文化，必须具备能够紧密将人维系在一起的功能。在《礼记·大传》中，对于礼仪维系社会秩序的功能有进一步阐释"圣人南面而治天下，必自人道始矣。力求度量，考文章，改正朔，易其服，书徽号，异器械，别衣服，此其所得与民变革者也。其不可得变革者则有矣：亲亲也，尊尊也，长长也，男女有别，此其不可得与民变革者也"。②由此可以看出，大到徽号、官阶、治国，小到服装、仪式过程、礼仪器具这些符号元素都将社会群体有序的粘合在一起。这种行为规范能够深入到一个民族的精神之内，作为一个社会和民族的重要标识。除此之外礼仪对于社会生活还具备调节和教养功能。一方面，对于因经济和物质利益产生的诸多矛盾，在礼仪的调节作用之下，将这种矛盾缓和。正所谓"克己复礼"。另一方面，礼仪能够将人与人之间的关系远近亲疏不断调节，让关系合乎正常的礼节。作为一种公共文化，礼仪的过程能够将具备同一传统和文化记忆的个人、社群有效地组织起来，并通过口头、文本、书面等媒介载体得以传承，将繁复的历史记忆和英雄神话以及文化传统，用不同的符号化的隐喻在文化中得以传承，并且其

---

① ［英］马林诺夫斯基：《文化论》【M】，费孝通译，中国民间文艺出版社，1987年，第14页。

② 《礼记》，胡平生、张萌译注，中华书局，2017年，第656页。

后嗣和来自异质文化的群体产生教养传承和传播共知的作用。

本节所要分析的是清代的礼仪作为蒙古藩部和清廷中央的交往制度中其媒介功能的特点，以及作为周边传播活动中一种象征性仪式的意义。综合来看，清代蒙古和清廷之间作为"礼"的媒介主要分为仪式和礼物两个层面。

一、礼仪仪式

本节主要讨论清代礼仪仪式中，朝觐君主时的宾礼和具备特殊民族特点的相见之礼。宾礼形成于周代，是《周礼》中的五礼之一。在周代，主要处理的是天子与诸侯之间的君臣关系之文化行为模式。一方面是作为五服或九州之内的各个属国朝觐时所要进行的一系列拜见、行礼的仪式规训，另一方面是出于建立天子为正，诸藩为朔的华夏"正朔观"。并且在周代形成"内其国，而外诸夏""内诸夏而外夷狄"的仪式体系。[1]在周代以后的各封建王朝时代，都在宾礼的框架下进行了不同程度的改革，使得这一制度有了形态各异的变迁，不过基本上都没有脱离内外双重标准的朝觐仪制体系。进入清代，由于统治者本身的曾经是前朝的藩部之一，再加上长期与蒙古的交往、联姻等"混一"关系影响下，周边民族包括蒙古在内的诸藩部的性质，与以往任何时代又有所不同，其与清廷的远近亲疏也通过朝觐时的仪制有所变化，此外，在朝觐礼仪的延伸下，又产生了满蒙诸贵族会盟、相见时所产生的礼仪模式。

（一）朝觐之礼

在清廷建立之初，对于已经归顺的蒙古诸部均采用了当时"蒙古衙

---

① ［战国］公羊高：《春秋》，顾馨、徐明校点，辽宁民族出版社，1997年，第87页。

门"（理藩院前身）制定的面见天子时的朝觐之礼，并在之后长期效仿之。《钦定大清会典事例》中对此有详细的记载：

> 蒙古王贝勒等，凡过年节，皆会集于各扎萨克处，咸朝服望阙行三跪九叩礼①。

从这一规定中可以看出端倪，首先，对于蒙古诸王采用了君主对臣下的属内君臣之礼。其次，三跪九叩礼来自于《周礼》，在周礼中规定了九种礼拜的模式，最尊敬的礼拜即为稽首，也就是三跪九叩之礼，其所针对的对象即为天地诸神、君主（皇帝）以及师长。清初的君主同样对于正朔观念有自己的一套修辞，他们始终认为统治者的正统地位不是以族群来划分，并且以契丹、金国、蒙古等诸朝对中原的实际统治历史作为构建记忆的政治修辞，来说明其统治正统。②因而其礼制上也同样采用了与其他封建王朝相一致的模式。三跪九叩即是展示蒙古藩部对于清廷皇室的忠诚，又是一种权力的层级监控下，对于人的肉身规训，以体现天子的权力无处不在，这与福柯对于规训手段的概况，即"层级监视、规范化裁决及其在该权力特有的程序-检查中的组合"相一致，③尽管所论述的是现代社会的现象，但在清代政治文明程度高度发展，使得这一现象与此能够相互吻合。不过唯一有所差异之处在于，福柯未曾

---

① 《钦定大清会典事例》卷992，赵云田校点，中国藏学出版社，2005年，第391页。

② 努尔哈赤曾强调对中原的统治"原非一人独据之地，乃诸申、汉人轮换居住之地也"（《满文老档》上册，378）；其子皇太极亦强调"倘谓我国小，不宜称帝。古之大辽、金、大元，俱由小国而为皇帝矣……岂有一姓人登皇帝位，永世不移之理乎？夫天运回圈，有皇帝而废为匹夫者，亦有匹夫而起为皇帝者。此乃天意，非人之所愿也"（《满文老档》，下册，959）。

③ ［法］米歇尔·福柯，刘北成译：《规训与惩罚》【M】，北京：三联书店2003年，第194页。

强调权力的源头，而清代的权力之源则是作为皇帝这一最高统治者的意志。另一方面，福柯所强调的是惩戒的作用，而清廷则通过身体礼仪的规训，让蒙古藩部建立起肉体和精神双重的规训并以之教化，最终形成一种身心的记忆。此后在不同阶段都详细规定了蒙古藩部的朝觐之礼，例如，在顺治十八年，对于朝觐时的蒙古王公座次有了明确的规定；到了康熙五年，对于祭祀时节，则采用了斋戒的规定。喀尔喀正式附清前两年来朝觐见时，也行三跪九叩礼，同时，土谢图汗之子、车臣汗之弟的座次也做出了详细的规定。①所有这些礼仪所呈现的即是一种政治控制和文化上的规范，让蒙古诸部在觐见时，通过繁琐且详细的行为过程来接受一种儒化的身体驯化。

除此之外，在清代的祭天、奉佛、祭孔等祭祀活动中，也都采用了三跪九叩之礼，但是却与蒙古藩部朝觐时的仪式所表达的意义完全不同，通过对不同的对象朝拜，来起到对不同族裔的文化控制，以及共同神话和历史记忆的构建。例如皇太极崇奉玛哈嘎拉并且率满洲、蒙古、汉军百官共同行使三跪九叩之礼，目的是为了宣扬蒙古国运的东移，以及其对蒙古的统治正统的象征意义。再如康熙皇帝三跪九叩孔庙和孔子像，则是对儒家文化的尊崇和缓解清初满汉矛盾的政治目的的一种象征语言式的传播模式。

（二）相见之仪

这一礼仪运用于早期蒙古藩部会见皇帝，以及和满洲王公贵族、蒙古各藩部内部行使的一种礼仪模式。总体来说是一种东北亚游牧、渔猎民族的共有之礼，被称之为"抱见礼"。关于抱见礼及其模式和仪程在朝鲜史料中有明确记载。在《沈馆录》中对于抱见礼的模式为"别久相

---

① 《钦定大清会典事例》卷992，赵云田校点，中国藏学出版社，2005年，第392页。

见，必互抱以示亲爱"。①同时，这种礼仪"亲旧相见者，必抱腰接面，虽男女间亦然"。②这一礼仪的模式与入关前女真诸部的生产生活方式有直接关系，早期的女真人靠狩猎、捕鱼和采集为生，并且对于大自然产生了"万物有灵"的信仰，接受儒家思想已是晚近之事件，因而没有"纲常思想"的约束，在礼仪上也采用了抱见礼的礼仪模式。而在《满文老档》也记载过蒙古人见面亦行抱见礼，虽然在史学界认为时满蒙共有之礼，但笔者认为缺乏相关史料的佐证，不能认为是两者原生性且共有的礼仪文化模式。

不过，抱见礼在不同阶段和针对不同对象也都有不同的象征意义。举例来说，在后金时代，努尔哈赤为了能够凸显自身与来归的蒙古诸部间的关系，制定了一套身体礼仪，即抱见礼，例如在第一次接见科尔沁部明安贝勒时，"上偕妃众贝勒大臣，迎至百里外富尔简冈，与明安马上相见，即于其处大宴之"。③这一时期的礼遇可以看出彼此之间平等亲近的关系，并且施以较高的礼节。

到了清太宗皇太极时期，则产生了性质上的变化，史料中记述载迎接来归的奈曼和敖汉部的蒙古贵族时，希望"与之行抱见之仪"，而作为来归的蒙古贵族首领则坚持行叩拜礼，于是"趋前拜汗，时，汗及诸贝勒大臣为之起，蒙古诸贝勒叩拜。汗及诸贝勒迎面抱见，毕，汗复答拜，与来归蒙古为首三贝勒抱见"。之后，"汗复位，蒙古众小贝勒依次叩拜汗，行抱见礼"。互相行礼之后，"大贝勒、贝勒阿敏，以兄礼至洪

① ［朝鲜］《沈馆录》卷1，转潘哲：《清入关前史料选辑三》【D】，中国人民大学出版社，1985年，第340页。

② ［朝鲜］赵庆男：《乱中杂录》，转潘哲：《清入关前史料选辑三》【D】，中国人民大学出版社，1985年，第341页。

③ 《清太祖实录》卷5，在《满文老档》中则记载了双方"马上抱见，以示亲厚"的礼仪过程，载李治国：《清代藩部宾礼研究》【M】，内蒙古大学出版社，2014年，第64页。

巴图鲁座，叩首抱见，洪巴图鲁亦迎面跪叩抱见"。紧接着，蒙古的两位贝勒又给其他两位满洲贝勒还礼"叩首抱见"。①这一时期的抱见礼，是将跪拜礼与之结合在一起完成。而且还礼时也有差异，作为汗的皇太极对其还礼只是使用抱见礼，而满蒙贝勒间的行礼则是互相还礼。一方面看出对于蒙古诸部的重视，施以传统的最高礼节，另一方面，作为来归的一方，意识到自身作为臣下的身份，则还以跪拜礼。

进入中原之后，作为帝国统治者的皇帝则很少与来归的蒙古藩部施行抱见礼，而主要以三跪九叩礼为主。除了青海厄鲁特蒙古归附时，康熙皇帝与其首领扎西巴尔图施以抱见礼，以及乾隆朝阿睦尔撒纳之乱平息之后新疆厄鲁特三部来归时，施以抱见礼外，其他蒙古诸部皆以三跪九叩礼朝觐。从目前掌握的史料来看，喀尔喀部在朝觐清廷皇帝时所行使的仍然是三跪九叩礼，只有在喀尔喀内乱时，在理藩院尚书阿尼尔的主持下，左右翼贵族"相问抱见礼，后领左右翼其他台吉，亦行抱见礼"，②并且在哲布尊丹巴呼图克图等宗教领袖面前盟誓"喀尔喀与厄鲁特相接，强邻洊食以骎骎乎，有不支之势。乃迷而不悟，兄弟阋墙，日寻干戈，内自仇敌，其根本先拔而望枝叶之无害难矣"。③维护稳定和加强管理的政治目的在此已经显而易见。其行为的目的是让喀尔喀内部贵族阶层认识到彼此间的平等的共同体成员身份，以及理藩院尚书作为清廷权力的监督者对其层级上的监视与控制。

综合不同阶段的抱见礼之形式，其仪式与跪拜礼相依相伴，但在清代中期却日渐衰退。究其原因，首先在于入清之前，后金作为与明廷

---

① 中国第一历史档案馆编《清代档案史料丛编》第十四辑，中华书局，1990年，第7页。

② 乌云毕力格等：《蒙古民族通史》（第四卷），内蒙古大学出版社，2002年，第130页。

③ 《亲征平定朔漠方略》，卷3，载李治国：《清代藩部宾礼研究》【M】，内蒙古大学出版社，2014年，第66页。

中央分庭抗礼的不稳定的周边，既要构建其政权的强大形象，同时又要拉拢蒙古藩部作为其盟友，因而在礼仪上相对较为平等，且此时汉文化对满洲贵族的影响尚未完全达到其核心意识形态，因而抱见礼仍然是一种最高的礼遇。在进入中原统治之后，满洲贵族已经成了统治阶层的主体，因而要以"天下共主"的身份来构建自身的形象，抱见之礼显然已经不能够满足这一诉求，因而蒙古诸部的君臣思想通过跪拜礼的方式得以实现。而喀尔喀诸部虽然尚未完全归附，但是清廷强有力的渗透，让其从意识上逐渐认识到其与其他蒙古部落以及自身内部的平等身份，而理藩院尚书则起到了层级监视的功能，因而是一种维护内部维度的手段。

总体来说，清代蒙古与满洲之间的礼仪仪式经历了象征亲密的平等共治阶段、二元规训的满洲主宰阶段以及自上而下的控制阶段，与清廷自身的政治实力变迁紧密相连。

二、礼物

本节所探讨的礼物，是指蒙古藩部朝觐时所奉献给清廷的贡物，以及清廷对于来朝的蒙古藩部贵族的回礼。

关于礼物及其交换时的效力，法国社会学家马瑟莫斯认为，它是一种通过"宴会、仪式、兵役、舞会、节日和集市"的公共场合，所采用的一种"经济交易"，并且具有"总体性服务和反向服务"的属性，并且以一种"非自愿的形式作为化身""具有严格的强制性"。①莫斯所关注的是礼物在流动中的经济目的，并且他举例"夸富宴"中，礼物作为

---

① ［德］贝尔金著：《馈赠的社会符号学》【M】，魏全凤等译，四川大学出版社，2016年，第33–34页。

代表财富的符合，所象征的构建富裕者形象的目的。这对于古代的原始城邦领主间的来往互动具有实际象征意义，但是对于清廷和蒙古藩部来说，礼物间的流动主要表达的还是权力的渗透与扩散。作为实物的清代藩贡礼物体系主要有两种，一种是藩部的贡物，另一种是清廷的燕赍。

（一）贡物

在入清之前，清廷对于来使的蒙古诸部朝贡之贡物没有严格的限制，理藩院的记载中最早朝贡的是土默特二旗，"每年四季贡马百匹，缎百疋"，并且不断对其进行修订，到了康熙年间，则对漠南诸部的贡物有了明确定制"每年节进贡，科尔沁等十旗，共进十二九，计羊一百有八只，乳酒百有八瓶。鄂尔多斯六旗、乌喇特三旗，共进九九，计羊八十一只，乳酒八十一瓶。余二十五旗，共进三九，计羊二十七只，乳酒二十七瓶，由院查收，交于礼部"。①此后根据每年不同的情况会做调整，并且在其他进贡中单独列入条规。

外札萨克喀尔喀的"九白之贡"形成于顺治七年（1650），在喀尔喀左翼进贡返回时，清廷以谕旨的方式回复"宜照定例，每年各按旗进贡一次，每旗下诺颜合进驼一只、马八匹，遣大臣朝见，朕亦照定例赏赍"。②在《实录》中也多次提到过关于九白之贡例如"初定例，喀尔喀部土谢图汗、车臣汗、丹津喇嘛、墨尔根诺颜、毕席勒尔图汗、罗布藏诺颜、车臣济农、坤都伦陀音此八札萨克，每岁进贡白驼各一、白马各八，谓之九白年贡"。③到康熙三十年（1691）喀尔喀部全体归附之后，

---

① 《钦定大清会典事例》卷986，赵云田校点，中国藏学出版社，2005年，第318页。
② 国家清史编纂委员会：《清内秘书院蒙古文档案汇编》，社会科学文献出版社，2015年，第165–171页。
③ 《清世祖实录》卷95，载其木德道尔吉、巴根那编纂：《清朝太祖太宗世祖朝实录蒙古史史料抄》，呼和浩特：内蒙古大学出版社，2001年，第736页。

康熙皇帝又下旨"土谢图汗、车臣汗既留汗号，令仍旧进贡白驼一，白马八，其余概不得进贡九白"。[①]在之后的几十年时间里，喀尔喀诸贵族王公在进献时也不仅限于"九白"，同样贡"汤羊"等贡物。

对比漠南蒙古诸部与漠北喀尔喀诸部在贡物时的差异，可以看出，清廷对其贡物规制有不同程度的限定，对于漠南诸部的贡物，无论从数量上还是种类上都要比喀尔喀诸部丰富。一方面，二者归附时间不同，对于清廷来说，一方已经成为其政治共同体内部的成员，并且在地缘上处于防御体系的内周边地带，因而在制度上，为期构建了一套属内的周边形象。另一方在归附的时间上较晚，仍然没有实际控制，从周边上来看，仍然处于一种具有高度自治的属外周边的形象，因而在贡物上，会体现出内外之别。另一方面，清廷怀柔之策，彰显出对于蒙古不同部落的"因俗而治"的特点，并且因实际控制上的难度，清廷利用其边陲"蕞尔小国"的地缘景观，体现出一种对"属民"的体恤和慰藉，因而在贡物上会显得更加稀薄。但是随着喀尔喀诸部的归附，在贡物上除了保留土谢图汗部和车臣汗部名义上汗的封号和九白之贡的定制外，其他诸部皆不允许采用此种贡物定制，而是逐渐与内扎萨克同一的贡物。这也体现出因为政治语境的变化，清廷既构建了自身对于喀尔喀诸部的威仪"天子"形象，同时，也让喀尔喀从贡物的象征意义上，与内扎萨克相同，形成一种属内的"我者"形象。不过体现清廷淑德的天朝上国形象，则是在其对蒙古诸部作为燕赍的回礼上。

（二）燕赍

燕赍，即指宴请和赏赍，是清廷统治者对蒙古诸部的回礼赏赐，燕和赍二者通常是结合在一起进行赏赐。在理藩院的规定中，将燕赍分为

---

① 《钦定大清会典事例》卷986，赵云田校点，中国藏学出版社，2005年，第320页。

年班燕赉、围班燕赉和贡使燕赉。年班通常为每年年节时的赏赐，而围班则是随皇帝围猎时的赏赐，贡使则是在通贡时的回礼。其形成和定制的时间为顺治、康熙两朝。本节主要针对的是年节朝觐和派遣使臣来朝时，与贡物相对应的年班、贡使燕赉。

1. **年班燕赉**

年班燕赉在清初就已经形成定制，起初针对的主要对象是漠南蒙古诸部，理藩院记载，"年节来朝之蒙古王等，均于岁除赐燕一次，新正赐燕二次，越日，五旗王府各设燕一次"。[①]在顺治十一年又规定了来朝的诸王，收获赏赐时，必须"于午门外颁给"。康熙年间对于来朝的蒙古王公贵族，按照品阶进行赏赐，其定制为"亲王雕鞍一，银茶筒、茶盘各一，缎三十六，茶五篓。郡王雕鞍一，银茶筒一，缎二十九，茶四篓。贝勒雕鞍一，银茶筒一，缎二十二，茶三篓。贝子漆鞍一，银茶盆一，缎十四，茶二篓。镇国公、辅国公漆鞍一，缎七，茶一篓。三四等台吉漆鞍一，缎五，茶一篓"。[②]从上面三条规定可以得出一些重要的信息。其一，是来朝蒙古诸部在年节时有具体赏赐的筵席和礼物；其二，这些礼物按照等级秩序，自上而下递减；其三，领赏时必须要在象征天朝帝王权力的建筑空间午门外等候。如此严格的秩序和礼物的贵重程度，在流入蒙古王公时，其象征意义不仅仅是如同莫斯所强调的彰显富贵身份和形象的夸富宴，而是一方面以厚礼来传递出"寰宇域内""家国一体"的满蒙贵族间的一体性，另一方面则是通过象征权威的午门和森严的赏赐秩序来传播一种思想，即告诫蒙古诸部其作为臣仆，身份上的卑微。

对于喀尔喀诸部的年班朝贡之回赐规定，是在康熙三十年正式归附

---

① 《钦定大清会典事例》卷990，赵云田校点，中国藏学出版社，2005年，第366页。

② 《钦定大清会典事例》卷990，赵云田校点，中国藏学出版社，2005年，第367页。

之后，理藩院奏准"喀尔喀等同内扎萨克受封，一切赏赐，亦比照内札萨克"。在同一时期，对于来朝的喀尔喀贵族新年来朝贡奉者"照内札萨克之例给赏"。到康熙三十九年，赏赐的燕赉的规定"一如内札萨克之例"。到了康熙五十四年（1715），喀尔喀来朝贡奉者，其赏赐在地位上有所下降，如是来朝喀尔喀亲王，"视内扎萨克郡王例"，如若是郡王和贝勒，则"视贝子例"，再之下的贝子、二公和诸台吉的赏例，则"各视其品级为差"。而到了道光十九年（1839），对于喀尔喀来朝亲王的朝贡礼物做出了明细的规制"来京之汗王等，如在途患病、不能按期到京者，即差台吉先来报院，应得赏项，照台吉份例颁给。如该王公本身痊愈，到京后应得赏项，仍照本身分例给。其先来之台吉，不得重复支领"。①

从喀尔喀受礼的过程可以看出，刚刚归附之后，喀尔喀诸部在礼物上和漠南诸部贵族几乎相等同，甚至会获得多于他们的厚礼，比如在康熙三十年（1691）喀尔喀部分贵族没有穿着相应的服制来进贡，康熙皇帝旋即赏赐自身所穿戴的狐腋、蟒袍、冠带赏赐给来朝的贵族，而所受礼的贵族王公表明对康熙皇帝恩赏的感激，并施以三跪九叩礼。②此时的喀尔喀诸部尚处于疆域内相对变动的群体，通过礼物赏赐的方式是要以恩赏来构建起皇帝的恩德泽被万里之形象，并且达到其对于天朝繁荣的向往和天子恩德的崇敬，从心理上认同自身作为藩部属民，皇恩对其的积极影响。诚如多罗郡王善巴那木扎尔的表文中所述"圣主自收抚我等喀尔喀部落以来，施恩豢养赏赐甚多，无言可以奏答，唯祝皇上国祚万里"。③施与重礼的另外一重目的是要稳定喀尔喀部作为清廷防御外来入侵时，能够为己所用的重要保障。这一效果在与噶尔丹战争中，喀尔

① 《钦定大清会典事例》卷990，赵云田校点，中国藏学出版社，2005年，第370页。
② 李治国：《清代藩部宾礼研究》【M】，内蒙古大学出版社，2015年，第114页。
③ 《康熙起居注》第三册，台湾故宫博物院藏，国学文化馆，1985年，第1198-1199页。

喀诸部贵族"俱禀皇上指授，亲执鞭镫，如同奴仆，奔走驰驱，争先恐后"，在其带领下的蒙古民众"亦无不奋勇效力"。[1]可见，依靠礼物的方式对喀尔喀周边民心的稳定起到了积极效果。不过在康熙后期，对喀尔喀的年班封赏减弱，也是由于其已经成了属内的周边藩部身份，且此时准噶尔诸部陆续来归，出于对他们的笼络，对于喀尔喀的恩赏也会有所降低，但总体来说，依然是施以厚礼，并且在道光年间也依然可以看到其获得贡物赏赐的定制也一直有所保留和传承。

2. 贡使燕赉

漠南蒙古最早的燕赉定例为顺治十年归化城土默特二旗，对每朝贡奉官员"各赏给裘、帽、靴、带、弓矢、鞍辔、白金有差"；[2]到康熙二十四年时，则定制为"内扎萨克四十九旗，每年遣羊、酒、听事人，赏给彭缎一、布八、仆从布三"。[3]漠北诸部的封赏则因阶段和僧俗各有不同。对于遣使进贡九白的札萨克，康熙十二年规定："赏给重三十两银茶筒各一，茶盘各一，缎各三十，布各七十。赏正使缎各三，布各二十四；副使缎各二，布各十二；仆从各部六。在部赐燕一次。"[4]到了康熙三十年的回赐，赏给首次进贡的喀尔喀诸贝勒"赏给备漆鞍马一匹，银茶盆一，蟒缎狐皮袄一裘，薰貂帽一，镀金镫带配小刀手帕荷包一副，靴袜各一双，缎十五，布佰伍拾"。[5]同时对哲布尊丹巴所进贡的九白回赏为"照例赏给三十两重银茶筒一，茶盘一，缎三十，布七十。赏正使缎三，布二十四；副使缎二，布十二；仆从布六。在部设燕一次"。[6]不过，九白年贡的贡使赏赐虽然是在康熙朝成为定制，并且僧俗

---

[1] 《康熙起居注》第八册，台湾故宫博物院藏，国学文化馆，1985年，第4255页。

[2] 《钦定大清会典事例》卷990，赵云田校点，中国藏学出版社，2005年，第375页。

[3] 《钦定大清会典事例》卷990，赵云田校点，中国藏学出版社，2005年，第377页。

[4] 《钦定大清会典事例》卷990，赵云田校点，中国藏学出版社，2005年，第376页。

[5] 《钦定大清会典事例》卷990，赵云田校点，中国藏学出版社，2005年，第377页。

[6] 《钦定大清会典事例》卷990，赵云田校点，中国藏学出版社，2005年，第377页。

分赏，但在清政权建立之初的崇德年间，就已经有回赏，当时左翼车臣汗部遣使来贡，并且施以三跪九叩礼，清廷的回赏为"赐阿禄喀尔喀部贡使卫征喇嘛等衣服、缎布……赐马哈撒嘛谛汗及众台吉大臣等雕鞍、镫带、佩刀、撒袋、弓、金银器皿、珊瑚数珠、貂镶朝衣、蟒缎、白金、布匹等物有差"。①可以看出，对于贡使的赏赐在"国初"之时就已经十分丰厚，到了附清前后，赏赐的内容根据不同等级做出更加详细的细则。但综合来看，礼物的传播效力主要在于它是处于不对等的双边关系下，一种物化的权力体现。其目的仍然是通过一种"薄来厚往"的流动模式，并且一次次的重复赏赉，加深对于统治者的恩德记忆，并且不断在肉身和意识上受到这种恩赏的规训，能够将自身置于天朝周边一隅，受其控制。

三、礼与物相结合的媒介效力

本节对于秩序井然且具有民族特色的不同礼仪模式以及在进贡时的贡物和作为回礼的礼物流通，简要概述了清代中央和蒙古不同部落的"礼"媒介的媒介景观特点。可以看到在这一框架下，无论是仪式还是礼物，二者不可分割，有机结合在一起发挥其媒介的效力。

（一）建构意义

仪式作为一种行为方式"除了具有一定目的性之外，还具有某种意义，就成为一种传承文化的记忆范畴"。②这种文化记忆通过行为方式来

---

① 《清太宗实录》卷32，载其木德道尔吉、巴根那编纂：《清朝太祖太宗世祖朝实录蒙古史史料抄》，内蒙古大学出版社，2001年，第404页。

② ［德］扬·阿斯曼著：《文化记忆》【M】，金寿福等译，北京：北京大学出版社，2015年，第12页。

发明一种传统，并且通过反复的模仿来将其构建成为一套具有意义的历史文化记忆。清代藩部的宾礼即是作为行为主体的清廷，对于蒙古藩部利用年班、朝贡等仪制的方式来构建出一套适用于内亚周边的礼仪行为模式。这一定制在清代统治蒙古地区两百余年的历史里，每朝进贡使其成为蒙古诸部文化记忆众的一部分。对于清廷的中央统治地位在礼的行为秩序，在时间的循环往复下，促成文化的一致性。而礼物循环往复的流动，也加深了对于作为中央宗主的清廷统治者的德行在蒙古诸部的记忆，构建了中央王权的形象。

（二）身心控制

阿莱达认为人的身体同样亦是一种媒介，并且认为它是一种具有与文字相同功能的"身体文字"。[①]它的形成是"长时间的习惯、无意识的积淀以及暴力的压力"等三重要素使然，具有"坚固性和不可支配性"。[②]这与福柯的层级监控和对身体的规训有所差异。更强调的是身体在权力影响下所形成的一种因习惯而长期镌刻于身体和心理，并支配人的行为模式，应该注意到的是"暴力压力"对其产生的效力。将这一模式与清廷和蒙古藩部的关系来看，作为藩部贵族，在经过长时间循环的年班朝觐和燕赉赏赐，使其在身体上已经被不断规训，并且在集体无意识的情况下，在理藩院制定的所有规则的引导下，最终蒙古贵族成功地与清廷形成不对等、不平衡的礼制身份的关系。其佐证即是文献中喀尔喀诸台吉对于清帝的赞誉，以及在战争中对其忠诚的描述，并且这种身

---

① 阿莱达的身体文字所关注的是作为身体被早期的痛苦所笼盖，而形成的一种痛苦和哀伤的记忆。笔者认为，在身体的规训层面，因权力和制度的严格秩序的记忆发明，进而创造了身心双重的规训。

② ［德］阿莱达·阿斯曼著：《回忆空间》【M】，潘璐译，北京：北京大学出版社，2016年，第275页。

体的记忆经历的时间跨度之长在每朝的典籍中都明确记录。

（三）主从周边

在以美国学者欧立德为主的"新清史"研究流派中认为，清廷对于蒙古的辖制是一种"非汉"的、"以俗治俗"的内亚关系，并且其拥趸也认为，二者间是一种与中央礼制秩序下君臣关系完全不同的主奴关系。对这一观点笔者认为有待商榷。清廷对于在唐代形成的"儒家文化圈"的属国之间的关系，确实是一种在天朝观指挥下的对外关系，其礼制也同样是一种模仿古代文化传播范本制定的一套礼文化范式。对于汉地则因循明制形成一套与明朝相似的君臣礼仪体系。对于满洲八旗，则是一种族群内的主奴关系，这种关系相较于前两者更为亲近。但是对于内亚周边的蒙古诸部，这三种关系似乎都不适用。虽然各部均有自己本身的制度，但对于蒙古诸部来说，清廷是其宗主，而非外交关系。相对于中央的礼仪秩序，在蒙古与清廷的礼仪中，特别是前中期的礼仪一直都存在二元的礼仪模式，并非简单的君主与臣下，但是与满洲八旗贵族相比，其身份又相对较远，并非简单的民族共同体，而是具有共同利益的政治同盟，因而这种关系更确切地说是一种以清廷为主，蒙古为从的周边主从关系。这种关系通过"礼"这一媒介得到更明确的彰显。一方面利用了中原封建王朝历史上的礼仪秩序，在内容上则采用了既有"儒化"特点的身体规训，另一方面又采用了具有内亚民族特点、显示身份相近的仪式，同时又以"薄来厚往"的礼物流动来构建的一套主从周边的共同体关系。

总体来说，清代与蒙古藩部通过礼这一媒介进行的传播模式，既将儒家的天朝观念循序渐进的输出到蒙古诸部王公和属民的意识中，重构一套文化记忆。同时，通过带有民族特点的礼仪和礼物的流动，将一种非儒化的形式通过身体的规训，建立起相较于其他关系更为紧密的主从周边关系。

第三节　人灵媒介

关于人灵媒介这一概念的提出，在李漫的论文中将其定义为"人与非自然界的、超验的、灵魂的'存在'进行交流的方式"。①这类交流方式不同于任何其他有形的媒介，具有一定特殊性。笔者认为人灵媒介的样态兼具文字媒介和礼媒介的功能特点，但又超越了二者的目的和意图。清代的人灵媒介同样也具有一种"只可意会不可言传"的特性，但因作为统治者的满洲贵族和作为蒙古藩部的宗教信仰模式相互交叉，因而人灵媒介在传播中的作用不可低估。其类型主要有作为人与"神"沟通的"人化"中介萨满巫师、喇嘛上师。

一、萨满巫师

萨满信仰作为东北亚民族的原始信仰，在早期的蒙古和满洲社会中一直处于核心地位。这与古代的巫术文化有着密切的关联。作为一种原始性的信仰，萨满教认为"万物有灵"，是一种多神论为主的普遍性信仰。对于萨满信仰的总结，是一种"信仰体系和世界观，民众心灵疗伤的药，是对自然的巫术性的存在，是对于天神崇拜的特殊形式"。②与其他宗教不同，萨满没有固定的宗教场所，没有组织机构，也没有统一的仪式仪轨和经文，并非创生性的宗教，而是古代内亚社会一种原生性的信仰。因而其随意性相对较大。并且在萨满信仰中，萨满巫师具有"与神对话"的功能，他们可以灵魂飞升、发布神谕、穿越时空和其前代的

---

① 李漫：《元代传播考》【M】，北京大学出版社，2013年，第150页。

② Hesse，Klaus，*A Note on Transformation of White Black and Yellow Shamanism in the History of Mongols, Study in History, 1986, 2, 17, p.19.*

诸多萨满先人交流，萨满巫师作为一个沟通凡间世俗和天界诸神的中间人，他们的职能是"占卜者、祈天者、诗人、巫医"，[1]作为一种原始信仰的宗教功能显而易见，不过萨满信仰在蒙古和满洲两个不同民族共同体中，其作为人灵媒介的地位有所差别。

（一）蒙古萨满的流变

蒙古语中的萨满巫师，男萨满被称为"勃"，女萨满巫师被称之为"额图根"。在古代蒙古社会中，萨满巫师在蒙古人长生天信仰体系的框架内，作为诸神在人间的"代言人"，曾经与帝王产生过合作伙伴式的关系，从媒介的角度来看，是一种渗透式的、以天神意志传达符命的制造政治神话和政治舆论的人灵媒介。例如在成吉思汗在登基称汗之前，就利用豁儿赤和阔阔出两名萨满，传达"天神旨意"，并提出"自铁木真之后，依大车路吼之，吼之来也。此天地相商，令铁木真为国王之意，载国而来者也，神使我目睹而告焉"。[2]他们通过将统治者神格化，来让民众相信其为天神旨意而派来的正统汗王。

从宗教仪式的角度，在蒙古帝国时代，无论是宫廷还是民间，对于萨满巫师的灵媒身份都较为尊重，并且作为一种传统遗俗被保留。例如在民间，人们祈祷下雨时，会请萨满来掷"札达"、念咒语，"如此良久，辄有雨"。[3]在宫廷当中，同样可见，例如在《元史》中，关于萨满的记载"凡宫车晏驾，前行用蒙古巫觋一人，牵马一匹，以黄金饰鞍，谓之金灵马，日三次以羯羊奠祭"[4]。此外，在《马可波罗行纪》中，对

---

① Hesse, Klaus, *A Note on Transformation of White Black and Yellow Shamanism in the History of Mongols, Study in History, 1986, 2, 17, p.19.*

② 道润梯步：《新译简注〈蒙古秘史〉》，内蒙古人民出版社，1979年，第243页。

③ ［元］陶宗仪：《南村辍耕录》卷4，中华书局，1959年，第52页。

④ 《元史》，卷1，转色音：《中国萨满文化研究》【M】，民族出版社，2011年，第77页。

于汗廷的萨满仪式也有记载："有时天时不正，则有随从之巫师星者，谙练巫术，足以驱除宫上之一切风云暴雨。"①从这一点来看，在元代的蒙古族民众中，萨满巫师的地位受到各个阶层的尊崇，同样可以看出，无论是否灵验，萨满巫师作为一种与天神、先人之灵沟通的媒介，表达了古代蒙古人对于长生天的信仰和尊崇。

不过在16世纪末，藏传佛教在蒙古诸部的传播中，萨满巫师的身份和地位被逐渐取代，并且各封建领主以律法的形式，对萨满神偶销毁、对萨满巫师惩戒。不过这是一个长期、循序渐进的过程。例如，在最早接受佛教的《阿勒坦汗法典》中，明确规定"勃、额图根占卜者（被占卜者或做法之人）死，杖责一，罚牲畜九九；未死，免杖，罚牲畜九九"。②到了17世纪藏传佛教普遍传播的阶段，《卫拉特–蒙古法典》也限制了萨满的传播活动，例如在《法典》中规定："如谁请额图根、勃做法事，没收邀请者之马和来做法事的勃之马，看见之人如不依法没收，罚其马；如谁见到翁滚要取走，其主拦截不准者，罚马二；以鸟雀、狗畜诅咒，罚马一；以蛇行咒，罚箭二，若无箭，罚刀一把。"③在法典中虽然看到对萨满巫师和作为神偶的翁滚的抵制和惩处，但是并没有以严酷的刑罚对其制裁。再加上萨满信仰在蒙古民众中有着强烈的基础，因而没有彻底将萨满信仰和萨满巫师这种人灵媒介消除。不过在进入明末清初时蒙古民间的信仰模式来看，萨满的统治地位和政治地位已经大不如前，一方面时蒙古诸部统治者对外来的藏传佛教之支持；另一方面是藏传佛教和萨满信仰之间的妥协。佛教进入后，萨满巫师分成

---

① 《马可波罗行纪》，冯承钧译，上海书店，2001年，第174页。
② 《阿勒坦汗法典》，苏鲁格译，载苏鲁格：《蒙古族宗教史》【M】，辽宁民族出版社，2006年，第131页。
③ 《卫拉特—蒙古法典》，载那仁朝格图：《13—19世纪蒙古法制沿革史研究》【M】，辽宁民族出版社，2015年，第199页。

了两种类别，即黑萨满和白萨满。黑萨满完全与佛教中的诸佛和喇嘛对立，并且在其祝赞词中，只字不提佛，而只是在巫术仪式中点香烛、盛白米、敲神鼓等法器，然后给诸神念颂词。而白萨满则是融合了佛教内容，在祝赞词中，首先"向十方诸佛祈求，降伏作祟之妖魔"。之后再向长生天、翁滚、都贵哈喇等诸神敬献贡物。此外，在一些寺院的佛经文本中，加入了对萨满信仰中对万物诸神信仰的颂词。甚至在一些寺院出现了与萨满通灵相类似的萨满化的僧人"古日塔穆喇嘛"。[①]

总体来说，在佛教政教二道统治时期的蒙古各部，虽然藏传佛教的喇嘛上师有较高的社会地位和宗教地位，但是萨满信仰却一直在民间存在，并且没有完全销声匿迹。一方面，作为一种原始信仰，长生天以及诸神在民间的信仰观念里根深蒂固，很难完全拔除；另一方面，藏传佛教与萨满信仰的相互妥协使其成为一种复合式的信仰，并且一直在民间成为一种传统的人灵媒介。

（二）满洲萨满的流变

萨满信仰在以满洲为主体的"满-通古斯语系"诸民族中，也有较强的影响力。在满语中，萨满巫师被称为"乌达抗"，多以女性为主。这与蒙古的"长生天的气力"之男性最高主神有着较大的差别，满洲萨满主神为阿布卡赫赫，翻译成汉语为"天女"之意，是一位女性神灵，这与满洲先人女真诸部早期的母系氏族社会属性有着紧密联系，如《三仙女神话》《尼山萨满传》，都是与女性相关的神灵和萨满巫师。不过在后期的萨满中，逐渐出现了男性萨满，这与该民族社会体系的发展直接相关。并且在满洲萨满信仰中，除了信仰天神外，对于日月星辰、山川

[①] 《绥远宗教调查记》，载色音：《中国萨满文化研究》【M】，民族出版社，2011年，第292页。

河流、鸟兽花木也都有信仰。此外，萨满信仰中，祖先神灵也是其祭祀通灵的重要对象。满洲萨满行巫通灵时，亦有神偶、祖宗匣以及神鼓等法器，通过"三旋天"的方式，与诸神和祖先对话，发布神谕。随着后金、清等政权的建立，萨满逐渐形成规制，并且在民间年节、祛病以及宫廷祭祀中，成为一种具有规定巫师、场所以及仪式规制且系统明确的宗教景观。

在入关之前，满洲共同体的萨满拜祭主要是堂子祭祀，这主要是用以祭祀家族中的祖先神，在清廷进入北京之后，有修缮了两座堂子，一座主要用于清廷"公祭"使用，而在皇宫内的堂子则设在坤宁宫，用于皇帝"家祭"。①在坤宁宫的祭祀为正月初十，并且依据时间分为朝祭、夕祭两种。满人有尚西的方位概念，因而将神位都放置于西侧，供有释迦摩尼佛、观世音菩萨、关帝、满洲诸神、蒙古神等等。举行的仪式也名目繁多，供品也有牲祭、糕饼等不同类型。每年的年祭之时，清廷也会召集满洲贵族进宫分享祭祀神肉，并且向神祇和皇帝谢恩、礼拜。食肉时会在殿内一起分食，之后再叩首谢恩。在宫廷萨满仪式中，坤宁宫设置祭祀女官一名，被称为萨满太太，并且其身份有品级，为"食三品俸禄"，并且在其去世之后，"传于其媳而不传女，所诵之神祠轻不授人之故"。②到了嘉庆年间，坤宁宫神职人员又有了更加明细的规定，特别是设立"赞祀女官长2人，赞祀女官10人"，且其出身必须为上三旗觉罗命妇。③

可以看到清廷统治中国百余年的时间里，对于作为传统民间信仰

---

① 刘桂腾：《满族萨满乐器的形制及其配置模式》【J】，载色音：《中国萨满文化研究》【M】，民族出版社，2011年，第78页。

② 《清会典．坤宁宫》，载色音：《中国萨满文化研究》【M】，民族出版社，2011年，第79页。

③ 《清会典．嘉庆朝》，载色音：《中国萨满文化研究》【M】，民族出版社，2011年，第79页。

的习俗保护，以及对于萨满巫师的尊崇已经形成了一套规范化、制度化的体系。将萨满作为满洲共同体的民族信仰形成定制是在乾隆年间颁布的《钦定满洲祭神祭天典礼》，以文字化、仪式化的方式，将萨满信仰的"满洲古俗"保留下来。而民间的信仰则都是以坤宁宫萨满设置的形式作为范式，模仿并定制。虽然在满洲宗教信仰中也供奉佛像和关帝，但是却不是主流信仰，而是以萨满为核心的多神信仰。萨满巫师作为一种能与祖先和神灵"对话"的人灵媒介，在有清一代一直具有较高的地位。

（三）满蒙萨满的媒介特征对比

宗教中的神职人员，作为一种特殊的人灵媒介，其主要功能是将传播民族文化为主旨，在时空变迁下的一种特殊的手段。虽然在满蒙民族的早期信仰中，萨满神职人员一直具有较高的地位和作用，不过，在有清一代，萨满灵媒的特征和作用在两个民族内部的功能却大相径庭。

对于蒙古诸部来说，萨满虽为传统原生信仰，但是由于外来宗教文化的渗透，以及统治者对民族文化的重构，使得萨满只流传于民间层面，并且是以补充的形式在宗教文化传统中发挥其作用。从其流变的过程来看，萨满巫师经历了"神权-边缘-纳入"3个层面，特别是在清代，萨满对于文化传承的功能微乎其微，并且它成了"纳入性"媒介，一方面只留存于藏传佛教的一些经文的文本形式中，另一方面，又在仪式仪轨上被佛教所渗透。不过，其在蒙古人的意识形态中，依然有一席之地，它在文化层面的意义影响到了蒙古编年史的撰写以及民间神话的传播，并产生了在佛教和萨满二元思想影响下的史学、文学的流传。

对于满洲共同体来说，萨满的媒介功能一直起到主要的作用。并且形成全民信仰。这是作为统治者的清廷皇室，出于一种"文化民族共同体"的构建目的，来创造一套共同的"民族-国家"记忆的神话。并且将萨满中强烈的民族意识、家族观念、宗法制度和集体精神融会于公共信仰中。并且可以看到，在满洲信仰体系中虽然也供奉佛教神像和汉地的关帝塑像，但其只是作为萨满主流信仰中的一种补充形式。并且受到萨满原始信仰的规训，无论是皇室，还是八旗贵族，其信仰也都带有萨满灵媒的特点，即与诸神对话，祈祷国运和家族平安。而一些在关外的佛教喇嘛，因萨满的影响，带有很强烈的占卜、巫觋等人灵媒介的属性。由此来看，萨满作为一种媒介，其媒介特点是输出联合其他宗教，并且以传统之名来构建民族记忆。并且在其影响下，产生了带有满族民间信仰特点的文学作品和传说，并且以文本的形式得以保留。

二、喇嘛上师

喇嘛上师是一个泛化的概念，广义上所指藏传佛教寺院中，处于上层的喇嘛贵族阶级，包括转世活佛（呼必勒罕，蒙古语为"呼图克图"）、堪布、强斯达、格斯贵、翁思达等管理僧。狭义上则是只在蒙藏地区具有佛教神话色彩的转世活佛。喇嘛上师，特别是作为转世活佛的喇嘛，通常被视为具有"菩萨化身"的神格身份，因而他作为传播佛教思想的人化的主体，本身亦被蒙古、藏族僧俗当作菩萨来供奉。作为一种人灵媒介，喇嘛上师的媒介身份较为复杂，并且对于满蒙不同群体、阶层的对象来说，其功能属性也各有差异。本节根据作为权力最高统治者的清廷皇帝、八旗民众、蒙古僧俗等不同社会阶层视域下来分析其作为人灵媒介的身份。

（一）皇帝

有清一代，皇帝对于藏传佛教经历了接受-控制-疏远几个阶段，并且对于喇嘛上师十分尊敬。但是历代君主都尊佛却不信教，并且会限制作为满洲共同体的满洲、蒙古、汉军八旗的贵族成员信教。这是一种看似矛盾但实际有效的处理周边关系的手段。例如皇太极对于来归和进贡的漠南蒙古之喇嘛上师"乘马往迎""握手亲近"并且会设置筵席，与其"并坐，饮茶食肉"。①对于地位较高的喇嘛则"别设坐板，坐于诸王之上"。②可以看出其对于喇嘛上师的亲近，但是对于满洲贵族臣下则训诫"蒙古人深信喇嘛之言，靡费财物、牲畜，忏悔罪过，欲求冥魂超生福也，愚谬莫过于此"。③到入关之后，除了顺治皇帝虔心信佛外，康雍乾三朝的帝王对于佛教都有深入的研究，并各有侧重，但对于蒙古喇嘛上师的尊崇一直都有授予金印、金册，并且对漠南蒙古历代的章嘉呼图克图册封为国师。但另一方面，又在很多内政场合，表达了对喇嘛的不满甚至时鄙夷，比如，康熙皇帝曾对蒙古人热衷于尊奉喇嘛上师时说"蒙古等惑于喇嘛，室中所有，为止倾尽，此皆系愚人，但信祸福之说而不知其终无益也"。④而乾隆皇帝对于册封蒙藏民众的最高宗教领袖达赖和班禅时，在亲自撰写的《喇嘛说》里更为直接地说出"中外黄教总司此二人，各部蒙古一心归之"。⑤的政治目的，并且在册封漠南漠北转世活佛呼图克图时，也明确道出"但使今无转世之呼土克图，则数万番僧无所皈依"的理由，因此"不得不如此而"。⑥

　　从媒介控制的角度来看，法兰克福学派之媒介的被控制与控制的二重功能，在作为人灵媒介的喇嘛上师身上有明显的效力。一方面，作为

---

① 《满文老档》天聪四年档，中华书局，1990年，第89页。

② ［朝鲜］《沈馆录》卷六，辽沈丛书本，1985年，第2824页。

③ 《满文老档》崇德元年档，中华书局，1990年，第245页。

④ 《起居注》，中华书局，1984年，第139页。

⑤ 《喇嘛说》，载张羽新：《清政府与喇嘛教》【M】，西藏人民出版社，1988年，第339页。

⑥ 《喇嘛说》，载张羽新：《清政府与喇嘛教》【M】，西藏人民出版社，1988年，第342页。

蒙古民众信仰中"菩萨化身"的人灵媒介，本身具有神格化色彩，具有"与佛对话"的资格或其自身就是"佛菩萨"的身份，控制着蒙古的僧俗世界的意识形态和精神世界。另一方面，皇帝作为权力的最高统治者，他将这一人灵媒介尊崇的同时进行实际上的控制，并且将个人的意志向其输出，通过对他的控制在间接利用统治意识去教化和控制蒙古民众。

在周边传播理论中，关于自周边和他周边传播的传播特点有明确界定。在自周边传播中，其传播活动的目标是"树立和塑造良好的形象"。①在藏传佛教第二次进入蒙古之后，各个蒙古封建领主为了证明自身的"佛授汗统""黄金家族正统"等身份，利用元代忽必烈皇帝与八思巴国师建立"施主－福田"的历史记忆，利用佛教转世之说，将这一祖先神话植入到蒙古诸部的诸汗与达赖喇嘛之间的关系上，并且将自身也附会为"转轮法王"的转世形象。②而到了清代，随着察哈尔宗主部将"玛哈嘎拉"神像东移到盛京，满洲贵族出身的清廷皇帝，模仿了这一神话，将自身构建成了具有统治正统性的蒙古宗主大汗。到了清代，更是有蒙藏喇嘛上师，将满洲皇帝，因满语中的语音音译附会，称之为"大智文殊师利菩萨"③。并将其神格化。不过，在加布里埃尔塔尔德的《模仿律》中指出，"当模仿从一个民族传递到另一个民族时，会受到修正"。④同样，作为神格化的喇嘛上师，在与清廷皇帝建立"施主－福田"的关系时，与蒙古之间的关系并不完全一致，蒙古封建首领与喇嘛

---

① 陆地：《周边传播理论在"一带一路"中的应用》【J】，《当代传播》，2017年，第5期。
② 关于施主—福田关系借佛教的转世之说，最早见于萨冈彻辰编撰的《蒙古源流》，于后各部也都采用了这一模式来争夺自身的统治正统身份。
③ 固始·嘎居巴·洛桑泽培：《蒙古佛教史》，天津：天津古籍出版社，1990年，第84页。
④ 加布里埃尔·塔尔德著，何道宽译：《模仿律》【M】，中国人民大学出版社，2009年，第16页。

上师建立关系时，其目的即是为了证明自身汗统的正宗，但其本身也接受了佛教的教化。但清廷皇帝与喇嘛上师建立关系确是为了构建一套符合蒙古汗统记忆的形式和自身统治正统的形象，其控制藩部的政治目的显而易见。

应该看出，不能说清廷皇帝不信教即不被藏传佛教影响，如乾隆皇帝所述，其学习藏传佛教和尊崇喇嘛上师的缘由"夫定其事之是非者，必习其事又明其理，然后可。予若不习番经不能为此言"。①并且说明其研习藏传佛教、礼敬喇嘛上师的效果"今之新旧蒙古，畏威怀德，太平数十年，可得乎？"②因而，藏传佛教对于帝王的传播效果，即是使其深通佛理的同时，有效的认识到喇嘛上师作为人灵媒介的重要性，并且一方面通过自身的训谕将这一神格化的媒介加以控制，另一方面，再通过对喇嘛上师的厚礼，来使其代替自身去严格控制蒙古诸部。值得注意的是，到了清朝中后期，原出身于喀尔喀蒙古土谢图汗部的哲布尊丹巴呼图克图，到了第三世的转世灵童认定，开始脱离蒙古转移到西藏地区，因而从第三世哲布尊丹巴呼图克图一直到外蒙古独立运动前后的第八世哲布尊丹巴呼图克图为止，一直都是来自于西藏地区的转世灵童。这亦是为了避免喇嘛上师出身于本地区贵族家族而形成边疆危机而采用的权宜之计，也从另一方面看出哲布尊丹巴呼图克图对于漠北蒙古社会的神格化媒介的功能，既控制了民众的意识形态，又将该地区的文化加以传承。

总体来看，对于清廷皇帝来说，蒙古地区的喇嘛上师是一种作为权力控制蒙古，教化民众，传播中央统治意志的人灵媒介。

---

① 《喇嘛说》，载张羽新：《清政府与喇嘛教》【M】，西藏人民出版社，1988年，第341页。

② 《喇嘛说》，载张羽新：《清政府与喇嘛教》【M】，西藏人民出版社，1988年，第341页。

（二）八旗民众

八旗民众的奉佛特点在前文中已有叙述，由于皇帝的严格限制，再加上萨满信仰作为全民信仰的主流和祈求现世幸福的信仰观念，所以在面对喇嘛上师时，同样也是将其作为多神信仰的一个因素，不过在前文中关于八旗民众奉佛的特点由于受到严格的限制，更重视的是在仪式上对喇嘛的布施、上供，以祈求佛对现世生活的庇护。不过，从仪式上也可以看出，喇嘛在八旗民众中的媒介身份，亦如同萨满一般，是能够通过收取到的布施，为施主家庭念诵经文来祈求佛陀驱灾必祸。

举例来说，在当时京城的农历正月例如黄寺、雍和宫、弘仁寺等寺院都会举行"喇嘛打鬼"活动，即"喇嘛僧等扮演诸天神驱逐邪魔，意在攘除不详"，并且在打鬼活动期间，会有"万家空巷之风"。[①]此外在盛京故地，前文亦有对其正月请喇嘛至家做法事祈求一年风调雨顺的习俗，此处不再赘述。另外还有与寺院喇嘛为生病幼童缔结与"诸佛"的契约，并在寺院喇嘛和佛像前许愿日后家童病愈后出家，被许愿的孩童称之为"跳墙喇嘛"。所谓"跳墙喇嘛"是在被许愿的孩童长大后，因此前家人有为止许愿出家的契约，此刻既要还愿，但家人并非让其真做喇嘛，于是让孩童站立于佛前参拜，并有喇嘛念经，之后让其站在一个木凳里，喇嘛僧用一根木杆挥舞，以表示被驱逐出寺院之意。[②]

从这些仪式中，可以看出，在八旗民众的民间信仰中，喇嘛僧人与萨满一样，是沟通俗世与仙佛的"人灵沟通者"，并且通过"跳鬼""念经""跳墙"等方式来保护祈祷者。这些仪式与原生信仰的萨满有很多近似之处，从萨满在清廷的地位、皇帝的严格限制、民众对萨满

---

① ［清］富察敦本：《燕京岁时记》，中国古籍出版社，1981年，第49页。
② 《奉天通志》卷99，载奇文瑛：《满—通古斯语族民族宗教研究》【M】，中央民族大学出版社，2005年，第244页。

的笃信等综合因素来看，喇嘛的地位在民间相较于萨满更低，但是也不可低估其在八旗民众中作为精神信仰的影响力之深远。相较于皇帝对喇嘛作为媒介的政治控制来看，民间对于喇嘛的尊崇，相对单纯，所起到的是一种联系"超然外物"的人灵媒介的联系功能。

（三）蒙古僧俗

对于清代蒙古僧俗来说，藏传佛教作为主流宗教信仰，喇嘛上师一直以来享有特权，并且从16世纪后半期直至各部归属清廷之后，都与喇嘛上师具有"施主-福田"的神性关系，但是归附清廷之后，这一关系在达赖喇嘛与清廷建立新的施为关系之后，逐渐弱化，但是喇嘛上师在民众以及上层贵族的精神层面依然具有绝对神格的特点，并且因这样的宗教传统在蒙古各阶层的输出式的传播，使得喇嘛上师的语言、社会活动都象征了其作为"菩萨化身"在世间行使其神性的权力。

不过，蒙古的萨满信仰风行，无论是蒙元帝国时期的主流信仰，以及佛教第二次进入蒙古之前的北元时期，一直作为主流信仰流传于蒙古民族内部，且萨满巫师具有相对较高的权力。但是随着藏传佛教的进入，二者之间因统治者的不同态度，而产生了地位上的差异，萨满信仰中的一些神秘元素也同样被纳入佛教系统，一些萨满也吸收了佛教中的教义，在仪式中也有"与佛交流"的人灵媒介的功能。在蒙古的佛教仪式仪轨中，也在不同程度上融入了萨满巫术舞蹈、仪式。例如在《绥远宗教调查记》中，对于在阴历五月二十五的蒙古传统祭敖包节日时，跳神礼的仪式，就带有明显的萨满元素，在节日当天"喇嘛在敖包诵经、举行赛马礼等仪式，之后会有一名喇嘛装扮成神官的，并且执剑在敖包周围挥舞，一边向敖包周围泼洒炒米和酒，并且自己喝酒，在看似喝醉之后又会说许多像是训谕的语言，并且蒙古男女民众都跪在其面前聆听'训谕'，并且这名喇嘛神官会不断跳起来用剑打人。对于是否有神降临进行训诫无从判断，但是对于蒙古民众来说确是诚心诚意信仰，并认为神会降临"。[1]此外，在蒙古喀尔喀和布里亚特等漠北诸部，也出现了喇嘛与萨满复合式的"跳贲青"仪式。虽然民间的喇嘛仪式中，具有人灵媒介的特征，但是对于作为宗教领袖的哲布尊丹巴和章嘉国师等，都属于"菩萨化身"的最高精神领袖，与之不同的是作为一般的喇嘛来说，在民间则是一种与满洲萨满类似的，沟通民间诸神、传播神谕的代理人，其地位虽然不及上层喇嘛上师，但是他们却在民众中有一定地位。

脱离宗教层面的因素，喇嘛上师在蒙古民众中还具有传播知识和文化的功能，除了晚近的官学建立之后，一些家庭将子弟送往学堂学习满蒙文和四书等传统文化外，大多数蒙古民众会将子弟送入寺院，而寺院系统中的中层管理僧人，一方面在宗教仪式上具有与沟通诸佛，并传播佛法思想的灵性中介特征，但是在另一方面，会传播佛教知识和语言文化，以及藏学中的医学、算学和天文学等知识，并且融合蒙古传统文化，通过教学的方式传播给大多数的僧众。

综合来看，清代的喇嘛上师对于不同的阶层和族裔来说，具有不同的媒介功能，对于最高权力统治者的皇帝，他们是皇帝控制蒙古藩部的思想和意识形态工具。对于八旗民众，则是具有和萨满一样的，能够治病救人、禳灾祈福、与神对话的人灵媒介。对于蒙古民众来说，则更为多元，上层喇嘛上师是作为"化身"的神格化媒介，同时又是具有绝对权力的宗教领袖。对于寺院管理的中层喇嘛僧人，则充当了富有神谕的灵魂对话功能的人灵媒介，同时一些人又是传播知识进行教化的人格化的教化媒介。因而，虽然是一种人灵媒介，但其功能却相较于满洲共同体更为多元。

---

① 《绥远宗教调查记》，载《"中国"民俗学会"国立"北京大学民俗丛书》，【D】，东方文化书局，1976年，第139页。

三、人灵媒介的变迁

人灵媒介不同于其他任何一种媒介样态，它是一种复合型的媒介，既具备口语传播功能的咒语、咒术，又具有文字文本的经文、仪轨，同时又具有超然于其他媒介的表达自身心灵寄托的一种社会现实的反映功能。不过，无论是萨满还是喇嘛上师，其作为人灵媒介的变迁与社会结构有直接关联，在早期社会体系中，人灵媒介作为人与天的交流中介，其神性和统治者、民众的膜拜、信仰功能更为直接和纯粹。

在进入宗教的高级发展模式，无论是口语呈现的咒语或咒术，还是文本化的经文，以及其在公共环境里的仪式都更加组织化、具体化，并且其信仰模式没有早期的人灵交流纯粹，而是带有了政治目的和意图，并且成为国家意识形态中重要的控制和渗透工具。诸如满洲堂子祭成为满洲各阶层重要的祭祀信仰模式，贯穿清代始末，这与国家权力中心的皇帝对其控制和令其渗透到社会各个层面直接相关。

此外，人灵媒介具有相互渗透性，特别是两种不同文化背景下产生的宗教，在共同或周边空间内，会经历对立–妥协–融合等3个过程，而这些不同文化背景下的宗教在互相影响的过程中，作为人灵媒介主体同时也是中介的巫师或喇嘛，起到了重要的联系功能。使其具有你中有我，我中有你的或互融，或二元并立，或互为补充的关系。而无论这些关系如何变化，最终会有一方处于优势地位，而另一方会被边缘化，其主要原因还在于统治阶层对其严格的控制。

小　结

对于清代的媒介手段来说，本身也具备了传播内容的属性，因而在前文的书写中，虽然以史料的整理和分析为主，不过也对不同的媒介所传播的具体内容和作为介质的特点，以及不同时期、阶段的属性及变迁有概括性总结。综合来说，清代的媒介手段都兼备了二元属性，即自上而下的传播和自下而上的回馈形成一种统一、循环的媒介景观。因其种类庞杂，笔者尝试从文化传播的角度进行划分，将这些媒介归类成为文字类、"礼"文化类和人灵媒介三种形态。不过在当时传播实践的过程中，这些媒介会以一种复合式的样态发挥其媒介效力，而不是单独发挥作用。

首先，文字媒介类的手段，笔者将其分为周边政治媒介，包含了圣旨和表文这两种传播思想意志的媒介。两者共同在清代的周边藩部政治和中央权力中心中发挥作用。并且二者循环往复，一方面，自上而下的圣旨发布之后，各藩部会依其训诫和规范来进行自我修正，并且会依照其训令内容进行自下而上的回馈。另一方面则是在自下而上的舆情反映之后，中央再对其情况进行判断做出赏罚分明的决策。这也是周边政治媒介的实质作用。此外，文字媒介的另一个层面则是为了教化，一方面教化包括满洲八旗在内的满蒙学员，但是另一方面在传播的内容上却各有差异，对于属内的满洲、蒙古八旗，作为效忠君王的统治阶层的一部分，所教授的文本必会以儒家思想中的君臣思想作为框架传播效忠皇室的思想意志。而对于蒙古诸部，其世俗的教化媒介相对简单，而寺院的教化媒介则更为多元，原因是"以黄教抚众蒙古"的策略使然，只对与中央更为接近的内属蒙古模仿中央官学设置课程，目的亦是培养帝国管理体系中，对统治者服务的边疆地区的上层管理者而设置。对于大多数民众则采取用佛教经文来规训教化，这在积极层面上让蒙古的宗教信仰与传统得以保留，同时培养了蒙藏兼通的人才，但是从历史文献以及现代蒙古史学界的史观来看，这又使蒙古社会的教育和社会发展受到佛教的束缚，而迟滞不前，进而产生了在清代后期的反佛思潮，在后文中将详细分析。

其次，"礼"作为一种文化媒介，同样也是一种将中央的威德思想传入到处于周边的内亚蒙古地区，形成一套与中原礼制和对外朝贡礼仪相差甚远的"周边主从"式的藩贡礼仪体系。这与其特殊的民族因素和内亚边疆的地缘战略位置有直接关系，一方面，对于周边国家和中原汉族，满洲共同体一直将其视为"混一"共同体的内属周边关系，因而采用了"薄来厚往"的仪制进行控制，但另一方面，对于满洲共同体来说，蒙古地区的民众又属于一种特殊的群体，虽然有别于汉族臣下，但依旧是一种不对等的礼仪体系下的臣仆或从属身份，因而在清朝礼仪的变迁中，蒙古诸部的礼仪经历了多元的变化，从平等的兄弟相见之仪式，逐渐演化成藩王于皇室之间的主从体系。在清朝前中期，所谓礼媒介，即是通过礼仪和礼物，将中央和周边蒙古诸藩之间的各自的君臣形象得以构建。

再次，特殊的人灵媒介，前人对此有一定的学术关注，但笔者将其与文字性的祭神灵和祖先之祝祷文字加以区别，因文字性的昭告天下书等祭祀祖先和皇天后土的文字，其政治意义较浓，因而和宗教超自然性的人灵媒介有所区别。清代的人灵媒介主要是萨满巫觋和喇嘛上师两种以人的身份或半神格化的身份，来传达人们的信仰诉求，并形成一种与其他媒介有所交融，但却有自身特性的媒介。这种人灵媒介对于不同的阶层其媒介功能和特点也有很大差异，并且不同的人灵媒介在不同族群和不同时间节点也会不断变化和交融，但对于少数民族统治者和藩部来说，对于意识形态和民俗文化的保留、融合都有积极作用。

最后，媒介手段和媒介机构作为不同的传播渠道，各自具有偏向和传播特点。前者重视的是内容的输出，或者说，媒介本身就是内容，亦符合麦克卢汉所言之"媒介即信息"的观点。而作为后者，则更重要的在于其管理和控制内容的输出，更主要的是一种对于意识形态的控制和管理功效，对于媒介技术和手段具有"把关人"的效力。因而，清代作为诸种传播渠道的媒介范式，都在互相依存、控制下发挥其应有的作用。

第五章

语言文字的周边传播

关于语言文字的功能，在语言学和社会学等不同领域都有过较多的论述。从符号的功能视角界定来看，索绪尔认为，语言是一种"表达观念的符号系统"。①而萨丕尔则认为，语言是"凭借自觉性制造出来的符号系统，来传达观念、情绪、欲望的方法"。②二者都强调了语言作为表达人类观念的工具性和交流特征。卡西尔则从更广义的角度界定了语言，除了认为基本的语音、句法、词汇等外，卡西尔还认为，语言的概念是一个由"艺术、宗教、科学、神话等构建起来的语言"，③詹姆斯吉则强调了语言在社会关系中的两种基础性功能，即社会活动的基础以及文化、社会群体、机构中人类关系的功能。关于语言和文化之间的关联，马林诺夫斯基曾强调语言是"深深扎根文化现实和该民族人民的习俗之中"。此外，罗伯特墨菲则指出语言对于不同文化的"转译"功能。洪登堡则从语言与民族的关联着手，强调语言"始终是一个民族富

---

① ［瑞士］费尔南迪·索绪尔著：《普通语言学教程》【M】，高名凯译，商务印书馆，1980年，第37页。

② ［美］爱德·华萨丕尔著译：《语言论》【M】，陆卓元译，商务印书馆，1985年，第7页。

③ ［德］恩斯特·卡西尔著：《符合、神话、文化》【M】，李小兵译，东方出版社，1988年，第26页。

有个性的生活的精神表现"。①作为口语的书面化表达，文字的产生又补充了作为口头语言转瞬即逝的不足，英国人类社会学家古迪界定了文字的三重功能，即存储功能、交流功能和内部功能。②这3种功能的发现，使得语言的传播突破了时间和空间的藩篱，并且将语言所象征的不同族群之特有文化得以更广泛的传播。恩格斯曾经将文字视作文明化的标志之一，而本尼迪克特则强调的是作为书面语的文字符号在"国家"、民族的共同体间的神圣性纽带。

　　本章笔者针对蒙古语和满语以及汉语在清朝的不同阶段，相互间的关系、地位以及彼此间对于周边传播的效力进行分析，特别是在入清之后的100多年里，作为"国语"的"清语清文"（即满文），对于内外蒙古诸部的文化身份、主体间性根据目前已掌握的史料进行分析，对清代满蒙语言在不同的群体间的变迁情况，来探析语言文字在周边传播中所产生的效力与意义。

第一节　满蒙语言文字产生之比较

　　蒙古语和满语在目前的语系分类中都属于阿尔泰语系，分属于不同的语族。前者属于"蒙古语族"，后者属于"满-通古斯语族"。二者与以意义为表达中心的汉语言不同，都是以语音表达为中心的语言。李漫曾指出，作为抽象化后的语言，一种付诸于"听-说"结构，另一种则付诸于"写-看"结构。从人类语言的发展历程来看，是先有付诸于"听-说"的口语，后出现了"写-看"的文字。③作为以游牧作战的蒙

---

① ［德］威·廉洪登堡著：《论人类语言结构的差异及其对人类精神发展的影响》
　　【M】，姚小平译，商务印书馆，1997年，第57页。
② 纳日碧力戈：《语言人类学》【M】，华东理工大学出版社，2010年，第141页。
③ 李漫：《元代传播考》【M】，北京大学出版社，2013年，第199页。

古民族，在曾经的庞大帝国疆域内，少有文字书写的传统，多是以共时性的口语传播的模式进行信息的传递。这与中原汉文化注重文字的流传有很大不同。不过这一情况在当时成吉思汗征服蒙古诸部之后，得以改变，成吉思汗将乃蛮太阳汗之掌印官，畏兀儿人塔塔统阿俘获，并责令他"教太子诸王以畏兀儿字教国言"。①值得一提的是，作为中亚民族的畏兀儿，同样也是阿尔泰语系的民族之一，而这些语言无论从发音还是句法结构上都有很多相似性。另外，此时的"国"并非传统中原文化观念中作为天子诸侯体系下的国，而是一种以游牧家产制的方式联合在一起，并且由自上而下不同的社会阶层成员构成的游牧汗国，蒙古语又称之为"兀鲁思"。从符号的象征性上既可以看出，北方游牧文明与中原农耕文明对于国的意识之浅层的差异。在此基础上，蒙古文字又经历了元代八思巴国师根据藏文所创制的八思巴文，到了清代在漠北喀尔喀部和西北厄鲁特部在喇嘛僧人扎雅班第达等人的主导下创制的索永布文和托忒文。不过这些文字困于蒙古方言间的差异和区隔，最终没有得到在蒙古诸部的流传与普及。古代蒙古文字从产生到变迁，反映了蒙古民族在不同阶段与其他民族文化间的交流，并且将其融入到蒙古文化中。

满语的产生同样也早于满文的出现，在女真诸部形成满洲共同体之前，其先民最早使用的是女真大字和女真小字分别于1119年和1138年创制，所采用的是沿袭了汉字楷书，参考契丹文的写法，在笔画上加以添减。不过，由于当时的生产力落后，能够识得此文的人只有少数女真贵族。然而随着金国的灭亡和女真人的分化，居住于内地的女真人逐渐与当地的汉族融合使用汉语、汉文；退回到关外的女真人后裔则将这种文字一直流传到了明代。②作为明代北方"四夷"之一的女真，在遣使进贡

---

① 宋濂：《元史》10，中华书局，1976年，第3048页。
② 汤景泰：《白山黑水：满族传播研究》【M】，复旦大学出版社，2014年，第38页。

明廷时，"其敕谕用女真书字，不可解，使女真说其意，议之而议"。①
足见这一文字使用时间跨度之长久。不过进入明代中后期，女真文字逐
渐衰退，取而代之的是蒙古文字。原因一方面在于女真部落与漠南蒙古
诸部在地缘上的相近，以及长期通婚，并且同属于阿尔泰语系黏着语的
结构形式，使得蒙古文字在这一时期传入女真部落，另一方面，在《满
洲实录》《满文老档》等文献记载中，海西女真的叶赫、乌拉二部的先
祖来自于蒙古土默特部等周边部落，因而在地缘和血缘上形成了"半女
真化，半蒙古化"的过渡部落的特点，②在文字上则形成了习蒙古字的惯
习，在现有史料中，关于女真人习蒙古字始见于《明实录》，当时松花
江流域的女真部落首领在朝贡时表达"臣等四十卫无识女真字者，乞自
后敕文之类，第用达达字"。③此外，在朝鲜《李朝成宗实录》中，朝鲜
人与女真人赵伊哈会见时，关于女真人识字情况，后者答复之"朝鲜文
字虽或不识，蒙古书则多有知之者"。④从这些史料中可以看出，当时
女真部落对于蒙古文字以耳熟能详。到努尔哈赤起兵建立政权之后，"凡
属书翰，用蒙古字以代言者十之六七，用汉字以代言者，十之三四"。
此时作为建州女真的首领，努尔哈赤所掌握的文字以蒙古文为主，并且
受汉文化影响，通晓汉文。不仅如此，在努尔哈赤之前，其先祖之一的

---

① 《李朝太祖实录》卷5，转汤景泰：《白山黑水：满族传播研究》【M】，复旦大学
出版社，2014年，第38页。

② 关于这一论点，内蒙古大学蒙古学院宝音德利根教授认为，叶赫等海西女真部之先
祖星根达尔罕为蒙古土默特氏，在明代中后期融入叶赫及其周近地区，并借用当地
那拉氏作为姓氏融入其中，形成一支女真化的部落。在《满文老档》卷1中对该段历
史亦有叙述。

③ 《明实录中的女真史料选编》，辽宁大学历史系编，转汤景泰：《白山黑水：满族
传播研究》【M】，复旦大学出版社，2014年，第38页。

④ 王钟翰辑录：《朝鲜〈李朝实录〉中的女真史料选编》，辽宁大学历史系，1979
年，第135页

建州女真首领王杲"能解番汉语言字意"，①到了努尔哈赤，更是"好看三国、水浒二传"。②不过关于女真文，在此时已经没有再继续使用和文字的记载。尽管此时满语（女真语）尚存在于女真诸部，但是在来往的文字交流却主要以蒙古文为载体，并且是在掌握蒙古文的基础上，才能用蒙古文书写并传递信息。特别是在女真内部的信息传递、公文政令的下达等"文移往来，必须习蒙古书，译蒙古语通之"。③这就出现了在跨语族传播下的困境，对于一般的普通民众，接触使用蒙古语文十分困难，这对于日渐强大的女真部族带来了无法"书同文"的图圄。出于这样的理由，努尔哈赤曾对当时的文臣额尔德尼和噶盖表示创制满文的迫切性"我国之语，必译为蒙古语读之，则未习蒙古语者，不能知也"。出于文字交流的迫切性，努尔哈赤责令额尔德尼和噶盖于1599年"将蒙古字制为国语，创立满文，颁行国中，满文传布自此始也"。④满语满文自此开始文言合一。不过满文在使用中出现了"形声规模，尚多未备"诸多不便，⑤例如一字多音、借此难拼、规范性弱、清浊音无区分等问题，因此，到皇太极时期，作为当时的最高首领下令达海、库尔缠改进满文，在原有基础上加上圈点，形成拼读合一、文言一致的"新满文"。

从蒙古文和满文在不同时空背景下产生的过程可以看出，二者之间即具有相似性，同时又具备各自的特点。

---

① 瞿九思：《万历武功录》卷11，《王杲列传》，载《清入关前史料选辑》，中国人民大学出版社，1984年，第35页。

② 黄道周：《博物典汇》卷20，载佟永功：《满语文与满文档案研究》【D】，辽宁民族出版社，2009年，第32页。

③ 《满洲实录》卷3，中华书局，2008年，第112页。

④ 《太祖高皇帝实录》卷3，中华书局，2008年，第474页。

⑤ 阎崇年：《清朝通史》，紫禁城出版社，2003年，第192页。

一、交流/传播之功能的迫切性

无论是蒙古民族的崛起，还是满洲先民从零散的部落到统一的共同体，在建立具有共同地域、共同文化和语言的一个所谓的"可以获得相对同质的价值体系，且个人从属于结构化的和有组织的团体和单位"①的共同体前后，首先要解决的是交流/传播的问题，其直接的表现形式即为语言文字的口语和书写系统的统一。

作为曾经"游牧征服者"的蒙古圣祖成吉思汗与其率领的铁骑部众，无论是在形成共同体之初，还是在其征服与统治过程中，所面对的是不同文化、不同地域和不同语言文字背景下的诸多其他的"他者"，如何与其进行交流成了作为征服者和统治者的蒙古共同体所面临的挑战。尽管在当时会有诸如塔塔统阿一样的断事官作为翻译不同族群文字的翻译人员存在，但是文字符号背后文化的复杂性却并非能在游牧和农耕二元背景下得以有效的传播与融汇。

与蒙古文字的创制不同之处在于，满洲共同体在形成前后，作为其前身的女真文一直流传数百年，并且在经历了元、明两代的几百年里，一直作为其文化意识的符号工具，存在于女真人中。不过，无论是后金政权的建立还是满洲共同体的形成，同样经历了与不同文化背景下的他者间的征服、融合、互化等过程，面对汉文化的强烈冲击和西部蒙古诸部的相互往来，使得满洲共同体在面对文字消磨的过程中并没有形成一种真空，而是采用其他两种文字的工具性功能为己所用。但是，与蒙古文字诞生的交流迫切性不完全一致在于，满文的产生更注重一种自身深

---

① ［匈］阿格尼丝·赫勒著：《日常生活》【M】，衣俊卿译，重庆出版社，1990年，第38页。

层次的民族文化意识之觉醒。努尔哈赤在创制满文的旨意中即证明这一点"如何以我国之语制字为难，反以习他国之语为意耶！"①因而，在满文创制之初就不仅仅是出于不同族裔间的交流，更重要的是强调自身文化的独立性和文化意识的自觉性，使相似的不同部族能够在一种以符号为表征的图谱下，构建出一套属于自身民族文化的传统。

二、借周边民族之符号构建主体的意义

关于主体间性的问题，在西方哲学中以海德格尔的"共同此在"的论调强调了人与人之间关系问题，是以其共同存在的客体世界为前提，在行为和交往的过程中产生意义。②作为活动的主体之人，在对客体进行改造的过程即产生了一种效应，并且在其行为过程中会有作为与之相应的中介，即一种"主体-中介-客体"的模式。而主体间的产生，有学者认为属于主客体间性的一个部分，主体间性的中介即是语言，通过它来分享各自的经验，传递信息和意义。"意义"在主体间的共享，使得众多主体相联系，形成一个意义的世界，离开任何一个主体，意义则不会存在。在跨民族间的意义的流动，最主要的方式亦是语言，包含作为口头交流的口语以及符号功能的文字。这也体现了一种作为人的个体的社会性。在族内的意义流动，突出了所谓"我者"的共同体成员认同的意义，而在族际间的意义流动则更突出的是"我们"与"他们"的差异。进而突出作为"我们"的主体性。

在蒙古文和满文创制的过程中这种借助外来族群的书面语符号来造字的过程，亦是一种作为不同民族主体从周边的其他民族主体借用文

---

① 《太祖高皇帝实录》卷3，中华书局，2008年，第112页。
② ［德］海德格尔著：《存在与时间》【M】，陈嘉映、王节庆译，生活·读书·新知三联书店，1987年，第146–148页。

字来建构意义，同时创生出了属于"我者"的共同体的意义。蒙古文的创制在历史上有两种观点，一种即为乃蛮太阳汗之畏兀儿臣下塔塔统阿根据回鹘文创制了蒙古文，另一种观点则是认为产生于成吉思汗征服统一蒙古共同体之前，在蒙古语族的其他部落，使用过与之相近的其他民族，诸如畏兀儿、契丹等。①在《蒙古秘史》中，对于这段历史的描述则更倾向于前者。满文的创立过程与此亦有相似性，借助已经在蒙古部落流传几百年的文字来创制本族文字。

　　作为符号的文字，除了交流传播之便，更重要的是作为不同主体来观照自我的意义的载体。作为符号在主体间的模仿，从历史的角度，其路径主要来自两个方面，路径之一是因武力征服之后，出于政治的考量而被习得，另一种路径则是借用和模仿周近民族已经形成的语言结构、华丽的修辞和精湛的表达方式来理性的借用和修习。不过在这种超逻辑影响下的语言的模仿律强调的是被征服和被统治阶层对于统治阶层所代表族裔语言的学习和模仿。在蒙古和女真共同体形成之初，则是作为崛起的征服者向周近的被征服族群学习并模仿文字和修辞，这与两者早期通过"骑射"征服的机动性过程和口头文化传承的传统相关。不过，在满洲共同体形成之后，认识到了在语言和风俗方面与蒙古诸部的相似性，并且此时的蒙古诸部已经完成了从口头传播到文字记录神话、历史、传说的过程，其语言文学已经相较于缺乏文字符号的女真族群更为完备，在文字的发展上，在经历了几个世纪的发展之后，蒙古文已经成为一种具有明确规范性和系统化的民族文字，具有明显的优势，从文明发展的角度来看，此时的蒙古诸部已经在语言文字上属于相对的优势者，因而，对于晚近形成的满洲共同体来说，通过"对异邦人的模仿和

---

① 格·孟和：《蒙古文化概论》【M】，辽宁民族出版社，2016年，第403页。

对优势者的模仿结合起来之后，总是能够看到重大的进步"。^①不过，在模仿周边民族的语言之后，并非是将其构建成一种"蒙古化的满洲人"或者是蒙古共同体的延伸，而是更强调在彼此交往间满洲共同体自身的主体性和独立性，通过创新的文字载体，将"满洲之道"的"国语骑射"传统得以确立，也正是在文字创新之后，在满洲共同体和蒙古诸部二者间的交往来实现自身的主体性和周边民族与自身的差异性，以此获得了文化上的自觉和独特的民族性。

三、语言的流动与渗透

语言作为一个民族文化的象征，除了可以作为一种个体与族群成员交流和建构认同的媒介工具外，更主要的是作为一种民族文化的独特表征。并且以此建立起个人与族群、个人与社会之间的结构关系，这是作为语言的社会文化功能，发挥其效用。语言的流动与渗透除了能够在具有共同地域、共同历史记忆和共同信仰、共同神话的族群内发挥作用外，更重要的是作为语言与跨越族裔边界的渗透，建立起了一套"结构–功能""能动–变化""权力–利益"的全面的、既对立又统一的互动系统。^②并且，无论是同一语言族群还是跨语族文化的交流中，语言的接触，使不同族裔的文化相互渗透并且赋予新的象征意义。关于语言在跨语族间的接触和影响来说，语言学界有一定共识，认为亲缘性较近的语言，彼此间的影响越为深刻。^③满语与蒙古语都属于阿尔泰语系的语

---

① 　［法］加布里埃尔·塔尔德著：《模仿律》【M】，何道宽译，中国人民大学出版社，2009年，第188页。
② 　纳日碧力格：《语言人类学》【M】，华东理工大学出版社，2010年，第170页。
③ 　胡明扬：《语言接触和语言之间的相互影响》【J】，载薛德才：《语言接触与语言比较》【D】，学林出版社，2007年，第3–7页。

言，因而在满文创制之后，其象征意义更加具象化，特别是利用蒙古文来发展满文书面语。具体来说，通过蒙古文来创制的满文书面语主要分为：①基本语义相同纳入、取其意义之一纳入、"借入"衍生新语义、所指范围具体化等几个方面，举例来说，满文中的Suruk和蒙古文中的Sureg意思完全一致，都指"畜群"，Belek和Beleg也都指示"礼物"一词，这既是满文对于蒙古文的一种基本语义相同的纳入式创制；取其中意义之一纳入的类型词也不胜枚举，例如，满文中的Kuren指代"营盘"，而蒙古文的Kuliyen则是指代"院落、藩篱、范围、营盘"等多个含义，满文中的Dotoro指代"内秀"而蒙古文的Dotora则指代"内部、内心、内秀"等多个含义；而"借入-衍生"的模式也不占少数，例如满文中的Sulei特指长尾黄羊，而蒙古语的Sugultei则专指长尾巴的，再如满蒙共有词Mandu，满文意为"长大、长成"而蒙文则指代"兴旺、兴盛"意思完全不同。所指示范围的变化则是在同型词在范围上，满语更为具体化，而原生的蒙古语词汇则更为泛化，例如蒙古语中的"镜子"Toli一词，借入满语后则专指萨满神镜。这使得两种语言在文化的储存与传承上产生了分化，也使得作为民族文化独特性的特征，通过满文与蒙古文的差异性得以彰显。这也正如在文化的传播模仿律中，作为语言符号在跨族群的过程中会因自身的民族诉求和构建共同体的目的而对流动借入的语言得以修正，产生变化。作为已经具有完备的文法系统之蒙古文，此时在非汉语的北方周边已经具有了语言时尚的特征，而满文尚处于模仿阶段，对于异邦语言作为学习和模仿的对象，使之最终母语化成为自身语言文化中的一部分，这是一种动态的语言边界的模糊化，让语言的模仿从完全的照搬使用，上升为一种模仿为体、意义为用的具有满洲文化特

---

① 语言文字之实例比较主要引自长山：《满语词源及文化研究》【M】，社会科学文献出版社，2014年，第120页；苏拉嘎：《满蒙文化关系研究》【M】，内蒙古教育出版社，2006年，第90-92页。

色的语言渗透。

四、储存记忆与激发集体民族意识的功能

关于文字的储存和激发认同的二重功能，在阿莱达关于文字作为媒介的特点中早有论述，其储备功能主要在于能够打破时间和空间的维度，将记忆"写入"成为一种传统的"隐喻"。但是仅仅是具备这种储存功能并不能将其所象征的隐喻之意义真正表达，正如阿莱达所言，这种保留存储的功能"可能会超越记忆"但却"永远不可能取代回忆的隐喻功能"。①而对于英国哲学家培根来说，文字的功能则以其记录和对思想的激发为侧重；作为其后的延伸，弥尔顿也同样强调文字的内在生发性，并将其阐述为"思想的最纯粹和最凝聚形式的提取物"。②同时，作为一种符号的存储功能，经历时间和空间的沉淀之后，文字所传递的思想能够将未来同一族群或不同族群的文化共同体，突破时间的维度与旧时的"历史"和"神话"建立其关联，在文化间流转，唤醒一种对过去或被构建的历史的记忆。在周边传播理论中，同样强调特定历史时期周边的传播，即"因某一事件前后而产生的一种纵向、一维的传播范式"。③笔者认为，这是一种面向未来的传播范式，目的是为了引发在未来某一时刻特定族群关于当下事件和历史的传统记忆，并由此建立起一种集体化的民族意识的再次构建。文字一方面作为记录事件和历史的媒介，将某种民族的"传统"保留，另一方面则是将其与使用这一文字的族群后裔建立起突破时间维度的关联，并通过这种"发明的传统"重复

---

① Aleida Assmann, *Erinnerungstraume-Formen und Wandlungen des kulturellen Gedachtnisses.Verlag C.H.Beck oHG, Mvnchen 2009.p.207.*

② John Milton, *Areopagitica*, Malcolm W. Wallace，ed. *Milton's Prose*，London，p.279.

③ 陆地：《周边传播概念和理论的再思考》【J】，载《新闻爱好者》，2017年，第3期。

记忆，使得该族群保持一种与"祖先训谕""祖宗家法"相互联系的族属内的意识。

满文在被创制之后，作为满洲共同体的统治者们，首先注重的即为编撰本民族的历史，当然这种历史同样带有满洲神话色彩的特点，这与满洲统治者的政治目的和统治意志有直接的关联。第一部反映早期满洲共同体的民俗生活、宗教信仰、八旗形成以及满洲先民神话的官修编年体史书《满文老档》在此间形成。此外，另两部反映清朝入关前的官修史书《太祖武皇帝实录》和《清入关前内国史院满文档案》，都采用满文以实录的形式记录了早期满洲共同体的社会历史。特别是在《满文档案》编撰完成之后，强调了使用蒙古文的不便，又进一步突出学习满文的重要性，特别是在《满文老档》中强调了努尔哈赤对于八旗民众学习满文的规定，在早期的满洲社会尚未形成完备的教化机构和教化媒介，主要通过作为"巴克什"的八旗师傅来教授民众满文，在努尔哈赤的圣旨中提出，八位巴克什教习八旗民众，"教之通晓者尚之，弟子不勤学不通晓书文者罪之"。且各旗所收之弟子"如不勤学，尔等（巴克什）可告于诸贝勒"。①这一史实在史书中的记录，对于其后的诸君王在维护"满洲之道"和在满洲共同体中推广"国语骑射"的教化，提供了历史记忆的依据，通过满洲共同体族群内部共同的语言、知识和回忆将其编码形成一种具有满洲民族象征意义的"体系"和民族性的"世界观"使得后来的满洲共同体成员达成一种个体服从于族群集体的拥有"文化意义"且不断循环的民族共识。

尽管从语言文字的创制过程来看，是满洲共同体将作为周边民族的蒙古文字以主动性、纳入式的传播路径将其模仿、改造并创新成为自

---

① 中国第一历史档案馆、中国社科院历史研究所：《满文老档（上）》，中华书局，1990年，第218页。

身的文字，但是在文献中所体现的是一种蒙古文在满洲共同体中传播和影响效力微弱的批判。对于蒙古文在造字过程中的贡献却只字不提。一方面，在客观史实上，早期的文言不合一确实在满洲共同体内部进行政治、文化的传播造成了极大的阻碍，另一方面，则是在语言文字创制之后，作为彰显满洲共同体成为新的统治阶层，对自身的民族独立性和阶层的利益考量，要极力摆脱其"蒙古化"的因素，而凸显自身作为所谓"强势民族"的"文明化"特征，构建一套新的国族意识。这是一种前现代的语言民族主义的意识形态控制，以强制性的权力，来创建不对等的语言文化权力，此后的蒙古语言文字逐渐演变成为满语文符号主导下的从属地位。

第二节　入关后满蒙语言文字的传播之比较

一、多元文化语境下满蒙语言文字传播的动因

在1644年清廷入关，取代明廷成为当时中国的统治者之后，其所面对的环境较入关之前更为复杂多变。特别是面对与其历史、文化背景相去甚远却占有较大基数的汉民族群体，清廷统治者的在庞大疆域内的统治地位仍然不够稳固。这些困难主要来自于跨民族间的文化差异之鸿沟很难在短时间内弥合。尤其在入关之初所采取的一系列强硬举措，如"剃发令"的颁布、改变服制的训令等措施，一时间使得满汉矛盾日益激化，并且势不两立。特别是在当时，出于统治正统问题而在民间形成以"反清复明"为主旨的"反满抗清"活动，使此时以文化为表征的民族矛盾成为清廷统治者面临的棘手问题。因而从顺治朝开始，经历康、雍、乾三朝，采取了不同程度的"法明"之术。在政治上体现为任用贤良之士的汉臣来辅助清廷统治，文化上则学习以四书五经为范本的

儒家典籍，以便更好地协调和缓和民族间的矛盾。例如在顺治十二年（1655）顺治皇帝曾下旨礼部"今天下渐定，朕将兴文教，崇经术，以开太平"，同时对于满汉臣下官员也训诫他们在政事之外，应当"留心学问，稗德业日修，识见日广，佐朕右文之治"。①这一策略在当时没有得到真正实施，这与当时中原战事有关，不过对于满洲贵族的"儒学化"文教却一直没有放松。到了康熙朝，康熙皇帝也秉承了儒家思想治国的策略，并以此为主旨，对于满汉臣下指出"至治之世，不以法令为亟，而以教化为先"的推崇儒术之道。②这些举措也得到了当时汉族文人雅士的称颂，对于满洲皇帝的崇儒之道，给予"圣天子崇儒尚文"，"五百年名世，于今见之"的褒扬。③这对于当时满汉矛盾的缓和在文教上产生了积极意义。

然而在进入中原之后，作为满洲民族共同体的最高统治者，清廷皇帝也同样意识到了汉文化的强大影响力在满洲共同体内部产生的波动。特别是生活在京畿地方的八旗子弟，在跨语系文化的影响下，逐渐对于本民族的语言文字有所淡忘。尤其在进入康熙朝后期，京师八旗子弟已经不能像其祖先在关外时，流畅自如地使用满语满文进行沟通和文书往来，这在朝鲜使臣进入当时的古都北京，对旗人社会的观察所著笔记中即可窥见："清人（指满人）皆能汉语，而汉人不能为清语，非不能也，不乐为也。然不能通清语，于仕路有妨。盖阙中衙门皆用清语奏，御文书皆以清语翻译故也，闾巷则满汉皆用汉语，以此，清人后生少儿多不能通清语。皇帝患之，选年幼聪慧者送宁古塔学清语云。"④从这一段

---

① 《清世祖实录》卷90，第712页，载张昆将：《东亚视域中的'中华'意识》【D】，台湾大学人文社会高等研究员东亚儒学研究中心，2017年，第63页。

② ［清］黄宗羲：《黄梨洲文集》，中华书局，1989年，第89页。

③ ［清］黄宗羲：《黄宗羲南雷杂著稿针剂》，浙江古籍出版社，1987年，第278页。

④ ［朝］金昌业：《燕行录全集》，卷32，首尔东国大学出版部，2001年，第322页。

描述中可以看出，作为满洲共同体最高统治者对于荒废"国语"的现实情况的担忧，这是对于"祖宗之制"和满洲"国语骑射"的民族之根的严重冲击和破坏。①使得满洲共同体作为维系文化认同和群体向心力的核心媒介之语言文字产生了震动。同时，也可以看出，在远离汉文化的东北地区，满语文仍然作为满洲共同体的民族语言焕发着活力，因而统治者出于对文化根本的保护，令其后裔重返满洲故地，重新构建满洲文化的根本。但其效果却是徒然的，最直接的证据即是在乾隆年间，"满洲旗人不晓满语真正成为普遍现象"。②在乾隆三十九年，乾隆皇帝召见宗室贵族英盛额时"召伊问话，英盛额竟不晓清语……满洲奴仆不学清语，朕尚不时申饬，英盛额系宗室公爵，一致于此，朕所愧愤，王公等岂不愧乎？"因此对乾隆皇帝对英盛额的偷安怠惰不学清语之行为予以"罚俸一年"的惩戒，并且责令他"若再不能清语，断然不恕，务必治罪！"③出于满语满文作为"国语"的地位岌岌可危之情状，乾隆皇帝采取了针对满文翻译的乡试，其中通过乡试脱颖而出的翻译举人达到了100余人。④同时在乾隆五年也举行了翻译童试，并将考核通过的满洲八旗子弟送入官学，修习满汉翻译，并在修习肄业后担当笔帖式和中书等翻译文职工作。

从以上对于入清之后，清廷皇帝对满文的重视程度可以看出，作

---

① 关于"国语骑射"崇尚满文、骑射和服制最早源自于皇太极对金世宗完颜雍所倡导的"衣服语言，悉遵旧制；时时练习骑射，以备武功"的沿袭和认可，称之为"国语骑射"。同时，皇太极对于金熙宗之后的诸汗亡国的根源就在于"习染汉俗，忘其骑射"最终"基业毁堕，国遂灭亡"。载王钟翰：《清史新考》【D】，辽宁大学出版社，1997年，第71页。

② 刘晓萌：《清代北京旗人社会》【M】，中国社会科学出版社，2008年，第658页。

③ 《钦定宗人府则例》，教养，京学学生考课，卷31，国家图书馆善本部藏。

④ ［日］村上信明：《乾隆朝翻译科举和蒙古旗人官僚的抬头》（日文版）【J】，载《社会文化史学》，2002年，第43页。

为少数民族封建统治者，一方面出于政治统治的合理性身份建构，在进入异文化、跨民族的中原地区进行统治，面对不同文化和身份背景以及"华夷秩序"观念深刻影响中原几千年的汉文化圈，想要在政治上化解彼此间的矛盾和隔阂，首先要从文化的角度来重构自身对于中原文化的尊崇，通过修习汉文化来提升自身作为统治者形象的合理性。但另一方面，作为"非汉"的少数族裔身份，满洲皇室对于具有深厚历史背景和根基的中原文化又充满了焦虑与不安，这主要来自于跨越时间的"祖宗训谕"的历史记忆，以及古代同样身为少数民族政权的金、元王朝荒废国语而遭受灭亡之教训所带来的忧患意识，出于对自身族性特征的保留，清代的历任统治者都不遗余力对满语文进行保护和传播。

不过本节所要分析的是在作为北方周边的藩部之蒙古与清廷中央满洲共同体对于两种语言文字在跨族群、跨地域的空间范围内传播进行分析。对于清廷来说，其统治疆域内三分之一的疆土是在中原社会，而庞大的帝国所面对的更广袤的区域则是与汉文化相去甚远的"非汉"社会，对于清廷来说，以蒙古诸部为主的周边是其构建"大一统"帝国的首要目标。关于"大一统"思想的提出，最早源自于《春秋》中，"书王以加正月而绳诸侯"，乃"正统之所在"。①此时的"统"一方面是指作为王室的周天子之统治正统性，另一方面则是指对于诸侯和夷狄的统一，从内外周边来看，诸侯为王室的内周边，而夷狄则是外周边。但是这种传统王治思想下的"大一统，"与清代的"大一统"有很大的差异。传统的儒家"大一统"是建立在"尊王攘夷""华夏正朔"观念下的，对于非汉族系的"外夷狄"之鄙夷和排斥下的一统。而清代的大一统则是建立在"满蒙一体""华夷一家"基础上的包含了"非汉"族系

---

① ［北宋］欧阳修：《欧阳文忠集》卷59，〈外集九，原正统论〉，《文渊阁四库全书》，集部1102册，台湾商务印书馆，1986年，第453页。

的"混一"一统。雍正皇帝曾对清代的"大一统"结构做过训谕"中国之一统,始于秦,塞外之一统,始于元,而极盛于我朝"。①这一话语表述,一方面彰显了清廷作为中心对于儒家思想规训秩序下的中原汉地和对"非汉"的蒙古藩部的共主之威仪圣德形象的构建,另一方面则体现了清廷对于前代不同族属构建的统治秩序的沿袭和创新,突破了自秦以来历代王朝对于"非汉"统治政权对立和排斥,也正如清廷在理藩院设立之时,对于藩部制度的管理创新而表达的溢美之词一样"多因其俗以治之,臂指相维,不殊郡县"。②可以看出,此时的政治格局,正是因为"藩部"和"郡县"的并行运营,才构成了清代特殊的"大一统"格局。在清廷的视角看来,对于中原和藩部的关系与历朝历代的统治者多有不同,康熙皇帝在晚年时亦曾训诫满洲臣下,在其治国几十年的时间里"每以汉人为难治,以其不能一心之故,国家承平日久,务需安不忘危"。③而对比蒙古藩部在治理多元一体的帝国疆域时,康熙皇帝表达了对中原的隐忧,并指出,如若帝国产生大的变故,其祸端"或在中国,蒙古断无此意"。④可以看出,在满洲统治者的认知中,始终对于文化差异较大的中原汉族社会有极大的警惕和忌惮,形成一种"内北国(蒙古诸部)而外中国(中原汉族)"的文化认同心理。不过,尽管与蒙古诸部较早建立联系,并且通过各种方式,试图来"混一"形成一种新的文化–政治共同体,但是,清廷对于蒙古诸部军事力量的崛起与壮大也未

① 《清世宗宪皇帝实录》卷130,第696页,载张昆将编:《东亚视域中的'中华'意识》【D】,台湾大学人文社会高等研究院,东亚儒学研究中心,2017年,第94页。

② [清]鄂尔泰编修:《钦定八旗通志》卷44,载张昆将编:《东亚视域中的'中华'意识》【D】,台湾大学人文社会高等研究院,东亚儒学研究中心,2017年,第95页。

③ 《清圣祖实录》卷270:650,载张昆将编:《东亚视域中的'中华'意识》【D】,台湾大学人文社会高等研究院,东亚儒学研究中心,2017年,第74页。

④ 《康熙起居注》卷2,中华书局,1984年,第1639页。

曾放松警惕，无论从制度上参照八旗设置的盟旗制度还是宗教上的"以
黄教安众蒙古"的怀柔政策都起到应有的效力。不过，作为移动作战建
立政权的蒙古诸藩来说，其对于满洲皇帝的认可主要来自于一方面对于
佛教的尊崇，而另一方面则是与蒙古相似的"国语骑射"之满洲旧俗。
如果说对于满洲共同体内部来说，"国语骑射"是为了维护民族独立意
识，增强民族内部的凝聚力，那么对于共同体外的其他"非汉"族属则
是有意识地在蒙古藩部中建立起其"非汉""善战"的民族形象，正所
谓"朝家修武备，藩部输忠诚"，①对于藩部来说，首先认可的是其作为
"国语骑射"的满洲民族特色，再此基础上承认其统治的"大一统"结
构。而对于清廷利用"国语骑射"的文治武功并行之策略，也是为了对
边疆地区"胡虏无百年之运"的回击，而崇满的思想和手段，也在这种
危机中被乾隆皇帝不断强化。个中原因在朝鲜使臣在进贡中国后对于朝
鲜王室的奏疏中亦有体现。②出于战略考量和自身威仪形象的建构，清廷
皇室对于满蒙语言文字在跨语族的群体传播中极为重视，不过其传播路
径在不同群体间采用了不完全一致的传播范式。

二、满蒙语言文字传播路径

满蒙语文在入清之后的地位不可同日而语，满语作为清廷之"国
语"，在清廷统治者看来具有象征国运兴衰的至高无上之地位，而蒙古
语则是作为周边藩部属民的语言，其地位只是作为象征"一统"盛世的

---

① ［清］《钦定热河志》卷48，载张昆将编：《东亚视域中的'中华'意识》
【D】，台湾大学人文社会高等研究院、东亚儒学研究中心，2017年，第97页。

② 《朝鲜王朝英祖实录》中，朝鲜使臣对于清廷和藩部之间微妙的关系做出如下分析
"臣于岁奉使留燕，窃有隐度于心，自古夷狄之主中国，非有仁义德礼，服天下之
心而臣之也。华夷杂处，祸变层生，苟无圣人之应期，则漠北诸种，必将因其衰而
代之。盖今胡运之穷，不十数岁可决，而蒙古强盛，异时吞并，必至之礼也"。

符号化的存在。不过这也并不能说明，蒙古语文在当时的满洲共同体没有产生实际交流功能，而满语文对于蒙古诸部也并非只停留于庙堂、匾额之表层。不过，满蒙语文在传播的路径上有着明显的差异，具体来看主要集中于两个层面。

（一）自上而下的输出式传播

这一传播特征主要是满语文作为满洲共同体的"根本"，巩固满语的纯正性在满洲共同体内部和蒙古诸部之间的传播范式。不过对于不同的族属、地区间的传播样态各有不同，并且在不同时期的传播方式也有差异。总体来看，满语文的传播主要有教化、圣旨等路径的范式。

1. 作为教化语言文字的输出

满语文的教化式输出主要是在清廷设置的八旗官学、八旗义学，在蒙古地方设置的地方官学和私塾。在关于媒介机构和媒介手段的介绍与分析中，已经有详细介绍和分析，不再赘言。从不同地方的教化来看，中央直管下的八旗学堂对于满文的教育程度深入不仅是将满文作为必修课在满洲、蒙古、汉军八旗中设置，更重要的是，会由相应的考官来定期对其学习成果进行考察，并形成一定奖惩机制。另外，不仅仅是在编修满文辞书和字典等方面进行教化，对于儒家思想的经典著作，同样令不同族属的笔帖式进行翻译，通过满语教习对满汉合璧版本的儒家典籍进行讲授。

满语文在蒙古民众间的传播则是在雍正、乾隆朝时期，并且漠北诸部晚于漠南地区设立官学。与中央八旗学堂不同，在蒙古地区设立的学堂在教授满蒙文课程方面也有较大差异，其中以漠南各主要城市的蒙古官学为主，教授以满文、蒙古文以及一定的汉文，同时教授满蒙文合璧的四书以及《圣祖训谕》等满蒙文教本；而漠北喀尔喀地区，在乾隆朝中期，在漠北科布多官学作为第一所地方蒙古学堂成立之前，一方面是在各旗内形成的家学或私塾对于蒙古文字的保留产生影响；①另一方面则是在满清统治下，由地方官员、笔帖式、差役等人员"由大库伦地方设置并运营，仅教授满文、蒙古文，个别教授汉文，兼顾教授满清律法"。②由此可以看出，通过对于满文在不同部族和地区间的流传推广之模式，反映出清廷对不同对象间的态度，以及将满文设置为不同族属间共修课程，意图使之成为一种通行的官方语言而加之推广。

满语文在满洲共同体的推广，最主要的目的是为了构建自身作为天朝统治主体的身份和形象，对于其部众来说，又是出于保留民族意识和传统旧俗，以维护民族内部的自醒意识和民族的凝聚力。而对于蒙古诸部则较为复杂，使与之在地缘上相近的漠南诸部推广与中央官学相近的地方满蒙官学，意在拉拢和柔顺漠南诸部，使其从语言的意识形态上，与中央保持一致，形成满洲–蒙古的政治共同体。特别是在乾隆年间形成的蒙古地区"边地儒学"③并且培养出地方官员就可见一斑。而对于漠北喀尔喀诸部的满文教育情况来看，仅仅教授以识字，即便是在清代中后期出现的官办学堂也仅仅是教授"满清律法"④。无论是识字还是学习律法的内容，体现的是清廷采取的与漠南蒙古截然不同的战略手段，即"柔远""羁縻"的治边之道，教授习"国语"是为了教化民众作为清廷宇内属民，而律例的灌输则是为了用看不到的权力，来控制和传播作为中央的意识形态。更有效的管理喀尔喀诸部的蒙古民众。从周边的心理和属民对于满洲皇帝的认同来看，喀尔喀民众显然是远周边，而漠南

① ［蒙］《蒙古国史》，蒙古文，蒙古社会科学院，2003年，第274页。
② ［蒙］《蒙古国史》，蒙古文，蒙古社会科学院，2003年，第274页。
③ 黄俊杰：《东亚视域中孔子的形象与思想》【D】，台湾台大出版社，2015年，第367页。
④ 所谓满清律法，在清廷理藩院则例中针对蒙古的法律法规主要是采用满蒙汉合璧书写的《蒙古律例》以及清代中后期形成的《理藩院则例》，并且从内容上看继承了《大清律例》基础上，形成相对独立的律法内容。

地区的民众则属于近周边。

2. 圣旨和匾额、碑文的传播路径

圣旨作为一种传播媒介，主要用于政事、边务、军事等机要性内容的传播，同时也是皇帝权力的象征。在清代入关之前，凡涉及政务事项的下达，均采用满文书写，但是随着入关之后，与中原汉族日趋交流增多，以及北方以蒙古诸部为主的藩部归附，而在政务文书中采用了对象族群所熟知的文字进行传播，形成"满汉合璧""满蒙合璧"以及"满蒙汉合璧""蒙汉合璧"的带有满洲特色的书写格式，并很快成为通行格式。[1]合璧文书、圣谕的书写，目的不是为了教化不同的对象学习作为"国语"的满文，而是为了凸显满文作为天朝"官方语言"的神圣地位。

除了在圣旨颁布时，使用"满蒙合璧""满蒙汉合璧""蒙汉合璧"等书写的官方通行格式外，在清廷治理内外蒙古时，在蒙古地方的府衙或寺院等带有政治或宗教色彩的机构采用"合璧"书的方式，来书写相应的匾额、照壁以及功德碑等具有象征皇权威仪的物化介质。

例如，在漠北地区，经历康雍乾三朝完成的喀尔喀诸部的佛教圣地阿雅尔巴雅思乎楞寺（汉语译为"庆宁寺"），在乾隆朝时期，将一世哲布尊丹巴的骸骨迎请存放后，乾隆皇帝在此立碑，书写了哲布尊丹巴一世的生平和功绩，并且在此处书写匾额，立于寺院处的匾额以满蒙汉三体合璧书写了"敕建庆宁寺"其中，满文居左，汉文居右，蒙古文居中。此外，在寺院山门前利用石砖以及泥塑制成的照壁，蒙古文称之为"Pailar"，并且载上面写有"Olon wang zasag taiijinar–aas irgeed hurtlen

① ［日］村田雄二郎：《末世，用什么语言说话？——清末的国语问题和单一语言制》【J】，转，刘晓萌：《清代北京旗人社会》【M】，中国社会科学文献出版社，2016年，第525页。

uun-tur mori-oos bvv"，①汉语翻译为"诸王、札萨克、台吉诸人至此
处下马"。这一段命令性的文字并非简单的装饰之用，在执行中十分严
格，在《蒙古及蒙古人》中对于这一命令的执行有详细记述。②在寺院
内部，则是用两块功德碑，分别采用了蒙汉两种文字镌刻着乾隆皇帝对
于哲布尊丹巴一世与清廷关系上所做出的贡献，以及修建庆宁寺的缘由
和目的，同时对于未来漠北地区继续兴黄教引导人向善，乾隆皇帝提出
"主斯寺者，唯有劝导群生，扩乃善性。一心向化，安享我国家太平之
福。庶无皇考嘉惠诸藩之德意也夫"。③表面上看，这段碑文是彰显清
廷统治者对于外藩蒙古兴黄教、导人向善的赞誉和倡导，实际上亦是将
其作为天朝统治下的边缘身份加以强调，并且面向未来，更进一步深化
作为皇朝属民应当尽心竭力维护黄教传播，才能不负皇恩。不仅如此，
在蒙古地方的所有官方机构的匾额处，皆以满蒙合璧书撰写匾额，再如
乌里雅苏台将军府衙随处可见的门楣匾额，军营财务署上标示着满文的
"Coohai gvwaran i buguneke jurgan"和蒙古文的"Sterg-on kuriyen-nu edi-
on yamun"。诸如此类的匾额均不胜枚举，此外，在乌里雅苏台的关帝
庙上有乌里雅苏台历任将军赠予的满蒙文匾额，分别写着"Werguwacoke
horogo badarambumen selkiyehe"（满文）和"Gobi-iin gajar-tur stog-i
dara-ga-bei"（蒙古文），汉语为"威名远扬"和"威震隔壁"之意。
通过文字性的圣旨，和承载文字的匾额。来体现对于神祇的护佑以及皇
权对藩部的控制。

---

① 根据回鹘体蒙古文进行的拉丁字母对照转写。

② ［俄］波兹德涅耶夫著：《蒙古及蒙古人》，刘汉明、张梦玲、卢龙等译，内蒙古
人民出版社，1989年，第31页。波兹德涅耶夫对此处进行了为期数年的田野调查，
在其田野笔记中记载"这一命令执行的很严格，不仅蒙古王公，甚至库伦的呼图克
图来庆宁寺朝拜时，也得下马，步行二十五至三十俄丈直至寺院大门"。

③ ［俄］波兹德涅耶夫著，刘汉明、张梦玲、卢龙等译：《蒙古及蒙古人》【M】，
内蒙古人民出版社，1989年，第37-38页。

社会语言学家乔舒亚曾指出："除了语言，我们还有哪种更优越的象征体系可以去构建和传递这样一种认同？"[①]他所强调的是一种现代民族国家框架内的文化之认同。而对于前现代的"非汉"文化下的清廷对蒙古藩部的语言文字通过圣谕以及在特殊的具有神圣性的宗教空间内的设置，其目的一方面是为了建立起一种在"大一统"思想下，多语言环境下对于中央"汗权"的认同，但另一方面，又是利用了"清语清文"作为官方之"国语"的特殊性，来对一统之内的不同族裔重新划分层级，并形成彼此间不对等的上下、主从周边关系并将其写入身心的记忆。

从传播的偏向角度来看，在经历了元代对中原的统治之后，蒙古民族已经突破了以往口语交流/传播为主在广袤的地域进行传播的方式，逐渐重视倚重于文字/书面语的模式进行传播。而清代以来，作为一种前现代的民族观念的植入，满洲共同体既重视与历史的传统进行连接，又重视将旧有的传统，通过文字来联结不同的空间里其他族属成员，使之与其从时间和空间的双重维度内建立一种与中央统治阶层在"混一"共同体之上的认同。但这种认同带有一定强制性，并且是以构建满洲共同体的"天朝–中心"身份，其文化代表一种先进或"高阶层"的文明，覆盖作为边缘藩部的喀尔喀蒙古文化，使之产生一种名义上的文化"归属"意识。

（二）自下而上的纳入式传播

这一传播路径主要针对的是蒙古文进入满洲共同体的传播路径，与满文自上而下，输出式且带有强制性的传播特征不同，蒙古语言文字在满洲共同体的传播路径呈现出的是"纳入"型和"吸收"型两种不同

---

① ［德］扬·阿斯曼著：《文化记忆：早期高级文化中德文字、回忆和政治身份》【M】，金寿福、黄晓晨译，北京大学出版社，2016年，第154页。

的样态。

1. 纳入型传播路径

蒙古文的主动纳入在满文创制前期就已经形成一定规模，其纳入方式是满洲贵族主动将其作为教化工具，融入满蒙八旗贵族内部，同时，作为教科书等内容的编纂，将蒙古文纳入书籍的翻译和编写。不过与入关前满洲共同体对于蒙古文的纳入不同，入关之后，作为统治阶层的满洲贵族，不仅推广自身的民族语言文化，对于藩部之蒙古语言也较为重视，特别是在清朝中期，皇室在原有的官办学堂增添了专门针对京师满洲、蒙古八旗贵族子弟设置的蒙古文学科。在皇室的尚书房以及觉罗学馆，也都有"先学蒙古语两句，挽竹板弓数开"①之惯例。对于作为统治者的清廷皇室以及宗室、八旗贵族成员，内外藩蒙古已经是其众多藩部之一，对蒙古语的学习，从清廷作为中央的角度来看，即是一种少数族裔语言自下而上的传播，并被纳入中央的教育体系中。

当然，无论是满洲、蒙古八旗还是皇室宗亲学习蒙古语言，其目的主要是为了能够更好地管理内外藩蒙古，特别是蒙古八旗，在雍正年间，雍正皇帝曾训谕其"遵守蒙古本务为善。朕今给限三年，令其学习蒙古语，如学三年有不能者，一概应升之处俱不准录用。将此传谕八旗蒙古人等知之。特谕。"②从表面来看，这一训谕是针对满洲、蒙古人语言退化，与满洲一致维护其民族语言文化并以此来对其进行赏罚，然而实质上，从政治-文化共同体的角度来说。对于八旗内部，八旗蒙古人虽然名义上和族源上是蒙古人，但是依然属于满洲共同体内部的成员之一，并且对其进行教化的目的更多的是为了辅助满洲统治者对与其具有"同根同源"文化的内外藩蒙古进行管理和统辖，同时，在官缺制方

---

① ［清］福格：《听雨丛谈》，中华书局，1984年，第219页。
② 《上谕八旗》，载《四库全书》史部413部，第13页，转载乌兰其木格：《清代官修民族文字文献编纂研究》【M】，辽宁民族出版社，2010年，第75页。

面，蒙古八旗官员无论是在理藩院、内阁等重要机构还是在治疆方面也都会被清廷中央委以重任。例如清朝著名的蒙古八旗著名文人法式善即是通过对满蒙汉文的勤奋探究而备受乾隆皇帝赏识，并且成为编纂《四库全书》唯一的蒙古族官员，另外蒙古八旗数学家明安图，曾经跟随康熙皇帝"教养于内廷"，不仅学习满蒙语言，并且学习西洋科学技术，最后成为清代有名的数学家。而通过满蒙文翻译科举而走向仕途的蒙古八旗官员更是不胜枚举，尤其以乾隆和嘉庆两朝的官员为盛。例如"松筠、台布、长龄、富俊等，都是翻译生员出身，任为理藩院笔帖式，然后走向发达"。①此外，末代皇妃文绣的祖父额尔德特锡珍也是通过这一方式，最后成为吏部尚书而权倾一时。

　　这当然也是清廷统治者的治理蒙古的一种手段，即"以蒙治疆"。前者代表的是八旗蒙古官员，后则代表了内外藩蒙古以及其他周边藩部。内蒙古大学蒙古学院历史学系白拉都格其教授认为，清廷的蒙古八旗官员，虽然出身为蒙古贵族后代，但是却不同于内外藩蒙古诸部，而是世代"吃皇粮、享有和八旗满洲一样俸禄、教育并且在行军时为兵，入地为民的旗人。且没有生活在祖地，而是长期生活在京师或各个驻防城"，②因而在身份的构建和认同上，与八旗满洲基本相同，只是地位略低于八旗满洲，而高于八旗汉军。而八旗蒙古，在清朝初创之时，就已经投附清廷，一部分被编入八旗满洲，一部分则独立形成蒙古八旗。③在清廷统治近300年时间里，不少蒙古八旗贵族在理政治疆方面立下汗马功劳，例如镶白旗蒙古人拉锡及其后人曾出任热河都统、雍正朝的镶黄旗蒙古人班弟曾出任理藩院侍郎，并且在乾隆朝出任驻藏大臣平定罗布

---

① 刘晓萌：《清代北京旗人社会》【M】，中国社会科学出版社，2008年，第485页。
② 此段内容来自于百度百科新知社对白拉都格其教授之访谈节选。
③ 雷炳炎：《清代社会八旗贵族世家势力研究》【M】，中国社会科学出版社，2016年，第83页。

藏之乱，并在平定准噶尔之乱时立下首功，被授予"一等诚勇公"的封号及其后代巴禄、庆林等人出任绥远将军、伊犁领队大臣等职务，更有正蓝旗蒙古人纳延泰出任军机大臣、蒙古都统、理藩院尚书等职务，其后代也多出任理藩院要职和驻蒙古地方将军等职务。①而这些八旗蒙古官员其修学教化与满洲八旗一样，皆来自于八旗官学，并且皇室对于教化其学习的蒙古教习也有严格管理。例如在乾隆年间对于国子监蒙古教习不谙蒙古语的现象，乾隆皇帝严厉斥责并惩戒"蒙古教习若不能说蒙古语，将何以教人？此二人不便照例施恩。观保虽不通蒙古语，然教习等平时能否说蒙古语之处，亦应详查。观保无用，著不必管理国子监事务。派德保、伍勒穆集管理"。②

清廷之所以会对八旗蒙古的蒙古语教育教化十分重视，并且对于衰退现象表现出严厉的斥责，最主要的目的是出于政治的考量。对于八旗蒙古来说，虽然与内外藩蒙古族源相同，但是在满洲共同体形成的过程中，已经逐渐与满洲、汉军八旗趋同，实现了自身的"满洲化"过程，在政治地位上也与满洲八旗成员并无二致，并受到清廷的重用。并且在清廷入关之后，在远离北方草原的祖地，和满洲八旗一样被历史深厚且影响力广博的中原儒家文化影响，并因此而逐渐"汉化"或"儒化"，这与其同源之内外藩蒙古在文化规训的过程和教化程度上有着巨大的不同。但是从地缘和血缘的角度来看，因其与内外藩蒙古在文化性质上，仍属于具有共同祖先、共同语言、共同祖地和共同神话记忆的蒙古民族之苗裔。因此，清廷对此加以利用，一方面让其全面接受"首崇满洲"的政治教化，并与满洲八旗和清廷中央成为政治上的民族共同体。另一

① 雷炳炎：《清代社会八旗贵族世家势力研究》【M】，中国社会科学出版社，2016年，第84—92页。
② 《高宗实录》卷737，第119页，转载乌兰其木格：《清代官修民族文字文献编纂研究》【M】，辽宁民族出版社，2010年，第99页。

方面，又出于对蒙古藩部的控制，由八旗蒙古调停、斡旋与内外藩蒙古之周边关系，能够更容易对其进行教化。正如雍正皇帝曾经对于八旗蒙古人的蒙语教育所提出的要求"近见蒙古旗分能蒙古语言翻译者甚少，沿习日久，则蒙古语言文字必渐至废弃。应照考试清文翻译例，考试蒙古文翻译。取中生员、举人、进士以备理藩院之用"。①对八旗蒙古人教化蒙古语、培养翻译的直接目的在此处不言自明，即是为了协助清廷，为之效力服务统辖内外藩蒙古。对于八旗蒙古成员来说，其身份具有"二元"特殊性。一是作为满洲共同体的一员，在边疆代表清廷中央对其传播客体的周边进行意识形态的传播和清廷威仪形象的构建。另一重身份则是其作为与蒙古诸藩部"同源"的文化共同体心理，通过其特殊的族属身份对蒙古诸部进行统辖，利用共同的蒙古语言文字这一符号，来构建一个想象的政治共同体。

总体来说，八旗蒙古从其性质来说，依然是满洲共同体的重要组成部分，其成员作为一种人的媒介，其对蒙古文的学习和使用是一种语言纳入传播的过程，目的也都是作为传播意识形态、教化淑民的一种战略路径。

2. 吸收型传播路径

所谓吸收型传播路径，主要指两个方面，一是在满洲、蒙古八旗中举办满蒙对译的翻译测试，并以此选拔笔帖式等翻译人才，一是在清廷编修文史资料以及典籍、辞书时，一方面收录蒙古地方已有文献，将其翻译为满文，另一方面则是把儒家、满洲史料、蒙古历史语言以及宗教文献，翻译文多民族语言文字文献，作为藩部民族文字的蒙古文也收录其中。这两者在清廷蒙古文吸收的过程中有先行后续的关联。

① 《光绪大清会典事例》卷三六三《礼部：贡举》，载张永江：《清代八旗蒙古官学》【J】，《民族研究》，1990年，第6期。

在清廷早期的几代皇帝中，对于蒙古语的熟悉程度在文献中多有记载，这与早期的满蒙联姻以及尚书房对皇室成员蒙古文的教育有直接关联，因而出现了皇帝"见满臣说满语，见汉臣说汉语，见蒙古王公说蒙古语，与臣属没有语言交流之障碍"。①但是在八旗内部却出现了满蒙语言衰落的情况，因而在乾隆时期因"满洲学习清文善翻译者益少"，导致清廷中央在八旗内开始重视恢复翻译科举的乡试、会试。②在翻译科举中，是八旗满洲和蒙古共同参加，所翻译内容多数为四书五经、蒙学经典等文章内容，通常翻译考试的路径是先将汉语文献翻译为满文，再将满文译本翻译成蒙古文。但是汉语和满蒙语言差异较大，对于满语乡试来说，难度较大，而满文创制根植于蒙古文，且同为阿尔泰语系语言，在八旗内部长期交往、通婚以及融合中，已经渗透许久。因而在其翻译乡试的科举考试中，产生了不少蒙古八旗的笔帖式翻译，并且因此而走上仕途并飞黄腾达。这在另一个层面，也促成了满蒙汉文化彼此间的融合，亦是一种文化传播的有效路径。

而在历史典籍的编纂和辞书的编写中，清廷同样重视满文文献的蒙古文翻译和蒙古历史资料的满文翻译，特别是在乾隆和嘉庆年间的满蒙史书、传记翻译以及集纂满蒙汉三体合璧或满蒙文双书合璧史料，呈现出如火如荼的势头。例如在乾隆四十四年编纂完成的《蒙古回部王公表传》，经过汉文的编辑整理之后，将其翻译成满文，之后再翻译成蒙古文，并完成"三体合书，颁发一册"。③此外在乾隆四十六年，重新根据《满洲实录》和《高皇帝实录图》重新编纂了记录清廷入关前的史料文

---

① 刘晓萌：《清代北京旗人社会》【M】，中国社会科学出版社，2008年，第525页。

② 《钦定八旗通志》卷103，第1636页，转刘晓萌：《清代北京旗人社会》【M】，中国社会科学出版社，2008年，第526页。

③ 《嘉庆朝实录》，转乌兰其木格：《清代官修民族文字文献编纂研究》【M】，辽宁民族出版社，2010年，第142页。

献《满洲实录》并形成满蒙合璧双书版本。再者，乾隆朝时由当时的喀尔喀亲王，亦是定边左副将军成衮扎布进献给乾隆皇帝一本蒙古文撰写的《蒙古源流》，使乾隆皇帝对之产生浓厚兴趣，并下令将其翻译为满文，并在此基础上，于乾隆五十五年完成汉文版的翻译。[①]

除了史书的翻译外，清廷还重视对于辞书的翻译，从康熙朝编撰完成的单体《御制清文鉴》《满洲蒙古合璧清文鉴》，再到乾隆朝增订的满蒙二体、满汉二体、满蒙汉三体，《御制满珠蒙古汉字三合切音清文鉴》[②]等几部合编版字书，至清代后期又在前几种版本基础上颁布的四体、五体等字书。与此同时，还编制了收录西北各少数民族和藩部语言文字的《钦定西域同文志》等辞书。

对于八旗科举考试而收入的满蒙翻译乡试，其最大的作用是为清廷培养了翻译人才，并对其委以重任，加强了清廷与藩部之间的交往。而将蒙古文字历史翻译为满、汉文以及将满洲史料翻译成蒙古文，则一方面使清廷中央更加了解藩部的历史、社会情状以及其意识形态模式，更便于对其进行控制和管理。另一方面则是史料的相互翻译，能够加强不同民族文化间的交流与联系，同时为后世对当时的社会历史研究提供了丰富可靠的史料资源。

三、满蒙语言文字传播之效力

清廷入关之后对于各民族语言文字的翻译、编纂、传播经历了百余年的历史，作为语言文字，满蒙两种语言在不同的民族共同体之间及

---

① 乌兰其木格：《清代官修民族文字文献编纂研究》【M】，辽宁民族出版社，2010年，第160页。

② 乌兰其木格：《清代官修民族文字文献编纂研究》【M】，辽宁民族出版社，2010年，第154页。

其内部发挥了不同程度的效力。作为语言文字的传播效力，主要考察的是语言在群体内部、群体间以及在时间变动中的使用情况做出界定，因而本节所针对的就是满蒙两种语言在满洲共同体、蒙古诸部之间的传播结果，以及在汉语影响下，满蒙语言文化自身产生的变化，以及其对于汉文化的影响效果。根据目前已有的历史上的考察和记载做出总结和分析，来探讨语言传播的效力。

（一）虚拟的共同语之式微

关于共同语的解释，在《现代汉语词典（第七版）》中的解释为"部落或民族内部共同用来交际的语言。是在一种方言的基础上发展起来的。它的基础方言通常是政治、经济、文化比较发达的地区的方言"。①从上古时期的《尔雅》到明代中晚期的官话，作为表意中心的语言，无论是官方还是古代的学术界，一直都在积极的探索并构建一套汉民族共同语。然而在元、清两代，随着少数民族政权对中原的统治，汉语作为国家通行的"官话"地位随之产生动摇。并且在统治者内部注重对维护统治阶层民族属性的民族语言加以重视，并提高其地位。因而在对跨民族的统治秩序中，用于沟通和传播的语言文字产生了传播不畅的情况。在疆域的统治中，语言的边界由此产生了巨大的冲突。由此进而出现了社会结构、民族间的矛盾。

德国社会学家科塞对于社会的冲突曾总结为内部和外部的冲突。他认为"社会系统与其外部的矛盾和对抗，属外部冲突，一个社会系统内群体之间的不和，属内部冲突"。②作为在同一社会体系下的不同族属、

---

① 《现代汉语词典（第七版）》网络版词条查询，网络地址：http://cidian.xpcha.com/d04ga67zn06.html/

② ［德］L．科塞著，孔立平等译：《社会冲突的功能》【M】，华夏出版社，1989年，第2页。

不同群体、不同阶层间的语言冲突，实质上亦是一种社会冲突的表现形式。作为元代和清代的少数民族统治者，为了既保留自己的民族特性，又能够对与异民族间的统治达到平衡，因而从自身利益出发即要采用一种强制性的手段，推广本民族的语言文字；而与其族属相异的其他民族的被统治阶层则出于自身社会身份和民族意识觉醒的反抗，而对少数民族语言产生了抵触，并通过不同的方式来反抗。语言的矛盾诱发了更深层次的民族间的争端，因而作为少数民族统治者认识到了这一社会实践中出现的复杂状况，进而通过政治手段来设定一种官方通用的语言。

在元代，忽必烈大汗即命八思巴喇嘛国师依照吐蕃文字特点，结合蒙古文的传统语言结构以及汉字的多种字体而创制了八思巴文，但是这种文字最终没有成为一种通行的传播工具流传于蒙古和汉族社会。究其原因在于，八思巴文作为一种表音为中心的文字系统，虽然借鉴了不同语系的语言外在形式，但其根源仍然是跨语族的"他者"之言，如果没有经历过专门的语言文字训练，对于八思巴文字的理解，也只能做到"只解其因，难断其意"的语音层面的理解。[①] 从这一角度来看，以及作为当时的共同语设定，八思巴文的传播效果显然是失效的。

到了清代，统治者意识到了周边文化和族群环境的复杂性，因而在对待不同族属的社会成员进行意识形态传播和知识教化时，对于共同语的设定做出了妥协，因而产生了"首崇满洲"，突出满语作为一种跨族群的共同语之设定，但是又将其他族裔的语言文字与其同步进行传播，而这一共同语的设定效果又如何呢？是否如同清廷的初衷，能够使之成为帝国内行之有效的通行语言，发挥其共同语的功效呢？

在清代的巡边治疆史料记录中，对于清代蒙古不同地区的社会情况进行了考察并记录在案，特别是对于蒙古各个藩部在学习当时作为国家

---

① 李漫：《元代传播考》【M】，北京大学出版社，2013年，第216页。

通行的"共同语"满语的情况进行了详细的描述。在外藩喀尔喀部边界的乌里雅苏台及其附近蒙民学习满文的效果，"自王公、札萨克以及其阿拉巴图之俊秀者，皆习满洲文字。惟可悯者，虽则淳朴，究未读书，不明义礼。燕居无事，乘马闲游，会聚饮酒，醉后逞强，以劫夺为好汉"。①这一记载在蒙古国社会科学院的文献中亦有记载，"满清统治时期，学校之教育事项对蒙古实际效用并未见诸成效，皆因官方设置数量之稀薄可窥见其因由。而普通牧人之子弟，盖无入学之机缘"。②由此可见，在鞭长莫及的漠北草原，尽管清廷中央的统治者希望通过"满语文"教育来使得远离统治中心的喀尔喀蒙古贵族和民众能够建立起一种从语言意识形态层面的灌输，并使满语文作为共同语使之神圣化，在喀尔喀蒙古内部得到有效传播，一方面，使其成为与中央沟通的主要手段，另一方面则是使其认可自身作为满洲统治者的"臣下"之从属身份。但是，作为共同语的普及并未达到预期的效果，其原因之一，则如《志略》所言，"究未读书，不明义礼。"当然，其中不乏记录者的主观因素和对"边地之民"的"愚顽""蒙昧"的刻板印象。而客观上，学校的教化机构之稀少，以及教化媒介之贫乏，亦是满语文作为"共同语"的失效之原因所在。

那么，这一带有强制性的共同语设定，是否在漠南蒙古地区也出现了传播过程中的"失灵"现象呢？清代中后期关于漠南蒙古地区的语言传播情况，在历史文献中的记录，只提到蒙汉语的问题，而并没有提到被清廷视为"国语"的满文教授情况。清代学者吴禄贞在随肃亲王考察内蒙古东部地区时，曾记录当时的蒙地"无教育"之惯习的记录"蒙

---

① ［清］佚名撰，忒墨勒点校：《乌里雅苏台志略》，《风俗卷》，载《中国边疆研究文库·初编·北部边疆卷五》黑龙江教育出版社，2014年，第31页。

② ［蒙］《蒙古国史》，蒙古文，蒙古社会科学院，2003年，第276页；［蒙］《蒙古人民共和国史》，蒙古文，国家出版事业局，1968年，第308页。

人……读蒙书者，亦属寥寥。唯喀喇沁右旗设有崇正小学堂、守正武备学堂、毓正女学堂。中旗镇国公亦拟仿办，尚未举行。其余各旗，均不知学堂为何物。锡林郭勒盟多延喀喇沁人教蒙文"①而在内属蒙古地区的蒙汉杂居地带，"蒙民……汉语故无不通，而读汉书识字者，亦间有其人"。而在远离汉地、无杂居的游牧之地，"通汉语者，尚不乏人，而识字者，已千不得一"。②在史料方志中，只提到了在清代中后期，蒙古人通晓汉语的情况，而对于国初清廷所推行的作为"国语"的满语文只字未提。笔者根据已掌握的史料分析认为，造成这种"共同语"的失效主要来自于3个方面的原因：

首先，所谓的"首崇满洲"之教化功能，其主要推行的目标受众是满洲八旗和蒙古八旗的贵族成员，目的是为了辅助皇帝治理不同族属的民众，并且加强满洲共同体内部的凝聚力和认同感。而另一方面则是在蒙古诸部的上层贵族中教授蒙古王公，使其臣服于清廷，并拉拢内属蒙古贵族，作为辅助清廷治理疆域教化民众的人化的媒介。控制外藩蒙古，避免其受到来自于清廷外部的意识形态的渗透。并且将这些王公贵族养于内廷，使之从身心双方都受到清廷的规训。举例来说，在乾隆十二年时，曾对喀尔喀、厄鲁特以及郭尔罗斯之王公的教养做出批示"喀尔喀郡王桑泽多尔济，厄鲁特贝勒罗卜藏多尔济，郭尔罗斯公额尔登额，均系公主、郡主之子，因其少孤，来京教养。今居住多年，其本旗地方奴仆，甚不识蒙古生计。除额尔登额见在内廷读书不议外，郡王桑泽多尔济与贝勒罗卜藏多尔济，均系管旗务之札萨克，嗣后春季，应令回本旗，讲究生理，学习骑射，冬季进京居住，照旧肄业，俟十八岁

---

① ［清］吴禄贞：《东四盟蒙古实纪》，《蒙人之愚顽》，载《中国边疆研究文库·初编·北部边疆卷五》黑龙江教育出版社，2014年，第251–252页。

② ［清］姚锡光：《筹蒙刍议》（卷下），载《中国边疆研究文库·初编·北部边疆卷五》黑龙江教育出版社，2014年，第158页。

时，即令回旗办事"。①从这一段敕令的记载中可以读出一些重要的信息，首先是外藩王公的出身，即是清廷与蒙古藩部联姻的后代，与清廷统治者有着微妙的血缘关系。另外，这些王公除了在春季回到自己的"祖地"学习传统的骑射技能外，必须在固定的时间生活在象征清廷权力中心的京城。同时，在其成年后，必须回到祖地管理其民。本尼迪克特对于非现代的传统王朝制度对共同体的构建和规训提出"性的政治之扩张"，即"王朝间的联姻把多种多样的民众聚合到新的顶点之下"的手段，②与西方古典王朝之间的联姻不同，清代的满蒙联姻，本身带有不平等、不平衡的特征。而使之养于京城的目的，一是为了控制，再是为了淑化，使其作为已经从语言意识形态上"满洲化"的贵族，管理遥远边界的民众。但是，也应当看到，在已经获得的文献中，对于边远之地的教化机构，其主要对象是蒙古上层的王公对于作为"天朝中心"的清廷之神圣性的膜拜，因而，从意识形态的规训上起到了应有的效果，但是语言却因作为大多数的民众无法接受到当时所谓"精英化之教育"而失效。

其次，作为"国语"的满语文在满洲共同体内部的衰落。清廷在蒙古诸部设立满蒙官学之时，已经进入了乾隆中后期。而此时，远在北京的清廷中央内部，其文化已经产生了巨大的变迁，特别是满语文在宗室和八旗贵族中的衰落，不少王公贵族，受到周围强大的汉文化影响，开始改习汉语文。而作为具有神圣地位的"满语"，已经成为"从幼先习汉语。长成以后，始入清学读书学清语。读书一二年，虽识字晓话，清语不能熟言者，皆助语不能顺口，话韵用字意无得讲究之故耳。所以清

---

① 赵云田点校：《乾隆朝内府抄本〈理藩院则例〉》，中国藏学出版社，2006年，第145页。

② ［美］本尼迪克特·安德森：《想象的共同体：民族主义的起源于散布》【M】，吴叡人译，上海世纪出版集团，2011年，第18页。

语难熟言矣"。①作为文化的民族共同体，语言的象征意义不言而喻，它是一种使其成员"对自己的文化一致性和民族历史具有强烈意识，并且致力于运用本地的语言、习俗、艺术和风景，通过民族的教育和制度来培育他们自己的民族的个性"。②尽管这是一种对于现代民族-国家观念范式的评定，但是在"天朝观"构建下的满洲共同体，作为权力最高统治者的皇帝，利用"国语骑射"的神圣性以政治化、强制性的方式在规训着其族系成员。但是，语言的式微对于其文化的象征意义不断弱化，使之神圣性受到了动摇，终于在嘉庆朝之后，京师旗人群体"常谈之言，有以满汉兼用者，谈者不觉，听者不知，亦时习也"。③在语言的接触中，使得满语在语言的"纯粹性"上产生了变动。其主要原因在于，使用形成只有百余年之久的满语文的统治者在面对具有悠久语言文化历史的庞大帝国进行统治时，其语言的丰富性显得捉襟见肘，例如在汉语中对于文臣之封号的"仁""义""懿"等内涵丰富的词汇，在满文中只能用"Sain（好）"来表达。因而在面对如此复杂和丰富的情感时，满文只能做出妥协，所以在很多满文中出现了以满文符号书写，却是汉文音译的词汇。不仅仅是满文，在蒙古文的书写中也出现了诸如此类的书写模式。在文学作品中亦可见一斑，例如，清代文学家哈斯宝，在翻译《新译红楼梦》时，表述官职和人物名称的书写中，即采用了以蒙古语为主体，满书汉文的"满汉杂糅"文字形式进行书写为特点的格式。在受到精英化教育的满蒙贵族中亦是如此，那么可想而知，在远离汉文化的蒙古诸部，满语文作为交流的符码，亦难以发挥人际沟通的功能。

---

① ［清］长善主纂：《驻粤八旗志》，《近代中国史料丛刊三编》（第86辑），台湾文海出版社，1999年，第76页。

② ［英］安东尼·史密斯著：《民族主义：理论、意识形态、历史》【M】，叶江译，上海世纪出版集团，2011年，第37页。

③ 奕赓：《括谈》，燕京大学图书馆铅印本，1935年，第178页，载汤景泰：《白山黑水：满族传播研究》【M】，复旦大学出版社，2014年，第110页。

再次，清廷对蒙古诸部民众"以俗治俗"的战略手段，使得在有清一代，除了部分上层贵族、文士能够使用满语文外，作为各部的普通民众，根本没有机缘学习其"国语"之根本。因而，在蒙古诸部"唯喇嘛习经须识蒙字，故大庙中，常有蒙师教授"。即使如此，也只是了解字意，"若论道德伦理……则未之梦想"。①而在遥远的外藩外札萨克喀尔喀地区，这一形式即使是在清朝灭亡之后十余年，外蒙古独立之后，其受教育人口依然微乎其微，日本学者吉村忠三曾对其做过统计，独立之后的外蒙古人口为76万，而1926—1928年间，受教育人口仅为30573人、29015人、34148人，分别占总人口的4.47%、4.15%和4.80%②。而在当时生活在库伦的31000蒙古人中，其中喇嘛人口占12000人。③从时间周边的效力来说，虽然清廷统治蒙古藩部已经经历了近200年的时间，并且日渐式微。但清廷的"以黄教柔顺蒙古"的策略却突破了时间的疆域，使之内化为蒙古人的一种惯习，并一直延续到清灭亡之后数年。但从客观角度，将作为口语的蒙古语在蒙古诸部得以保留，没有如同满语般失去其作为沟通和交流的传播功能。

（二）作为文献文本的保留与传承

蒙古语在清代的地位，远不及作为"国语"的满语文之地位。有史料为证，在乾隆皇帝曾经训诫当时的伊犁驻防官员伊勒图时，曾对于蒙古语在清代的地位留于言表"伊勒图来京召见，清语较前生疏。大员乃管辖兵之人，刻驻扎伊犁，不但清语当熟练，即蒙古语亦宜留心。乃伊

① ［清］吴禄贞：《东四盟蒙古实纪》，《蒙人之愚顽》，载《中国边疆研究文库·初编·北部边疆卷五》黑龙江教育出版社，2014年，第252页。
② ［日］吉村忠三著，李祖伟译：《外蒙古之现势》，商务印书馆影印，1937年，第15页。
③ ［日］吉村忠三著，李祖伟译：《外蒙古之现势》，商务印书馆影印，1937年，第125页。

勒图清语转不如前，想来伊犁大员皆说汉话，全不以清语为事。夫清语乃满洲根本，即不会蒙古语，岂可不会清语？且先陆续携眷驻扎伊犁者多，尤当娴习技勇、清语为要。明瑞系彼处将军，嗣后大员回师接谈之际，务禁止汉话，演习清语。经朕训谕后，倘由伊犁来之大员仍前清语生疏，唯明瑞是问"。①从这段训谕中，可以看出，蒙古语作为一种民族语言，在统治者的视域中，远不及作为"满洲根本"的满语，但是，与汉语相对比，其作为控制边疆和"混一"认同的意识形态框架内，地位依然要高于汉语。但是也可以看出，蒙古语在清廷和八旗贵族立场，其象征性要远远大于传播功能。虽然在清廷的严格控制下，作为藩部语言，蒙古语在蒙古诸部都得到了保留，并且发挥了其作为语言交流和传递情感的文化传播功能，但是在跨民族的周边传播过程中，蒙古语在满洲共同体中却没有发挥其传播效力，相反，无论是在京师旗人社会，还是在蒙汉杂居的蒙古部分藩部，都受到了汉语的影响。从传播路径来看，清廷对于蒙古语的传播，主要来自于清廷的主动纳入和吸收，并非蒙古藩部主动进行语言的传播和教化。如果说蒙古王公贵族对于蒙古语的传播发挥主动性的传播活动，也仅仅是在藩贡和上书时采用蒙古文书与皇帝交流，而与其他满洲贵族或民众并无直接沟通，具有很大的被动性。因而，从沟通与传播的效力上来说，亦是微乎其微的。

但是，作为权力化身的人之主体，皇帝将周边藩部的民族语言主动纳入，并且在满洲共同体之一的八旗蒙古中进行教化，同时又将蒙古文以辞书、圣旨、历史典籍等多种方式吸收、翻译并且将之保存，这对于文化的传承来说却是有着积极的作用。这种文本的书写，其效力在当时主要来自于政治上的象征意义，而其传播效果则同样是突破了时间的维

---

① 《高宗实录》卷726，第10页，载乌兰其木格：《清代官修民族文字文献编纂研究》【M】，辽宁民族出版社，2010年，第99页。

度，对后世之研究产生效力。而对于人的传播效果，则是为清廷培养了为之服务、统辖蒙古的能臣武将。

（三）语言"融合"之效力

李漫博士对于共同语的政治设置与自然变迁曾经做过三种界定，其设定在同一政治共同体框架内的不同族属间的人群划分出的类型：一为多元语言共同体之族群中，以人数众多之语言为共同语；二是人数相当，出现混合语言使用之情状，无真正实现共同语；三是以社会和文化生产力较高的族群之语言共同体，成为潜在的自然共同语。①不同文化背景和社会属性的人群，在共时性的空间框架内进行交往时，语言的接触同样会触发民族间或冲突或融合，特别是在民间语言文化的层面，同样会因彼此间的碰撞而触发出新的样态，作为社会行动的语言，无论是交流还是生产意义，其实践过程中会产生不同的结构形态，从传播的角度来看，是一种在互动中生产信息、"产生意义、实现交流、表达存在"的结构之耦合。②作为不同文化背景的人类交往之语言，无论是何种方式的语言接触，也无论出现何种或抵触、或融合的效果，形成何种新的"习惯"或"传统"，其产生的意义始终不能脱离作为"人"的主体，恰如康纳顿所言："习惯是一种知识，是手和身体的记忆；在培养习惯的时候，恰恰是我们的身体在理解。"③

有清一代，清廷对于八旗贵族及其内部不同社会阶层都规定了"首

① 李漫：《元代传播考》【M】，北京大学出版社，2013年，第208页。
② 纳日碧力戈：《语言人类学》【M】，华东理工大学出版社，2010年，第94页。关于"结构耦合"纳日碧力戈从生物学的生物体与周边环境的关系、语言的结构与行为和行为方式之"结构"和结构现象的"耦合"，以及语言在社会交往中与社会结构的耦合。本节所针对的即是社会结构的"耦合"。
③ ［美］保罗·康纳顿著：《社会如何记忆》【M】，纳日碧力戈译，上海人民出版社，2000年，第117页。

崇满洲"之语言策略，并且将其推行到蒙古周边，同时也高度重视对于少数民族语言文化的传承与发展，而对于与满蒙民族文化迥异的中原汉文化则在这些民族中以强制的方式严格限制。虽然满语和蒙古语在严格控制下不断被强化记忆，写入民众的身体，但是面对先进生产力以及汉语言历史悠久和博大精深的内涵，满蒙民族在身体和语言的接触中，逐渐做出了妥协，并且就此在民间文艺方面产生了具有民族融合特色的民间文学形态。一种是清代中晚期流行于旧京的"满汉兼"子弟书，另一种则是在嘉庆、道光年间随着清代治边策略的改变，大量晋陕农民为求生计而大批迁移的"走西口"移民活动，并在蒙汉杂居的生产生活中，诞生出了带有蒙汉融合特色的"漫翰调"。

"满汉兼"子弟书流传于清代嘉庆、道光年间北京的旗人社会，此时的满洲八旗子弟，已经逐步放弃作为母语的满语而改习汉语。与之对应，满语文之衰落情状已如泥沙俱下、势不可挡。但是在旗人社会，满语文却与汉语相融合，在民间形成了一种独特的艺术风格，即"满汉兼"子弟书。这种民间文学的语言特点是，只唱不说，以四句或八句的七言韵文作为格式，在汉语的韵文、韵脚处，嵌入满语。整句中是或前半句为满语，后半句为汉语；或后半句为满语，前半句为汉语；亦或在汉语句式中加入满语，可以说是当时流行于北京旗人社会的一种带有地方民族特色的说唱艺术。其中最为有名的即是《螃蟹段》和《升官图》。特别是前者，其反映了旗人社会，由康乾时期的旗民不通婚政策，到清代后期满汉之间建立姻娅关系，并互相融合的民族现象。其故事梗概是一个旗人男子娶了汉人妻子，从屯居到进入城市生活，与城市生活不相适应而闹出各种笑话的故事。试举其中一段文本来观察这种民间文艺的特点：

有一个age（阿哥）不知是hala ai（姓什么），也不知colo（号）叫做ai niyalma（什么人），又不知manju（满洲）monggo（蒙古）是ujen cooha（汉军），更不知哪个niru ya gusa（佐领哪个旗），toksode（在屯子）住了二年半，gaiha sargan uthai tubai（娶个媳妇就是那处的）蛮子家（汉人），也不问dancan ergi gebu hala（娘家姓氏）谁家女，hulhi lampai（糊里糊涂）娶到了家，这佳人gunin sure bime（心性聪敏）嘴又巧，manju gusun（满语）不上半年bhanaha（就会了她），也是个amtanggai hehe（风趣妇人）好玩笑，到后来成了个半满半汉的belci mama（滑稽女人）。①

　　从这段"满汉兼"的文本中，可以看到利用句末满语的发音，和汉语的韵脚对仗，形成一种脍炙人口的说唱词，并且层层递进、一气呵成。这也可以看出，虽然清廷统治者曾经以严格的训谕和制度，控制旗人社会重视满语，而对汉语、汉文化保持警惕。但是在漫长的岁月中，在当时的都城北京，多元文化的碰撞已经让旗人作为少数人群，在强势的汉文化的浸濡下，与之发生了语言上的接触和碰撞，并且在自身的语言中做出了妥协。虽然政治上被严格的控制，但是在语言的自然流变中，人口占大多数，且社会和文化生产力水平更为先进的群体之语言，会不断浸润、并取代人数较少的族裔所使用的共同语，这是政治控制对于民间的共同语设定的失效，也是一种趋势。同时，在《螃蟹段》的文本中，还能看到少量的"蒙汉兼"现象，例如：

　　有几个monggo说声ebei挤了挤眼，dara burhan uneren是个活菩萨。②

　　短短一段话，里面却使用了三种语言，Monggo是满语，指"蒙古、

---

① 刘晓萌：《清代北京旗人社会》【M】，中国社会科学出版社，2008年，第529页。
② 关家铮：《二十世纪四十年代几种〈俗文学〉周刊中有关"满汉兼"及满文译本的研究》【J】，载《满族研究》2001年，第3期。

蒙古人"，Ebei则是蒙古语的语气助词"哎呀"，Dara burhan是蒙古语"菩萨""度母"，Uneren是蒙古语"真正的""实在是"之意。翻译成汉语即是"有几个蒙古人说了声哎呀挤了挤眼，度母实在是个活菩萨"。从这段话中亦可以反映出，在当时的北京，不同民族文化间，通过语言的接触，使彼此间的语言变成一种以汉语为体，其他语言为用的口头文学形态，汉语成为一种潜在的共同语，在满洲、蒙古八旗社会悄然风行。

"满汉兼"作为民间艺术形式经历了百余年，甚至到了清末也依然存在，例如在当时北京曾经流行的童谣，亦可看到其踪迹：

> 今日"三音阿布喀"（好天气），闲来无事出"都喀"（门）；"亚布"（走路）必须穿"撒补"（鞋），要充朋友得"几哈"（钱）。①

这是流行于清末北京一些地区的一则民间童谣，此时"满汉兼"子弟书文化的流传范围已经逐渐缩小了，而其作为一种语言融合的产物，已经逐渐演变成当时从语言上已经接受汉语"同化"的旗人社会少部分人所流行的一种文艺样态，并且在之后数年失传。

不过满语的衰落并不代表其从根本上彻底消亡，而是在作为强大的汉语言裹挟下，不断地融入到对方。在北京的很多方言中，也保留并融入了满语，例如在在清朝末年反映北京旗人社会的小说《儿女英雄传》《春阿氏》等文艺作品中，其对话中的北京方言中含有大量的满语词汇，根据北京市西城区文物保护研究所编制的《京腔儿的前世今生》记载，在《儿女英雄传》中，从满语转化而成的北京方言词汇共52条，《春阿氏》中涉及的词条共25条。当然，在文学作品中的叙事和人物对

---

① 关德栋：《曲艺论坛》，转刘晓萌：《清代北京旗人社会》【M】，中国社会科学出版社，2008年，第531页。

话只是当时北京市井社会生活的一个侧影，一些词汇的流传在当下依然可见其踪迹，例如北京方言中的"掰扯""巴咧""敞开儿""咯吱"等词汇，都有满语出处。①对于满语和汉语在以人作为媒介的接触中，在社会的不同群体、阶层中都产生了相互依存、互相包容的"共生性耦合"，其效果即是产生了独具民族特色的方言文化和民间文学样态。诚如我国满族著名作家老舍先生在《正红旗下》中的叙述，"至于北京话呀，他（主人公福海二哥）说得是那么漂亮，他的前辈们不但把一些满文词儿收纳在汉语之中，而且创造了一种轻脆快当的腔调"。②这一段描述是对当时新北京方言的融合满汉语言特点而形成的独具韵味的"京腔"之准确的描述，这也是对于满人对汉语方言文化之贡献的一种肯定。

在清代的蒙古地区，特别是靠近汉地的漠南蒙古土默特、鄂尔多斯以及乌拉特等地区的蒙古诸部，同样也受到了来自汉语言文化的影响。除了在前文中的巡边考察笔记中，可以窥见蒙古人对于汉语的熟悉情况，在一些蒙汉杂居地区，长期的生产劳作、共同发展，使这些地区的蒙汉语言相互融合，并形成一种新的兼蒙古短调之长，融合汉族唱腔，并且兼容蒙汉唱词"风搅雪"式的地方民间文艺形式——漫翰调。

关于漫翰调之起源说法不同，一种是来自于蒙古语"芒赫"即沙丘之含义，这与鄂尔多斯、乌拉特等地区的地理风貌极为贴合。而另一种说法则是因为蒙汉两族共同在语言上交融而产生的艺术形式，因而附会为"蒙汉调"。所谓"风搅雪"是指在唱词、唱腔中，杂糅了蒙汉不

---

① 在刘一达的《北京话》和北京市西城区文物保护所编撰的《京腔儿的前世今生》里，对这些词汇的满语词源和含义都有详细注解，并且在融入汉语的过程中，一些除了发音有些变化外，基本保留了满语的原意，而一些则又引申出了其他含义。

② 老舍：《正红旗下》，转刘晓萌：《清代北京旗人社会》【M】，中国社会科学出版社，2008年，第532页。

同的语言,这与"满汉兼"极为相似,以蒙文的发音,叶汉语句式之韵脚。试看其中的一些唱词文本:①

三十三棵荞麦(汉语),依呀依松达楞太(蒙古语:九十九道棱)。再好的妹妹(汉语),忽尼混拜(蒙古语:人家的人)。毛日呀呼奎(蒙古语:马儿不走),拿鞭鞭打(汉语),努呼日依日奎(蒙古语:朋友不来),捎上一句话(汉语)。爬场(不好的)毛驴也是:"依勒吉格哇"(毛驴哇)小脚脚女人也是:"努胡日哇"(朋友哇)

再如,反映蒙汉交往的漫翰调文本:

和你交朋友我有些怕,听不懂你说甚答不成个话。听不懂说话我给你教,"赛拜奴"就是咱二人好。早想和你交一交心,单怕你"额吉"眉脸红。

塔奈来到莫奈家,又有炒米又有茶。莫奈去到塔奈家,正好塔奈不在家。塔奈门上栓的个大脑亥,咬了莫奈圪膝盖。莫奈拿起个大眼袋,打坏脑亥的特老盖。②

在后两段唱词话本中,赛拜奴是蒙语"你好"之意,额吉为蒙古语母亲之意,塔奈意为"你们的",莫奈意为"我们的",脑亥即"狗、犬"之意,特老盖为"头、脑袋"的含义。这种"风搅雪"式的蒙汉说唱文学,充分反映了在"走西口"移民潮中,蒙汉之间相互协作与互动下,从情感到心理上建立了一套新的"言语社群",形成你中有我、我中有你的新的社会语言共同社群。虽然在政治、宗教、地缘、血统以及

---

① 李先叶:《漫翰调语言及其演唱特点探微》【J】,载《吉林艺术学院学报》,2010年,第1期。
② 王进:《浅析漫翰调之交融性》【J】,载《民族民间音乐》,2000年,第2期。

历史记忆等诸多方面，因"蒙汉分治"的策略，让世居于塞外的游牧民族与"往返迁移"的农耕民族在心理认同上归属于不同的历史、神话之记忆，但是硬性的政治制度的规训，并不能彻底构成文化上的藩篱，因而在长期的交往中，形成了一种恰如海姆斯所提出的"言语社群"。即是通过语言的"划界"功能，构建出一种新的、在共同地域框架内，跨越时间和族属的具有一定凝聚性和团结力量的社会群体。但同时，对于一种外来的、与之言语活动相异的文化形态，则呈现出一种排他性。关于言语社群，属于一种综合性的定义，他强调"共同的语言、说话规范、习惯意义及语言态度，同时又有频繁的互动性"。[1]如果说语言上，蒙汉之间分属于差异较大的语系语族，但是在共同的空间内，长期的互相协同发展，使得蒙古人作为人数较少的群体，其语言被作为数量众多且社会和文化生产力水平较高的汉族移民文化所影响，不仅在清代中后期，蒙古一些藩部成员习得了汉语，而且在文化和艺术形态上也深深被其影响，并写入了身体的记忆中，发展成为一种具有地区特色的"蒙-汉民族言语社群"。作为这一特殊历史背景下产生的语言文化形态，在其后数百年，一直流传并保存。最直接的传播效果之景象即是，漫瀚调在当代依然作为一种非物质文化遗产被广为流传，并且内蒙古自治区鄂尔多斯准噶尔旗亦被国家文化部誉为"漫瀚调之乡"，而蒙汉双兼的唱词流传至今。

不过，对比汉语言对于分属于不同地区、不同族裔的少数民族群体，其所产生的影响效力有着巨大的鸿沟，曾经作为清代满汉语言融合的民间文艺"满汉兼"子弟书，在流传了百余年后随即销声匿迹，只见诸于学术研究范畴之内，而在千里之外的蒙古地区，却一直流传至今，并且伴随着蒙古语言保存，称为民族融合中的语言文化之瑰宝，究其原

---

① 纳日碧力戈：《语言人类学》【M】，华东理工大学出版社，2010年，第105页。

因主要在于：

第一，清代中后期的满洲共同体与汉语言文明间的冲突与妥协。

在入关之初的清廷，对于京师八旗为主的满洲共同体成员和北京当地的汉族采取"旗汉分治"，旗人环拱内城而居，汉人移居外城而住。但是在进入道光朝之后，这一禁令却在彼此长期的交往中被慢慢打破，且旗汉不通婚的定制也被逐渐摒弃，另外在清廷"首崇满洲"之外，还强调"因循明制"的儒化教育，这就使得八旗子弟在不知不觉中被周边的汉民族文化所感染。特别是在不同文化背景、不同族群共同生活的城邦中，知识的传播、信息的生产不仅仅是从中心流向周边，同样也会自周边涌向中心。[①]而作为当时生产力水平较高且文明程度逾千年之久、人数众多的儒家文明，其洪流之势，对于"国语骑射"只有百余年历史的满洲文明来说势不可挡。在这种相互碰撞中，使得满语文或融入或衰落，并最终被其融合、消解。

然而对于蒙古藩部来说，虽然存在蒙汉杂居，但是也仅仅是局限于某一个区域之内，虽然是杂居之形态，但实际上依然会有严格的"旗""厅"之别。并且，来自"口内"的山西、陕西移民，在移民浪潮中，并非长居于此，而是如候鸟般冬去春来，这就使得蒙古语言文化，在与移民的语言接触中，保留了自身的相对独立性。没有如满语文一样只留存于文本的范式和文艺形态中的"文字游戏"之技艺。除了在一些蒙汉混居之地，大多数与汉语言接触较少的蒙古地区保留了蒙古语言的交流功能及其民间文艺形态。因而，在蒙古诸部中，一些蒙古藩部，诸如土默特、鄂尔多斯准噶尔旗薛家湾等蒙汉杂居地区，其语言形态如居住于京师八旗的满人一样，或融入或同化于汉语言中，在其他的蒙古藩部则

---

① ［英］彼得·伯克著：《知识社会史——从古登堡到狄德罗》【M】，贾士蘅译，台湾麦田出版社，2016年，第112页。

既保留了蒙古语言，又融入了汉语言的成分，成为一种"双语并行"的语言文化的融合模式。

第二，生产生活方式的差异，导致了语言的"分化"发展。

在满洲共同体进入到中原之后，其生活方式产生了与在关外"半渔猎""半农耕"完全迥异的生产生活方式。从入关前的骁勇善战，到入关之后，在反映后期旗人民俗社会文学中所呈现的"提笼架鸟"的社会现象与人物标签化的形象，使得八旗民众在效仿明制、文教淑化的过程中，在前现代的城市里，迅速地融入一种新的生活方式中。语言与人的生产生活密不可分，马林诺夫斯基曾特别强调"语言即行动"[①]，一个民族或社会的语言所表征的即是其行为方式观。[②]而生产生活的方式，亦是其社会行为的过程。满洲共同体经历了由部落到族群再到"城市化"的社会行为的变迁，在长期的城市中心的活动中，其语言模式在行动中或自觉或被动的被已经长期城市化的汉语言所影响。尽管从意识形态和族属认同上区隔于异质的汉民族，但是在这种城市景观的客观框架内，其语言的模式已经被打上了汉化的烙印，因而，即便在语言的冲突中，在清代中后期，他们找到了一种平衡"满与汉"之间的支点，但是在失去作为母体文化的行动和生活方式后，这种平衡势必会被打破。

蒙古诸部作为生活在广阔草原空间内，并且倚重于口语传播的民族。[③]其游牧的生产生活方式，使得这一语言以多种样态得以保留。尽管在蒙古诸部同样出现了封建城邦，并且在跨语系的族群间交往中，也如同京师旗人一样出现了语言上的"汉化"或"同化"现象，但是与满

---

① 纳日碧力戈：《语言人类学》【M】，华东理工大学出版社，2010年，第124页。
② 纳日碧力戈：《语言人类学》【M】，华东理工大学出版社，2010年，第125页。
③ 关于蒙古族倚重于口语和汉民族倚重于书面语的模式，在李漫的专著中有详细的分析，本节不再赘述。

洲共同体相比，其程度无法相提并论。此外，清廷对于蒙古施行的盟旗制度，不仅限制蒙古诸部之间的交往，也限制了蒙汉跨民族间的接触，这在一定程度上使蒙古语言文字避免了"同化"。即使是蒙汉杂居，但是其生活和生产方式有着天然难以逾越的鸿沟，因而在民间文艺的发展中，观照出的亦是此种语言之间的妥协，并且在时间的变迁中，得以传承和保留。

第三，寺院学校对语言的保护及移民文化的融合。

在前文中，对于满蒙两个不同民族的奉佛方式上做出了阐释。蒙古的寺院具有传播意识形态和教化知识传承的二重功能，并且在蒙古诸部，出家人数空前，并且在寺院扎仓中，专门学习蒙藏语言，这一教学模式至今在一些地方的寺院仍然存在。[①]因而，蒙古语无论是作为口语还是书面语，都被保留下来。而这种召庙文化，与移民文化在群体化的接触中发生了反应，因而在清代的蒙古地区，出现了诸如《王爱召》《喇嘛哥哥》等带有典型地方宗教民俗形式的民间文艺出现。这也是漫翰调流传不朽的原因之一。

与之相比，清朝历代帝王都严格限制八旗子弟信佛，并禁止出家，只是在乾隆朝时，在京师建立少量的专诵满文经的佛教寺院，并且只招募没有军事身份的包衣人，大多数旗人只是将其作为民间信仰，并且其教化机构和媒介文本均为带有"儒化"色彩的八旗学堂接受其意识形态和知识教化。再加上清代中后期满语文的衰落和旗人改习汉语的语言流变，因而，"满汉兼"在逐渐失去母语的满洲共同体内部，逐渐消散。

纵观清代语言文字的传播效力，满语文经历了由政治设置的"共同

---

① 关于蒙古寺院扎仓，目前在内蒙古自治区包头地区的梅力更召、五当召等寺院，仍然保留了出家僧人学习蒙藏语言的传统，并且梅力更召亦是国内唯一一座使用蒙古语诵经的寺院。

语"在满洲共同体和蒙古诸部王公上层繁荣发展到江河日下的变迁，并且在蒙古民众中传播效力甚微，其对于蒙古诸部的传播是部分有效的，但是因统治者对蒙古的羁縻之策，而使得这种被构建的共同语没有实际的交流作用和传播效果。而蒙古语文在长期的分治和清廷对蒙古诸部和作为满洲共同体内的八旗蒙古中的推广，使蒙古语文作为民族语言文化在有清一代发挥出其应有的效用，此外，作为主体民族文化的汉语言的浸润，在和满蒙语言的接触中，发展形成了自清代以来，独具民族融合特色的民间文艺形式，并在此后百余年流传于满蒙汉民族间。

左：雍和宫四体合璧匾额；右：蒙古学问寺五当召乾隆题字四体合璧匾额

第三节　清代满蒙语言传播变迁之社会意义

清代满蒙语言的发展，在不同时期、不同族群和地区以及不同社会阶层中产生了多样化的路径和效果，但是，站在历史发展的角度看，语言的发展变迁，其背后有更为深层的社会意义，本节就清代满蒙语言的变迁来延伸探讨作为统治主体和藩部周边的语言变迁，所带来的社会意义。

一、嬗变：从交流功能到政治象征

语言的基本功能即为沟通交流、生产信息、传播情感、建立认同。在入清之后，满语文被清廷设置为一种政治上的"共同语"，在帝国对周边的传播中发挥效力。而蒙古语文则作为蒙古诸部和八旗蒙古的文化共同语，在帝国的控制和社会活动中发挥建立认同的效力。从地位上看，在当时满语文高于蒙古语文，蒙古语文因满洲共同体内部八旗蒙古存在的原因，而高于其他少数民族周边藩部语言的地位，但也只是将其作为周边藩部的语言之一。作为统治中心的满洲贵族，虽然也同样来自于非"华"身份的"诸夷"之苗裔，但是在其入主中原之后，依然没有摆脱作为"天朝上国"之统治中心的封建集权意识形态。尽管对于蒙古诸部采用了不同于其他藩部的"优待策略"，但是，对于他们来说，蒙古诸部依然是"未开化文明"的愚蒙之辈。因而作为"先进文明"的先行者，满洲共同体利用自身语言的教化，来达到"混一"蒙古周边的目的。但是，在庞大的帝国周边，蒙古诸部与作为中心的清廷之间的关系微妙且复杂，出于战略的考量，清廷对于内属、外藩不同蒙古藩部分而治之，且教化的对象也主要是在蒙古藩部处于社会上层的王公贵族，因而，这一教化传播的效果也只在蒙古社会上层产生了短时间的效力，而对于蒙古社会中的大多数群体，依然因其羁縻策略而对于这种相近却不同的跨语族语言无法产生文化心理上的认同。

而随着满语文在清朝中后期的式微，最终在满洲共同体和蒙古藩部也都失去了其作为生产信息和交流交际的传播功能，取而代之的是其作为政治象征的文化性功能。政治象征的文化功能是一个综合性的概念，其目标主要是"提供社会记忆、寻求政治认同、整合意识形态、实施社会政治化"。①作为一种符号，满语文在清代中后期的蒙古藩部的传播，所代表的即是一种作为符号的政治象征功能。笔者认为，在这一过程中，其功能的实现是在各个因素的综合合力下产生意义。柯恩曾指出，"一个群体为了达成它的意识功能所采用的各种象征办法，构成了该群体的文化"。②清廷中央对于蒙古的策略除了柔远羁縻外，更重要的是一种"混一"认同的建立。但在清廷中后期，满语文在满洲共同体内部失去交际功能的效力时，在"边地"的蒙古亦难以以此而建立认同。但清廷统治者清醒地认识到，满文作为"首崇满洲"对于蒙古周边的意识形态的威服与统一整合的意义，以及满文创制时起源于蒙古文的历史记忆，因而充分利用了两种文字传承关系，在不同形式的文书里，将二者置于文书、匾额、碑文等媒介载体，并时刻提醒蒙古人，这种记忆的神圣性。特别是在对于某一人物或历史事件的记忆，清廷采用满蒙或满蒙汉合璧的形式来宣传。举例来说，在喀尔喀归附清廷过程中，以哲布尊丹巴为首的宗教领袖带领蒙古民众归附并受到康熙皇帝为代表的清廷皇室的礼遇和嘉奖，嗣后，乾隆皇帝以圣旨碑刻的形式，将这一历史事件以高度赞扬的政治修辞方式，立于喀尔喀部落的寺院之外。其目的既在喀尔喀蒙古诸部以政治神话来构建历史，渲染哲布尊丹巴作为神格化的人灵媒介，作为归附清廷的表率作用，同时又对于康熙皇帝对喀尔喀等外藩蒙古诸部的威仪和淑德并重形象，通过碑文这一"时间化"的媒介，写入喀尔喀蒙古人的身体，并不断重构这一带有政治神话色彩的历史记忆。从控制的角度来说，对社会记忆的控制，决定了社会权力的等

---

① 马敏：《政治象征》【M】，中央编译出版社，2012年，第229–239页。

② ［英］亚伯罕·柯恩著：《权力结构与符号象征》【M】，宋光宇译，台湾金枫出版社，1987年，第126页。

级，并使该社会的核心价值得到延续。①清廷皇帝作为当时政治权力顶峰的化身，通过双语或三语合璧，来突出自身语言的"文明化"，同时又通过蒙古民族的语言来生产神话的信息和复制记忆。而这两种语言文字，在作为碑文的保留，一方面是，作为统治者所倡导构建并强行推广的"国语"，在此后的蒙古地区是否能传播信息、构建记忆的作用并不重要，其所指向的是满文作为"满洲根本"和皇家所使用的"上层文字"，彰显的是作为统治阶层对藩部周边的威仪形象。另一方面，蒙古文则具有生产信息和传播意识形态的功能，建构喀尔喀蒙古人作为属民的历史记忆，使其从身体和心智彻底被统治者所代表的权力规训。

如果说在清初满蒙文混用的社会语言景观中，双方最主要的目的即是为了进行沟通和社会传播活动，而在满文不断式微的情况下，满文在八旗内部传播的目的是为了取得一种政治共同体内的认同，那么，其在蒙古诸部的传播和设置则是为了突出其自身在极权社会中的政治地位之崇高，并借助蒙古文来构建其属民的历史和神话记忆。

二、融合：从"八旗根本"到"周边认同意识"

在前文提到清代的"大一统"思想与古代"大一统"王朝时曾分析，清廷将内与外的关系重新建构，并且弱化"夷"的属性，这与其自身的"非汉"族源的文化身份有直接关系。清廷之所以将"首崇满洲"和"八旗国之根本"不断进行训谕和强调，笔者认为最主要的是八旗制度本身作为一个多元族裔、多元文化的政治共同体的起源有直接关系。所谓八旗，是以"八旗满洲为核心，八旗蒙古、汉军为主体的，多民族

---

① ［美］保罗·康纳顿著：《社会如何记忆》【M】，纳日碧力戈译，上海人民出版社，2000年，第1页。

组成的社会群体"。①这就使得满洲共同体从建立之初，在旗属内的不同社会阶层，建立起一套有别于"民人"（汉族）和蒙古藩部（内属蒙古和外藩蒙古）的自我意识和认同意识。不过，"八旗意识"不等同于一般的民族意识，原因在于，满洲共同体建立之初就是一个多民族混合的民族群体，但是因其内部教化，以及在满洲、蒙古、汉军内部存在"混编"的形式，以及旗属内的通婚，并且在不同阶段，作为八旗最高统治者的大汗、皇帝用满语文作为驯化其认同的主要指标和手段，因而，从满洲共同体形成之初开始，就具备了不同族源的旗属成员，具有对八旗的向内的自我意识和认同意识。八旗自我意识的体现，主要集中于两个方面，一方面是在历任皇帝在清代颁布上谕，宣扬八旗作为"国之根本"的意识之输出；②另一方面则是在八旗内，不同旗属和族源的八旗文学家对于八旗制度和八旗文化意识的褒扬。其中不乏来自于蒙古八旗的文士、能臣，诸如编著有《八旗艺文编目》的蒙古旗人恩华、讴歌并撰写《八旗诗话》的蒙古旗人法式善等等，都可以突出其个人对于八旗的认同意识。虽然在旗内会从训谕和规制上对八旗满洲、蒙古和汉军加以区分，但在日常实际的社会活动中，这种区分并不是很大，相反，这些来源于"非满洲"后融入到满洲共同体的"伊彻满洲"人，对于与其族源相同或相近的民族，在认同意识上有很大区别。反而更强调自身的"满洲属性"。这在汉军旗中，对于满洲的认同意识，从语言的角度来看，除了学习满语文外，更主要的是在后代子孙的姓名选取上，均放弃原有的汉语名姓，而俱改用满语名字，这在《八旗满洲氏族通谱》中，

---

① 张佳生：《八旗十论》【D】，辽宁民族出版社，2013年，第34页。

② 上谕的提出主要有康熙四十五年（1706）在《驻粤八旗志》中对于八旗的淑德和恩赏之圣旨。以及在《钦定八旗通志》中，从雍正、乾隆两代皇帝对于"国之根本"的八旗制度的重视，和八旗功臣的恩赏，以及在《熙朝雅颂集》中，对于八旗制度的褒扬，以及八旗能臣和国语骑射之"满洲根本"的重视和宣扬。载张佳生：《八旗十论》【D】，辽宁民族出版社，2013年，第35-36页。

均可找到大量汉军旗人"满洲化"姓名的史料记载。①

如果说，在早期八旗建立满洲共同体，并形成后金-清政权，并宣扬"八旗根本"是一种建立族群认同意识的对内传播模式，那么在清廷成为中原统治者并控制蒙古藩部世界，建立"大一统"帝国之后，"八旗根本"即发展推演成为一种"周边认同意识"的范式，并以此在不同的周边进行推广。周边传播被认为是一种"对内传播的延伸，对外传播的先导"，并且最重要的是其求"同"。这种同，一方面是指文化类型、历史记忆、社会结构、宗教信仰的相同，而另一方面则是一种认同。在非现代的传统封建帝国内，周边传播的主要象征即是一种"周边认同意识"的建立。这种周边从对象来看，一方面是作为统治者的满洲共同体，对于周边建立一种"庇于宇内""混一"蒙古的君臣、主从之间的不平等的周边认同意识。另一方面，则是蒙古藩部对于作为满洲共同体的中央统治者的"姻娅"历史记忆和"施主-福田"宗教仪式的认同和复制之记忆，同时，利用蒙古八旗"以蒙治疆"策略来建立一种从属民到中央的语言周边的认同意识。另外，在蒙古藩部的官学中，也采用了一种"混一"的方式，进行教化和输出，以绥远城官学、土默特官学为例，在雍正朝设立之时，亦采用了绥远驻防满蒙八旗和土默特二旗子弟，混编入学的模式，并且采用满蒙文的模式教授儒学思想。②特别是土默特官学，为专用蒙古文教化之学堂，并且采用蒙古文为教化主

① 张佳生：《八旗十论》【D】，辽宁民族出版社，2013年，第236-241页。
② 《古丰识略》，卷十五《官学》，载《清代蒙古汉籍史料汇编》（第一辑），内蒙古人民出社，2017年，第35页。卷中记载"绥远城官学……为八旗满蒙子弟肄业处，凡兴、校、庠、序、塾五学，镶黄、正白二旗入兴学，正黄、正红二旗入校学，镶白、正蓝二旗入庠学，镶红、镶蓝二学入序学，两翼（土默特）蒙古入塾学，每旗二旗官学生四十名。乾隆五十年……于原五学外，添设满汉翻译学一所，各旗每佐领下，挑选闲散幼丁，年十五以上，二十以下能习国书及汉书者，各十名入学"。

要语言，教授满蒙汉三文和儒家思想，其达到的效果即是"颁行已百余年，……间尝入其学，亦彬彬然，礼法之存，声教所讫，熏陶而涵育之，其丕变可立睹矣"。①虽然这种"混一"蒙古，和满蒙合璧文书典籍撰写构建出的历史记忆和认同意识具有阶级的局限性以及欺骗性，但是，利用对蒙古语言强制性的传播，确实在对于作为蒙古藩部的周边民族的文化和政治认同，以及文化的融合起到了实际效果。可以说，清廷与蒙古诸部的周边认同意识，是一种以八旗根本为基础、满蒙语言和儒家思想为控制手段，以俗治俗为策略的二元民族认同，并且在有清一代，较长时间内，在蒙古藩部和清廷中央，产生了文化融合与政治认同的传播效力。

小　结

本章通过满蒙民族间满蒙汉三种语言之间的关系以及其对于跨民族传播中产生的效果及其所象征的意义进行了探析，希望通过史论结合的方式来解读关于语言限度下，周边族群传播的效果和限度的问题。

综合来看，在清代初期，从文字的产生以及传播模式来看，蒙古文在满蒙民族以及满洲共同体内部所产生的沟通、交际功能是十分巨大的，并且在满文产生之前，蒙古文与汉文在满洲共同体内部的传播范式是以蒙古文为主、汉文为辅的传播样态。在满文创制之后，作为民族认同的主要因素之一，满语满文经历了"去蒙古化"的过程，以此来凸显自身文化的独特性和自主性，并且逐渐使蒙古语文变成从属于满语文的周边藩部语言形态，并且弱化其交际和沟通的传播效力。

在建立政权，入主中原之后，满洲共同体作为统治者，不断构建自

---

① 《古丰识略》，卷十五《官学》，载《清代蒙古汉籍史料汇编》（第一辑），内蒙古人民出版社，2017年，第37页。

身的民族形象和特征，并且以强制的方式在满洲共同体内部和蒙古周边藩部推行满语文作为"国语"的共同语作用。但在其推广过程中对于蒙古上层的王公贵族产生了部分效力，而对于普通的所谓"丁"的蒙古民众却未能产生实际效力，其原因是多方面的，即有满语文在满洲共同体内的式微，同时也有来自于其对蒙古民众的羁縻策略而设置稀少的边地教化机构，还有来自藏传佛教对于蒙古民众信仰的影响力之广博。不过，作为蒙古语言文字，在多民族、多周边的清王朝，能够保留其语言的传播，并且纳入了清廷的文字、史书撰写，使得蒙古语言文字不仅在蒙古族群内部得以流传，同时，被满洲贵族所吸纳，并产生了跨越时间和空间维度的史料研究价值。

此外，汉语言作为清帝国人数广大，且历史和文化悠久的语言，在满洲共同体入关之后，深受其影响，并且在清代的移民文化中将其传播进入蒙古藩部，使得汉语言在不同的族群间，融入到民间，产生了不受政治意志所控制的融合型的民间文化。

总体来说，满语文在经历了创制—兴盛—式微—衰落的过程之后，其作为符号的交流和生产信息、传播文化的功能逐渐衰退，取而代之的，是其作为政治象征的文化性功能和作用。而蒙古语言文字，在严格的控制和被纳入的传播过程中保留了其纯粹性，并且突破时间的藩篱，被完整地保留下来。不过，在清代"八旗根本"的族群意识作用下，产生出了对于周边蒙古藩部的一种"周边认同意识"可以说是清代在语言文化传播中，较为鲜明且成功的案例。正是基于这种认同意识的建构，使得作为统治者的清廷中央，能够维持一种不同于前代的"大一统""多民族"的广域帝国的有序运行，并且使得周边多民族藩部认同这一统治模式。这不能不说，是清代成功的民族文化融合和政治认同的一种大胆尝试和有效控制。正如清廷在建立国号时被称之为"大清"，满文中称之为"Daiicing gurun"，这一语源来自于蒙古语，其含义为"英勇善战之国朝"。其符号化的内涵即包容了不同文化对其的认同，以汉文化的视角来看"明朝之'明'，象征日月同辉，属火运，而'清'则属象征清澈、澄明之水，水则必灭火"；[①]而对于蒙古藩部，则象征了与满洲共同体相一致的"骑射善战"之本，从而构建起来一种与满洲"八旗意识"具有沿承关系的"周边认同意识"。这也正达到了多元一体的传播目标。

---

① 刘晓东：《雍乾时期清王朝的"华夷"新辨与"崇满"》【J】，载《东亚视域中的"中华"意识》【D】，台湾大学人文社会高等研究院，东亚儒学研究中心，2017年，第101页。

第六章

清廷与蒙古藩部的传播路径及其效力

　　本文在前面几章的内容里，分别就清廷与蒙古藩部的媒介机构、传播手段以及语言文字的传播路径及其效果，从静态的、微观的角度进行了史论结合、案例对比等不同方式的分析和探究。本章将从更宏观和动态的角度，立足于清廷和蒙古藩部主体间，多样化、立体性的传播媒介和传播模式，从礼制框架下的藩贡体系和宗教传播两个维度，对有清一代，清廷中央和蒙古藩部的传播路径以及其所达成的传播效力进行多角度分析，特别是在藩贡体系下的，以儒家思想为核心、天朝观为主导的意识形态渗透下，清廷自身的自周边传播所产生的效力，以及在清廷控制蒙古诸部之后，所构建的蒙古藩部的他周边形象所生成的效果会成为重要的研究对象。尽管美国国际关系学者约瑟夫·奈强调所强调的软实力是在现代民族国家语境下所构建的一种对外传播效果路径和模式的分析，但是这一理论，对于传统东方封建国家的清廷，依然会发生实际作用。笔者认为，与约瑟夫·奈所提出的对外传播理论有所不同，清廷虽然亦是为了在九州来朝的思想框架下构建自身"天子"之形象，但从清代中央与藩部的关系来说，并非现代意义上的民族国家之对外传播形象的构建，而是一种在"有疆无界"的广袤地域环境下，利用藩贡体系构建一种介于对外传播和对内监控之间的前现代周边传播形象。不过，虽然周边关系的形象构建所针对的是现代国家之语境，但是，从古代中国

的边疆民族社会史来看，对周边的藩属或朝贡国进行统治者形象的塑造
这一政治行为，一直存在于历代封建王朝，并非是现代国家所独有的传
播活动，因而具有普遍性意义。不过，塑造"天朝上国"的"天子"形
象，对于清代的蒙古藩部来说，并非是周边传播的主要目的，而是其传
播活动的肇始，通过不同的传播路径所衍生出的周边传播活动，其最终
目的是为了让蒙古周边藩部对清廷中央产生文化心理和政治上的认同，
建立一种能够服从于清廷中央控制，并且相对平和、繁盛，同时符合清
廷统治利益的周边关系与多元共生的内亚环境。不过，这与现代国家的
周边传播、对外话语以及媒介渠道和功能有很大不同，因而在讨论周边
传播这一论题时，要结合当时清廷北方内亚周边的实际情况作为视角，
来发掘当时的周边传播路径与传播效力。

此外，宗教的传播活动和效果也是本章所要讨论的重点，虽然藏
传佛教作为外来宗教文化，早在16世纪后半期就在蒙古地区对其政治、
经济、文化、信仰以及历史记忆产生了巨大的影响，使蒙古的社会结构
和文化心理都产生了不同的传播效果，但是在入清之后，清廷利用了蒙
古诸部对于佛教的笃信以及对于喇嘛教言深信不疑，因而采用了大兴黄
教，以安蒙古的策略，在蒙古诸部加以推广。除了在文化和教育方面产
生了大量的喇嘛学者，本节主要探讨的是在藏传佛教的影响下，蒙古社
会的法律、编年史书的编修以及民间文学的佛教痕迹，以及在清代后期
对于藏传佛教对蒙古社会的负面影响所带来的思潮来作为宗教传播效果
的分析，此外，在构建汗统地位和传播宗教文化的过程中，藏传佛教对
于满洲共同体带来的传播效果也不容小觑。也将在本章作为分析和讨论
的重点。

第一节　"礼"制框架下的藩贡传播路径及其效力

在本文的第四章就清代藩贡和朝贡关系做了简要概述，总体来说，藩贡是一种既和附属国相似的，在固定时间节点和公共空间进行周期性、循环往复地向中央进行贡品、文书、身体礼仪等集中综合媒介共同发生作用的社会活动，但与附属国不同，藩部的主体为清廷北方和西部周边的少数民族社会群体，虽然具有高度的自治性，但是依然是"大一统"帝国框架内的周边地区，而附属国则与清廷中央的关系相对更为疏远，并且具有独立的属性，但是依然被"天朝上国"的繁荣和"天子恩泽"所淑化，并且与之建立相应的自下而上的不平衡外交关系。这种藩部与属国在清代的内与外关系，不仅仅是其族属和地缘空间上的远近，更重要的是一种文化心理的认同。无论是蒙古诸部还是西藏、回部，在有清一代，皆因满洲共同体本身的"国语骑射"之民族属性，以及满洲共同体通过意识形态的渗透，与之建立起一种立足于"八旗意识"核心下的，属内的周边认同意识。但是对于"非汉"族属的清廷统治者，对于早先被汉文化影响深远的其他属国来说，这种文化认同相对就会较为疏远。例如在清代，朝鲜就曾经十分明确地表达了对明王朝的怀念，以及对于"非汉"出身的满清统治者表达了鄙夷。曾经将清廷称之为"夷虏"，将清廷皇室称之为"胡皇"。[①]并且当时的朝鲜人金钟厚给乾隆皇帝派出的使者写信，并且称"明朝之后无中国"，并且将自身前往清廷不称为如前朝的"朝贡"而是"燕行"。[②]在心理认同上，他们自认为是

---

① 葛兆光：《宅兹中国：重建有关'中国'的历史论述》【M】，中华书局，2015年，第155页。

② 葛兆光：《宅兹中国：重建有关'中国'的历史论述》【M】，中华书局，2015年，第156–157页。

儒家文明的正式传承者，并且在"燕行"返回朝鲜之后，留下"今天下
中华制度，独存于我国"的自信之语。①对于清代从服饰到制度上的"移
风易俗"尤其厌恶，而对自身保留明朝服饰的传统却有高度的自信。同
样的例证还有日本，对于清廷统治下的中原文化被"胡服"影响表达了
不屑，认为满清与蒙古一致是"鞑靼统一华夏，帝中国而制胡服，盖是
矣"。②同时又拿出了一套明代服饰，并声称为"我邦上古深衣之式，一
以礼经为正。近世或从司马温公、朱文公之说，乃是此物"。③这一段
文献的记载，一方面可以看出在清代的周边国家日本，其对于中华的礼
仪和淑德只限于明代，而对于满清皇室则充满排斥和蔑视。另一方面，
这种对于前明和儒家"大同天下"的认同，使之认为自己才是中华儒家
文化的真正传承者，而被"胡化"的中国本土，早已不是纯粹的华夏文
明的正统所在。在面对登陆日本的中国漂流民发出挑衅和嘲讽，并声称
"贵邦之俗，剃头发，衣冠异古，此何德谓周公之礼，而新制未有之？
足下之言，似有径庭，如何？"④由此可以看出，虽然作为"非汉"统治
者，对于儒家文化采取了纳入和吸收，但是在周边曾经作为其属国的日
本和朝鲜却并没有达到文化心理上的认同，因而这种外周边的传播效力
之微薄可见一斑。

　　但是，在文化背景和生产方式与满洲共同体更加近似的蒙古藩部，
清廷利用古已有之的朝贡体系，并以此对蒙古进行重复性强、且周期运
转的藩贡活动，由此产生了实际效果，并且蒙古王公在从身心的不断被

① 吴晗辑：《朝鲜李朝实录中的中国史料》，中华书局，1962年，第4397页。
② 大庭修编：《安永九年安房千仓漂着南京船元顺号资料》，载葛兆光：《宅兹中
　　国：重建有关'中国'的历史论述》【M】，中华书局，2015年，第160页。
③ 大庭修编：《安永九年安房千仓漂着南京船元顺号资料》，载葛兆光：《宅兹中
　　国：重建有关'中国'的历史论述》【M】，中华书局，2015年，第160页。
④ 松浦章编：《宽政元年土佐漂着安利船资料》，载葛兆光：《宅兹中国：重建有关
　　'中国'的历史论述》【M】，中华书局，2015年，第161页。

监督和规训之后，对于自身的政治身份和文化认同产生了应有的效力。在讨论这一效力之前，先要探讨的是藩贡的周边传播路径。

一、藩贡的传播路径

在前文中提到，关于传播路径是一个综合性的概念，并且作为一种清帝国为了构建自身作为蒙古藩部的"大汗"和对于汉文化世界中的"天下共主"的威仪和仁德形象的目的，在蒙古诸藩部对其进行藩贡时，需要多重媒介共同发挥作用，是一种动态的、宏观的传播过程。

（一）时间与空间路径

所谓时间和空间的路径是指，在"蒙古衙门"或理藩院规定的时间节点，并且在指定的空间范围内，按照相应的规定向作为宗主的清廷进贡。这一规定在清廷的不同时期、不同藩部都有严格的规制，通常来说，清廷将内属蒙古和外藩内札萨克的进贡规定时间统一划定，而外藩外札萨克因路途较远，所以藩贡的时间相对较长，清廷将这一定制称为"年班"，此外，与诸藩部王公共同并行的还有喇嘛年班。漠南地区的年班制度最初形成是在顺治朝，期间规定每年来朝的蒙古王公，"每年定于十二月十五日以后、二十五日以前来朝"，[①]并在此后随着归附蒙古部落的增加，从每年一班进贡，变为"两年一班"或"三年一班"的轮流进贡方式。而以喀尔喀为例的外札萨克蒙古藩部，则是在正式归附清廷之后的康熙朝形成四部王公贵族进贡的朝觐模式，但是康熙皇帝在诏书中指出"年例来朝之喀尔喀札萨克等，若令与内札萨克一例列为两班，

---

① 《钦定大清会典事例》卷984，《理藩院》载赵云田点校：《钦定大清会典事例·理藩院》，中国藏学出版社，2006年，第296页。

则路途遥远，疏非体恤之意"。①出于客观上地理位置较远，并且清廷以此来构建自身"体恤藩部"的圣德形象，于是自此以后，喀尔喀四部改为四班轮流来朝，并且在每年十二月"封印前到京。未及岁之札萨克，各令台吉一人代觐"。②并且随着时间的推移，到了道光年间，外札萨克的年班改为六班。

除了在除夕之前的藩贡年班仪制外，另一种藩贡模式则是自清初设立至乾隆朝逐渐衰落的围班制度，可以说这是与年班制度相辅相成的又一种辅助形藩贡活动。这一制度与满洲共同体所提倡的所谓旧俗"国语骑射"有直接关系，并形成一种与蒙古藩部联络感情的节日活动。在清廷入关过程中，起初漠南蒙古诸部都曾为其效犬马之劳，一方面，清廷皇帝为了"加之恩意，因以寓怀远之略"。③另一方面则是出于监视蒙古诸部的社会情况，"咨询民间疾苦"的控制之意。④但更重要的是强化满蒙民族之间的"周边一体"关系，以双方都"以武治天下"，并且康熙皇帝对于行围习武的重要意义有明确的训谕"每年行围习武，渐致怠慢，军士将流于玩愒为非"。⑤此外嘉庆皇帝对于这种旧俗对治理蒙古的用意有过明确表达，即"秋狝大典为我朝家法相传，所以肄武习劳，怀

① 《钦定大清会典事例》卷984，《理藩院》载赵云田点校：《钦定大清会典事例·理藩院》，中国藏学出版社，2006年，第304页。

② 《钦定大清会典事例》卷984，《理藩院》载赵云田点校：《钦定大清会典事例·理藩院》，中国藏学出版社，2006年，第304页。

③ 海忠辑修：《承德府志》卷首二，载赵云田：《清代蒙古政教制度》【M】，中华书局，1985年，第204页。

④ 《清圣祖实录》卷102，载赵云田：《清代蒙古政教制度》【M】，中华书局，1985年，第204页。

⑤ 《清圣祖实录》卷115，载赵云田：《清代蒙古政教制度》【M】，中华书局，1985年，第205页。

柔藩部者，意义深远"。①

从时间节点上看，年班是在每年的新年来临前夕，而围班则主要集中于夏秋季节。空间位置上，年班是蒙古王公进京朝觐，并且在午门前等候朝贡，并且皇帝会对来朝的蒙古王公进行爵位、封号以及其他实物性的封赏，此在前文中已有分析，此处不再赘述。而围班则是在热河的木兰围场，并且驻跸于其附近的行宫避暑山庄。并且在两种班制上，皇帝会采用燕赉的方法为蒙古王公进行赏赐。除此之外，还在此间举办带有游牧生产节日特色的"跳驼""博克"（摔跤）等民俗活动。从时间上来看，无论是在满蒙民族都十分重视的传统春节还是具有游牧生产特性的"那达慕"，都是一种"时空以外之时空"。②其意义是与日常生活之间具有巨大差异的特殊时间，表征的是一种特殊时间下所进行的不同于日常的社会活动，同时又具有复制历史记忆和构建文化身份的民族性活动，这种由权力支配下的中心文化和边缘民俗文化交融的过程，实际上亦是一种刻意为之，并且通过不同活动的样态来构建并传递出的一种"归属意识"。③而从空间的角度来看，在不同的时间节点上，所朝觐的地点也有很大差异，年班时是在象征国家意识的中心和天朝威仪的紫禁城里举行，这种看不见的权力对意识形态的输出和渗透之目的不言而明，并且让蒙古王公认识到自身作为"天朝"周边属民的政治身份。在热河围猎的行宫里，则更加强调的是一种内化的，文化意识上的融合与认同关系。但是这种由清廷统治者刻意为之的建构出来的文化范式，并非是如同其所强调的"以俗治俗"策略表层的简单意义，而是一种，如

① 海忠辑修：《承德府志》卷首三，载赵云田：《清代蒙古政教制度》【M】，中华书局，1985年，第205页。

② A.Falassi，*Time out of time, Essays on the Festival*，Albuquerque： University of New Mexico Press

③ ［德］扬·阿斯曼著：《文化记忆：早期高级文化中的文字、回忆和政治身份》【M】，金寿福、黄晓晨译，北京大学出版社，2016年，第156页。

同盖伦所强调的"融合升级之后，更高层次不同于以往原始文化形态所显露出的'野性'"。[①]即是说，从满洲共同体的视角出发，自身作为一种代表"先进文明"的身份，在特定的时间和空间路径下，对作为"蒙昧"的蒙古藩部周边群体，建立一套以"儒化"仪式系统为核心、以满洲-蒙古"尚武"习俗为仪式的重复性记忆为重要组成部分的文化与政治的规训范式，这与蒙古诸部最原初的传统记忆有着本质的不同。不过，这种在特殊的节日时间节点和空间环境下的年班和围班制度，却更好地从身心上扶绥了蒙古王宫上层，使双方建立起一种文化身份的感知和认同。

（二）礼制的传播路径

礼制的传播路径是一个综合性的活动路径，既包含了蒙古各个藩部自下而上的贡物和身心双重规训，并且又有清廷中央自上而下对其在实物回礼和加官进爵的封号，以及派遣使臣到蒙古藩部传达圣旨。同时对于没有遵守礼制的蒙古王公除了加以口头的训诫之外，还加以严厉的惩罚。在前文中关于礼媒介和文字媒介中，都采用了不同蒙古藩部在觐见时的身体礼仪和礼物规定以及文字媒介的介绍，本节则主要在动态的传播活动中，来对其综合媒介路径做出分析和总结。礼制传播的路径主要分为藩部蒙古王公对清廷中央的路径和清廷中央对蒙古藩部的路径两种类型。

1. 蒙古王公对清廷的"礼"之路径

首先，是作为朝觐时的身体规训，清初规定了"蒙古王、贝勒，凡遇年节……望阙行三跪九叩礼"，[②]到康熙朝对于内外藩蒙古王公和贝勒

---

① ［德］扬·阿斯曼著：《文化记忆：早期高级文化中的文字、回忆和政治身份》【M】，金寿福、黄晓晨译，北京大学出版社，2016年，第152页。

② 赵云田点校：《乾隆朝内府抄本〈理藩院则例〉》，中国藏学出版社，2006年，第67页。

派遣使者规定了"若遇年节冬至，及凡遇庆贺，皆行三跪九叩礼"。[①]到了乾隆朝，这一规定也未曾改变，并且将三跪九叩礼的身体规训完全推广到了除了王以外的其他蒙古贵族，并规定了"奉制书亦如是"。[②]这一仪式的制定者为清廷中央，而实施主体则是蒙古王公，通过完成这一仪程，建立起身份上的"尊卑秩序"，并且在循环的时间和空间路径下，不断重复这一记忆，使之彻底内化于蒙古王公的身心，建立认同。另外一重身体的规训则是对于藩贡过程中，蒙古王公的服制要求，在顺治朝时，对于蒙古藩部王公皆有规定"王以下服色，悉照宗室王等之例，唯马缰不得用金黄紫色，特赐者准用"。[③]一方面，从服制上让其与满洲宗室"混一"，使其从心理上对这一"宽待"之策表示认同，另一方面，则是从颜色上与内廷之宗室加以区别，表明其身份仍然是周边的臣属。

其次，藩贡中的表文和礼物。在文字媒介的章节中详细阐述了藩贡时文书的具体内容，特别强调了无论是书信还是表文中，外藩蒙古均不可以与皇帝以"尔""我"相称。最直接的例证即是漠北喀尔喀诸部未归附之前与清廷的通信和表文中，均以"尔满洲""吾蒙古"等称谓，遭到了当时清廷中央的严厉斥责，在当时已经成为中原最高统治者的清廷皇室来看，虽然喀尔喀尚未归附，但仍然只是蒙古诸部中的一员，与"天朝"框架下的中央相较，不具有平等对话的权力，只是未来潜在周边藩部中的"蕞尔之国"。在改国号为清时，亦同样对于"使臣"的概念做了详细的阐释，对于来归附的外藩蒙古的使者，不能称之为"使

① 赵云田点校：《乾隆朝内府抄本〈理藩院则例〉》，中国藏学出版社，2006年，第67页。

② 赵云田点校：《乾隆朝内府抄本〈理藩院则例〉》，中国藏学出版社，2006年，第273页。

③ 赵云田点校：《乾隆朝内府抄本〈理藩院则例〉》，中国藏学出版社，2006年，第16页。

臣"，而只能以"进献牲畜、财帛之人"^①来称呼，只有在被授予封号的蒙古王公贵族派来的使者才能称之为"使臣"。此外，在藩贡中所进贡的礼物，清廷都对不同蒙古藩部都有明确规定，最为典型的案例就是康熙朝之后对于漠北喀尔喀诸部的"九白年贡"之礼物制度，除了喀尔喀蒙古外，其他藩部均不可效仿。

再次，蒙古藩部在进贡时，必须按照清廷所规定的贡道和驿站进入京城，任何蒙古藩部都不可违背规定的进贡路线。这一规定让蒙古地区的关口和台站起到了沟通和链接作用的媒介功能得以发挥。顺治五年时，对于漠南蒙古四十九旗进京的出入口做出了规定，东部蒙古诸部必须从喜峰口进京，而察哈尔八旗则必须从就近的独石口进京，归化土默特和鄂尔多斯、乌拉特等蒙古部落从杀虎口进京。^②作为外札萨克的喀尔喀蒙古进京则必须从张家口进入。并且在各个驿站安排驻防满洲、蒙古八旗兵丁做查证和清点的工作。一方面，严格的控制蒙古诸部之间的来往，监视其在藩贡中的行为，防止与其他藩部的逃窜或联合。另一方面，利用贡道驿站上的兵丁来将各部的动向和变化及时向中央汇报，并且在进贡时，如出现"出痘疹"或其他疾病疫情时，及时劝阻蒙古王公返回藩部，并将这些消息及时向清廷反馈。

总体来说，虽然是藩部作为行为的主体，在行使宾礼这一传播活动，但实际上是在清廷所建立的天朝观的意识形态控制下，进行重复性的礼仪活动，并且在长期循环藩贡中，将这一记忆写入到身心当中，成为蒙古藩部王公的一种被构建的传统之惯习。

2. 清廷对蒙古王公之"礼"的路径

对于从中央到周边藩部的礼仪规训，可以看作是一种看不到的权力

① 国家清史编纂委员会：《清内秘书院蒙古文档案汇编汉译》，2015年，第10页
② 赵云田点校：《乾隆朝内府抄本〈理藩院则例〉》，中国藏学出版社，2006年，第72页。

在其中发挥作用，目的主要是为了在藩部建立政治认同、扶绥周边以及自身形象在作为它周边的蒙古藩部的塑造。具体来看，其路径分为三种形式。

第一种是作为政治认同的目的，向蒙古周边派遣使臣宣布圣旨的礼仪。如果说作为历代王朝在更替前代王朝建立新政权之后，最为重要的环节即是对于与其有朝贡关系的周边附属国家去传播新的意识形态，并令其改奉本朝正朔，那么清朝作为我国历史上最后一个封建王朝同样也意识到了这一传播活动的重要性，并且建立自身政治身份的合法性。不过，清廷在对北方蒙古藩部进行遣使活动，似乎又具有自身的特殊性。因在入关前，其与蒙古诸部有长期的交往和渗透，彼此间已在清政权建立之初，部分形成了一种带有少数民族特点的"宗主－周边"的正朔关系。不过随着清政权的壮大以及统一全国之后，其更强调的是自身作为"九州共主"的更高层级的统治者身份，而不仅仅是蒙古认同观念中的"大汗"形象，因而，在利用使臣宣读圣旨时，又带有了"儒化"色彩的自上而下的礼仪话语体系。在清建立之初，就对于蒙古王公迎接清廷使臣有详细的规定。在将圣旨迎请到将要宣读的蒙古王公家后，"要先置于桌上，焚香之后，蒙古诸王公贵族行一跪三叩首礼，并且持续保持跪着。而使臣将圣旨交给笔帖式，由其阅读之后，交给蒙古王公，接旨之后交给随从，并再次行一跪三叩首礼"。①在完成所有仪式之后，使臣和蒙古王公要"互相行一跪一叩首礼，并且彼此之间需要保持一定距离，且使臣面左、王公面右相对而坐"。除此之外还有"二跪六叩首礼"等礼仪范式。在这一传播活动中，充分体现了使臣和圣旨作为权力的人化和物化的象征意义，他们被授以权力，传达帝王的思想意志，并以监视

---

① 《钦定迎接钦差大臣及圣旨之礼仪》，载国家清史编纂委员会：《清内秘书院蒙古文档案汇编汉译》，2015年，第13页。

蒙古王公身体的礼仪来达到控制之目的。也可以说，这种身体礼仪的限制，与朝觐中的三跪九叩礼互为补充，使蒙古王公对于清廷的中央身份和自身的从属地位有更清醒的认识。

第二种则是作为清廷中央以厚待的赏赐来增加藩部对于自身圣德的感化和认可。这种回赐的"礼物之流动"并不是一种简单的权力的交换或经济的交易，亦或者是如同莫斯所强调的"夸富宴"的商业交换，而是一种不平等的物的流动。这种物可以是实际的金银财宝，也可以是具有象征性的封号，还可以是在朝觐时赏赐给诸部王公的燕赉，更可以是在不同阶段对蒙古藩部的俸禄、廪饩等额外的优抚性的礼物，在外藩蒙古诸部发生战乱或饥荒时，又会发放粮食和钱财加以赈济，并且在王贝勒以下的王公过世之后，会降旨赐恤，从理藩院有文献记载的康熙十一年之"赐牛犊一头、羊八只、酒九瓶，并且由内阁满蒙合璧祭文，派使臣赴藩部读文致祭"。[①]一直到晚清的道光、光绪朝，对于赐恤政策继续在藩部维持并不断调整。无论是何种形式的礼物的封赏和回赐，与蒙古藩部的贡物相比，可以说是完全不对等的。而这种不对等的礼物流动的目的 一方面是为了增强蒙古藩部对于清廷中央的忠诚和向心力，另一方面的目的则是为了强化自身对于藩部的"恩泽万世"的汗王形象。这是一种自周边和他周边相互补充的传播范式。

第三种路径是册封诏书和印信。诏书和印信是藩部获得天朝认可的重要元素，对于归附的蒙古藩部来说，利用诏书来册封的仪程象征了其在藩贡关系中，得到了清廷中央的认可，成为其重要的周边成员。而印信则是一种政治权力的表征，在所有被册封的藩王诏书中，只有加盖了印信，才能被视为其册封具有了实际的效果。一般来说，诏书的内容主要是说明清廷皇帝的文治武功之德行，以及在其统治下，其帝国呈现出

---

① 赵云田点校：《钦定大清会典事例·理藩院》，中国藏学出版社，2006年，第386页。

繁荣昌盛的景观。同时，在诏书中又会以"满蒙同源一体"的政治修辞，当然这些修辞有歪曲事实和附会之意，但是其说服蒙古藩部与清廷建立起"一统"的周边藩贡关系却产生了实际的效果。而印信则是由天子亲自颁布，并加盖在象征皇权至上的诏书和用满蒙文合璧文书上，象征蒙古藩部自此成了帝国统治下的周边。例如，在喀尔喀王公进贡时，康熙皇帝一方面指出自身德行教化下帝国的和睦安稳，同时又以漠南诸王公"明识达势，诚心归附"的实例，说明自己作为天子"加封器重，加恩行赏"。另一方面，对于喀尔喀每年来朝进贡表达了赞赏，并且晓谕喀尔喀王公，如若归附之后，其恩赏也必会复重，并且以此来加封前来进贡的喀尔喀王公，还告诉他们，如若归附则会"永享福祉"。[①]并且在封赏礼物和封号之后，将封赏的内容记录下来"用满、蒙文字缮写在诏书所用黄纸之上，加盖制诰之宝"。[②]这一仪式过程，让藩部与清廷中央建立起的周边关系，无论其名义上的效果还是实际上的效果如何，都让其有据可查。

综合清廷在蒙古藩部之间的藩贡关系的路径来看，其过程只一个综合性、动态的，以人为主体的主体间关系的建构范式，他所突出的是不对等的主体间在构建自身的形象时，利用多元立体的传播路径来达到其实际传播的目的和效果。在诸种路径的共同作用下，清廷与蒙古藩部实际产生的传播效力究竟如何，笔者将在下文中继续从三个层面展开讨论。

---

① 《康熙帝遣使恩赏喀尔喀车臣汗之敕谕》，载国家清史编纂委员会：《清内秘书院蒙古文档案汇编汉译》，2015年，第361页。

② 《颁喀尔喀六头目之敕谕格式及转交理藩院过程之记录》，载国家清史编纂委员会：《清内秘书院蒙古文档案汇编汉译》，2015年，第362页。

二、藩贡传播中的实际效力

传播活动的最终目标即是要看到其产生的或直接或间接，或短暂亦或长远的实际效力，并且这种效力的优劣与否，亦需要观照到传播之初的政治意图，那么对于传统封建王朝的清廷对蒙古藩部的传播效果的考察，同样不可避免的纳入到了这一框架内。

清代作为以"崇满"为核心、以儒家思想为主旨的封建王朝，与古代王朝皆有之共性是，在以天朝中心为指导的"天朝观"作用下，以天朝上国、九州共主的话语体系来构建自身的威仪与仁德并存的形象，其主要目的亦是以构建自身作为世界中心、以周边国家和地区向其进行贡奉的交往模式的一种政治秩序。不过与其他封建王朝所不同之处在于，清廷统治者作为少数民族政权的实际建立者和掌控者，对于其他非属国而又具有高度自治的少数民族藩部周边，希望借"国语骑射"的满洲旧俗和儒家君臣思想的控制，在蒙古、回部、西藏等"非汉""非属国"的藩部，建立起一套文治武功、威德并行的大汗形象，并且将这一形象远播内亚草原、沙漠和森林等周边之地，成为众多藩部所钦慕的中央宗主大汗之形象。清廷中央与蒙古诸部稳定的藩贡关系，使得清廷作为蒙古诸部的宗主形象深入人心。从历史的角度出发，很难准确的说明在和藩部周边的关系上，究竟达到何种程度的传播效果，但是却可以根据史实的总结，来找出清廷与蒙古周边关系建构上自身的形象在蒙古社会所达到的传播效果之证据，尽管这些证据也并非是完全无懈可击的。

（一）藩贡关系维系时间之长久

从现有的理藩院文档中，关于历年来朝进贡的蒙古藩部王公贵族和使臣的记载，几乎伴随着有清一代自繁盛到衰落的全过程，在国初形成定制，并且伴随着招抚、归降、征服等不同途径进入帝国疆界之内的周边族群，形成了越来越详细、越来越严格的朝觐制度。例如在道光十九年时，理藩院对于喀尔喀王公朝觐途中患疾病的规定和领赏的具体举措，以及同治七年时，对于阿勒泰乌梁海七旗进贡皮张的取缔，还有道光十九年时对于喀尔喀派使臣听差时禁止更易人员的惩戒规定等等。这都表明，此时尽管清廷已经面临着来自西方世界的"船坚炮利"对于中国传统社会的破坏，以及作为统治者地位受到来自"外部世界"的动摇和挑战，但是在蒙古藩部，却依然能够保持始终如一的对中央宗主的藩贡活动，并且将其维系到19世纪末期。按照史学家王赓武的理念"朝贡制度是展示'权威与实力'及对外传播的中国统治原则的结果"。[①]如果说传统中原王朝的统治，在对周边属国塑造形象被其他属国所认可，通过朝贡来表达这种对于文化和政治上的认同，那么清廷和蒙古诸藩部的形象塑造则更带有游牧世界对于统治者"尚武"之风的传统民族形象的认可，而到了帝国统治的后期，则是一种长期进贡中形成的一种化入民族集体记忆的一种传统。

（二）藩部对中央的忠诚

通常在帝国繁盛之时，不同藩部对于中央的朝觐、礼拜可以从不同侧面来解读其行为背后的意义。但是在帝国面临危机之时，却依然能够冲锋陷阵并且为帝国效犬马之劳。那么在直接或间接意义上，可以被理解为作为藩部的蒙古对于清廷的高度认同。在清代面临来自西部准噶尔汗国的军事危机时，漠南阿鲁科尔沁王公栋牛台吉随军出征，并训谕

---

① 王赓武：《明初中国与东南亚的关系：背景分析》，载费正清主编，杜继东译：《中国的世界秩序：传统中国的对外关系》【M】，中国社会科学出版社，2010年，第57页。

旗下兵丁"我等受皇恩甚深，若稍退缩，有何颜面见圣颜乎？"①因而
"率属兵三百名复进，皆殁"。②此外，喀尔喀诸部在之后对准噶尔的战
争中，则表现为"各部蒙古汗王以下台吉以上，俱禀皇上指授，亲执鞭
镫，如同仆隶，奔走驰驱，争先恐后，以至所属蒙古兵丁，亦无不奋勇
效力"。③这种在帝国危亡之时，作为藩部的蒙古能够奋起对抗与之文
化根源和历史记忆更为接近的漠西准噶尔汗国，反而效忠于清廷。这就
能将其理解为，是在藩贡路径的影响下，对清廷中央所产生的一种高度
认同。这种认同即是一种清廷利用与蒙古游艺和尚武习俗相近的围班朝
觐和丰厚的赏赐，来构建自己作为宗主大汗的威武与德行共存的明君形
象，对于蒙古藩部周边来说，这一形象的塑造是成功的。

（三）崇满与习汉并蓄

如果说，在历代王朝对周边属国的传播效果中，其中最为重要的即
是周边国家效仿天朝之制度、礼仪、语言、服饰、文字甚至意识形态等
方面作为考量，那么，在一定时期内，清廷对于蒙古藩部的宗藩关系建
构中，实际的效果即是蒙古藩部在生产生活中，融入了其"宗主"的民
族习俗和礼仪文化，以及对于汉文化吸收。在诸多历史风俗和方志文献
中，对于蒙古不同地区、不同阶段的民俗文化和满、汉风俗的融合有所
描述。例如在《东四盟蒙古实纪》中描述"近内地一带，颇沾染汉人习
气，极力摹仿内地情形。近东北三省一带，多采满洲制度……近外蒙古
一带，则仍守旧有之习惯"，④在罗布桑却丹的《蒙古风俗鉴》中，对于

---

① ［清］张牧：《蒙古游牧记》卷三，台湾文海出版社影印版，1965年，第168页。
② ［清］张牧：《蒙古游牧记》卷三，台湾文海出版社影印版，1965年，第168页。
③ 《康熙起居注》卷八，台湾故宫博物院藏本，国学文化馆出版，1985年，第4255页。
④ 吴禄贞：《东四盟蒙古实纪》，载戊莫勒、乌云格日勒主编《中国边疆研究文
库·北部边疆卷》，黑龙江教育出版社，2014年，第214页。

清代以及清末民初，不同地区的蒙古人所穿着服饰均有明确描述，接近东北的蒙古族"人们效仿满族穿戴的不少"。①而喀尔喀诸部远离满、汉等民族混居的蒙古地区，则"依旧穿原来的蒙古衣服"。②在进入民国之后，则记载着"蒙古旗的官员都身着满式官服，汉式服饰也有不少蒙古男女穿着"。③不过，喀尔喀服饰在清代因归附较晚，确实在藩贡过程中也有受封赏服饰的记录，但是在已经独立之后的外蒙古，其男子服饰在日本学者吉村忠三的描述中为"蒙人服装多仿满清旧式，故其礼服，常见有顶戴花翎补袍蹄袖"。④

清末外蒙古身穿"满式"服装的喀尔喀贵族

可以看出，藩贡体系在蒙古藩部所产生的文化效果是突破时间和空间的边界，并且被视为上层官员才会穿着的"礼服"，在蒙古人的视角来看，这亦是对作为宗主大汗的清廷皇帝的认同。不过，笔者认为，虽然清廷一直推行"首崇满洲"来构建在蒙古社会的英武仁德的宗主大汗的形象，而"效法明制"则是为了管理中原汉地之便。但是在清代后

---

① 罗布桑却丹：《蒙古风俗鉴》，辽宁民族出版社，1988年，第12页。
② 罗布桑却丹：《蒙古风俗鉴》，辽宁民族出版社，1988年，第12页。
③ 罗布桑却丹：《蒙古风俗鉴》，辽宁民族出版社，1988年，第12页。
④ ［日］吉村忠三著：《外蒙古之现世》，李祖伟译，商务印书馆，1937年，第58页。

期，不仅满洲共同体自身从语言到礼仪、思想均被儒家文化所影响，在清代嘉庆帝之后，一些蒙古藩部也同样受到了其影响，开始"建房屋""演听戏曲""豢养优伶""起汉名""习汉书"等"渐染汉习"的行为，①虽然自嘉庆朝直到咸丰朝一直以训谕的形式加以训诫，但是这种"渐染汉习之风"却并没有退散，到了光绪朝，在蒙汉杂居的地区，出现了"蒙民习俗已与汉民不甚远矣"。②笔者认为，此类情况产生的原因在于两个方面，一种是出于地缘上的影响，在东部盟接近"满洲故地"的蒙古藩部和临近"关口"的蒙古藩部在长期与满、汉族群的接触中，逐渐将其习俗与本有的文化下融合，形成一种新式的习俗文化。另一方面，则是在"崇满"构建下的宗主汗统形象，使其不仅仅具有威德，更重要的是成为一种代表先进文明的典范，因而穿戴与中央宗主一致的服饰，既是一种身份和地位的象征，又是对于清廷"天朝形象"的一种认可。不过，应该看到，关于蒙古浸染汉习的提法和禁令，在理藩院的档案中，只在嘉庆朝以后才出现，这与满语在满洲共同体衰落的时间几乎时重合的，作为宗主的清廷皇室、宗室以及八旗子弟此时已经将儒家思想、学说在其内部广泛传播。从模仿律的角度来说"弱者和被征服者的范例对征服者而言根本不存在，除非他们的文明显然比征服者优越"。③而作为被征服者，"会模仿优势者光辉的文化"。④对于征服者的满洲共同体，蒙古藩部在礼的规训和反复强调记忆下，认可其作为蒙古藩部的

---

① 赵云田点校：《钦定大清会典事例·理藩院》，中国藏学出版社，2006年，第405-407页。

② 姚锡光：《筹蒙刍议》卷下，载忒莫勒、乌云格日勒主编《中国边疆研究文库·北部边疆卷》，黑龙江教育出版社，2014年，第158页。

③ ［法］加布里埃尔·塔尔德著：《模仿律》【M】，何道宽译，中国人民大学出版社，2009年，第262-263页。

④ ［法］加布里埃尔·塔尔德著：《模仿律》【M】，何道宽译，中国人民大学出版社，2009年，第263页。

宗主地位，因而其文化样态，对于蒙古藩部来说象征了一种"光辉的文化"，而其在受到汉文化的影响和重构之后，在蒙古藩部的视角中，其宗主的文化已经发生了巨大的变化。但是，其作为藩部的宗主地位仍然没有改变，那么其所习得的文化对于蒙古藩部来说依然被视为一种时尚律，被蒙古藩部加以模仿和学习。从这一意义上来看，清廷在藩部的形象构建与蒙古藩部对其形象的认可是部分有效的。

综合上述证据来看，清廷在蒙古藩贡体制中进行的周边传播，在蒙古藩部有效的建立起了其作为蒙古社会的宗主大汗的威仪与仁德并蓄的形象，有效的构建了清廷中央与蒙古藩部之间的藩贡关系，并使之长久维系、运行。能够实现这样的传播效果，其原因很复杂。但综合来看，是一种依靠军事和经济诱惑的硬实力和依靠文化吸引的软实力共同作用下的结果。

三、藩贡传播效力之成因分析

从美国外交学者约瑟夫·奈提出软实力概念之后，对于对外传播中，除经济、军事等硬实力对国际关系的影响作用外，文化和意识形态等国家的"软实力"之作用，在构建国家形象，该国文化知识和意识形态输出方面的研究越来越受到关注。在实际对外传播中，硬实力与软实力二者缺一不可，有了硬实力的物质支撑，软实力才可能得到扩散和提升，进而使硬实力转化为软实力。

如果说在天朝观的作用下，传统封建王朝对于具有独立王权且社会结构与儒家思想控制下的华夏社会是一种利用议程设置、文化价值观以及意识形态等方式来"吸引"或"同化"作为他者的属国，那么作为有别于属国但却具有高度自治权力，社会文化与中原文明差异巨大的蒙古周边藩部来说，是一种带有命令式、胁迫性的国家硬实力和文化、价值观等议程设置的软实力相互作用下产生的实际认同效果。

虽然在清代对待蒙古的周边关系上，是一种作为"国内传播延伸、对外传播先导"的带有中间特点的周边传播模式，但是无论是经济上的利诱的硬实力体现，还是议程设置、价值观和制度的软实力输出上，都必须依赖传播。议程设置与诱导属于传播的行为方式和目的，而价值观与制度等属于实际传播的内容。在分析清廷与蒙古诸部的周边传播效果之原因之前，首先应当关注的是其传播的能力。

从本节的传播路径以及前文中关于输出内容上来看，清廷在对蒙古诸部的传播活动之所以能够在长时间段内产生效力，最直接的原因在于清廷所采取的传播议程策略和各种类型的媒介共同作用下发挥的实际功能。从议程来看，清廷对于蒙古藩部来朝进贡的一切仪式和内容，都是以清廷作为宗主、蒙古作为从属的话语体系中展开的社会活动。很难说这种议程是否是清廷内部精心策划和设计而成的，但是这一切交往活动，都是在以维护和构建清廷在蒙古社会的汗统形象所展开的，仍是一种以天朝观为主导框架内的交往，并且在清廷控制蒙古藩部两百余年的时间段内，一直产生了实际效果，可以说这一议程设置的目的是成功的，这也是清廷在与蒙古藩部的交往中所希望达到的效果。

除了议程之外，在清廷与蒙古藩部的传播活动中，其传播的能力还体现在不同的传播路径和立体的传播媒介的综合运用能力方面。从本文第三章和第四章的内容中可以看出，清廷在对蒙古藩部的传播中，对于带有浓厚儒家色彩的礼制的使用上，无论是在蒙古藩部的王公、使臣进京朝觐，还是清廷中央派遣使臣去往蒙古传播清廷中央的旨意、册封蒙古王公时，礼仪都是其最核心的媒介。不过在蒙古藩部的传播中，其礼仪制度，并不仅仅是纯粹的"儒化""汉式"媒介，在与非汉的蒙古诸部的交往中，又带有一些凸显满蒙深厚情谊的、少数民族色彩的礼仪，是一种以中央礼仪为核心，民族礼仪为辅助的礼仪模式。这种特殊的礼仪模式，不仅体现了清廷在周边"非汉"的民族社会里的核心地位，且可以使得在综合的礼仪仪式仪程中，对前来朝觐的蒙古王公贵族受其规训与教化，能够有效地构建清廷与蒙古藩部的宗主-藩王、主从周边的身份和地位。与礼媒介融合在一起共同发挥效力的还有文字媒介的运用，例如在喀尔喀地区寺院上的榜文、圣旨，以及各种满蒙文合璧文书、训谕，都在输出统治者意志和教化蒙古民众的方面发挥作用。特别是在清代采取的满蒙双体合璧文书和满蒙汉三体合璧文书在周边活动中的使用，不仅仅有效的生产信息，并且其政治象征意义也在文字中得到彰显，这是古代封建王朝中少有的一种传播模式的创新。礼媒介与文字媒介二者之间的有机结合，对于清廷和蒙古藩部的周边传播的开展大有助益，并且实际上使得传播效果得到了提升。

尽管在软实力方面，清廷所采取了利用儒家思想的礼仪体系结合蒙古藩部的民族风俗而实施的朝觐模式，并因此产生了实际效果，同时意识到清廷中央的传播能力仅仅是作为软实力的外在表征，而实质能够达成清廷中央对蒙古藩部的传播效力，乃是更深层面上，软实力与硬实力相互结合作为背景而产生的效果，这是清廷对蒙古藩部传播中的实际效力的根本原因。

（一）高度文明化的政治共同体

清廷在进入中原统治之后，其前中期曾经出现了如"康乾盛世"的繁盛社会面貌，并且创建了多元一体的"大一统"帝国。尽管在清代后期，在鸦片战争的战火纷飞中，使得这一曾经繁华一时、具有广阔疆域的大一统帝国的根基遭受到了重创，并且日渐衰落，但是对于北方的游牧世界来说，清廷所构建的多元一体的帝国，无论是在文明程度还是在政治、经济等诸多方面，依然是领先于其周边的"非汉"的少数民族社会。其社会制度以及文明水平，使得当时的蒙古诸部对之趋之若鹜，

不仅作为满洲共同体的统治阶层还是受其统治的中原社会将自己置身于
"天朝上国"之中，连包括蒙古藩部在内的北方众多少数民族社会也都
未将自身看成与清廷具有同等的地位，而只是天朝一隅的臣属社会。不
管是他们对于皇帝本身三跪九叩，还是对使臣派来的圣旨一跪三叩，抑
或是受到荣誉封号时的二跪六叩等看似显示自身卑微的身体礼仪，对于
蒙古王公来说，这并非是一种屈辱，而是自身受到作为天朝最高权力统
治者认可的一种引以为傲的荣耀。而在有清一代内外藩部蒙古王公的朝
觐年班和围班并且络绎不绝，一直延续到清代晚期的史实即可说明这一
问题。这是一种对于当时清廷作为藩部周边社会的楷模的形象构建，并
且在满洲共同体被汉文化影响、改习汉语和汉文化之后，蒙古藩部也因
此而学习起汉文化以及效仿满洲八旗听演戏曲、学习汉文汉书，并且起
汉名。虽然这并非清廷所希望出现的情状，但事实上也是蒙古藩部社会
对于清廷贵族社会的生活方式的一种认同以及对于中原文化吸引力的回
馈。而这些文化现象的产生，并非是因武力征服和军事压迫来实现的，
恰恰时基于藩部对于清廷文化范式的一种高度认可，及文化本身的深远
影响。

（二）遵从蒙俗为体，儒家思想为用的周边战略

清廷在蒙古输出意识形态和统治意志的同时，也采用了与蒙古民俗
相适应的文化传播的方式来与之建立起认同关系，主要体现即是在清代
前中期，每年在热河木兰围场为期二十天左右的围猎活动，其中既有满
蒙共同文化特色的骑射风俗，又有蒙古古代传统彰显男人勇气的"男儿
三艺"的民俗文化活动，并且在此时加以封赏，这无疑拉近了蒙古藩部
对于清廷的向心力和忠诚度。这亦是清廷因素教化所达到的成功效果之
体现。

不过，清廷不仅仅是作为蒙古宗主的形象出现，更重要的是作为

"天朝上国"的最高权力核心示人。因而，在长期的效法明制过程中，清廷统治者亦习得了儒家思想中"惟仁者能以大事小"①的怀柔之策，并且以厚待的方式来构建自己作为"天下一统"的宗主之形象。对于来朝觐的藩部王公贵族，采用了"薄来而厚往"的礼物赏赐策略，同时对其加以象征身份显赫的爵位，并且赏赐以筵席作为朝觐王公的回报。这所有对藩部的策略和行为，都彰显出了清廷与藩部和睦稳定的交往意图。

除此之外，清廷在构建自身在蒙古藩部的宗主身份时，不仅会以丰厚的礼物作为回报，更重要的是，在蒙古藩部遇到外来侵袭或天灾人祸等危难时刻，清廷同样会施行其作为蒙古宗主的义务。最直接的例证即是在噶尔丹进犯喀尔喀左翼土谢图汗部和车臣汗部时，当时已经对清廷有向化之心的喀尔喀左翼上层贵族向清廷求援，而清廷也在此时对其施以援手，并且在乌兰布统之战中，联合蒙古其他藩部共同抗击准噶尔的入侵，保护了喀尔喀左翼部众。而在归附之后，因喀尔喀故地被准噶尔占据，清廷对于游牧生产于漠南察哈尔地区的喀尔喀部众采用了赈济政策，以缓解因战争对喀尔喀部众带来的重创。而这也正是清廷利用儒家思想中的柔远思想的重要体现，并且在后期对准噶尔的战斗中，喀尔喀部众协助清廷奋力抗击的行为产生了直接影响。

（三）刚柔相济的周边藩贡之道

所谓刚柔相济，实质上即是清廷在对待周边蒙古藩部的经济和军事的硬实力威慑和诱导，以及软实力上的礼制之道对其民心的淑化，使其对清廷的天朝威仪和怀柔远人的二重形象有更深入的感知。对于蒙古藩部来说，清廷即是政治文明高度发达的天朝，同时亦是一个庞大的经济

---

① 《孟子·梁惠王》，载白文刚：《中国古代政治传播研究》【M】，中国社会科学出版社，2014年，第279页。

中心，作为藩部蒙古对于清廷的朝觐当然也有其经济利益上的考量，而清帝国也认识到其对于中原物产的诉求，希望通过商业贸易的方式获得实际利益。于是在雍正朝，允许来朝觐的蒙古诸部王公和使臣在下榻京城的住所内扎萨克之内馆和外札萨克之外馆与内地商人进行贸易，附近除了来朝的蒙古人，皆是商人。这在客观上使得蒙古藩部在与内地的贸易上获得了收益。而这种利用经济诱导的方式来吸引蒙古藩部王公向内地进行贸易并获得利益的优惠政策，使得蒙古藩部对于君主的"天恩"会增强其对于清廷的忠诚与认同，这也使得这一硬实力转化为一种潜在的软实力。另外，清廷对于当时出现"不臣之心"的藩部也会采用军事力量的震慑，同时也会训诫和威胁这些藩部。例如在喀尔喀与准噶尔的联合时期，清廷就采用了书信警示、训诫，军事镇压来给喀尔喀部施压；对于准噶尔的叛乱也同样毫不手软地加以军事上的打击使其彻底瓦解。这同时也塑造了其作为蒙古藩部宗主的"天威"形象。实际上在有清一代，经济的利诱和军事的打击虽然曾经起到过一定的效力，但在清代统治蒙古藩部的漫长时间里，这种效力与软实力输出下的效力相比，显然是微弱的，但作为清廷控制蒙古的重要后盾，也依然不可小觑，是一种与软实力刚柔相济的周边藩贡之道。

综合来说，清廷在利用"国语骑射""木兰秋狝"、礼制天下等软实力综合要素，在有清一代对蒙古藩部展开周边传播，塑造自身作为蒙古宗主和天朝上国的形象，并建立、健全和维护藩贡体系的过程中发挥了重要的效力。另一方面，又同军事、经济等硬实力因素相辅相成，形成一种特殊的"综合实力"，在很大程度上实现了对蒙古藩部的文化意识形态传播的目的。

第二节 藏传佛教的传播路径及其效力

藏传佛教作为佛教的流派分支有着悠久的历史，从公元7世纪起，松赞干布到赤松德赞再到赤祖德赞等吐蕃时期的藏王将佛教引入藏地，使之成为古代藏族传统文化的核心，对于藏族文化产生了深远的影响。而藏传佛教进入蒙古，对于蒙古社会也产生了巨大影响，包括政治体制、社会风俗、历史编修、民间文学、哲学思想等都有其痕迹。时间上来看，藏传佛教进入蒙古社会前后分为两个阶段，第一次是在13世纪蒙古民族进入中原建立大一统的封建帝国之时，但此时藏传佛教只流传于蒙古贵族阶层，没有在全社会产生渗透。真正成为蒙古社会的主流文化是从16世纪中后期，蒙古土默特万户首领俺达汗会见三世达赖喇嘛索南嘉措这一事件为起始，藏传佛教才在蒙古社会迅速传播。此后不仅对于蒙古民族文化变迁产生影响，在17世纪中后期，也被当时崛起的后金政权之满洲统治者利用，对满洲民族共同体的信仰体系也产生了一定影响。①由于本文所探讨的主要是在清代，清廷利用蒙古藩部全社会对于藏传佛教的信仰，因而采用了多种路径来大兴黄教，以安抚、扶绥众蒙古部落，所以，笔者仍然以藏传佛教第二次进入蒙古为起点，以及在有清一代清廷中央利用藏传佛教来控制蒙古的传播路径，在此后藏传佛教的传播对于蒙古文化带来的传播效果作为主要分析的目标。

从文化的角度来说，藏传佛教对于在16、17世纪的时间节点内生活

---

① 本节所要探讨的并非是作为宗教的藏传佛教教义和内容的传播，而是就佛教的传播路径和对蒙古、满洲共同体等不同族群社会产生的实际效果展开分析。

在东北亚草原和森林中的蒙古、满洲等游牧、渔猎民族①，均属于异民族的文化，其思想体系、价值观当中的"因果报应"和"轮回转世"观与蒙古、满洲等阿尔泰语系诸民族的萨满信仰之"天命观"有较大差异，因此属于一种跨文化传播范式。但从地缘上看，在内亚空间下它们彼此相连，出于政治方面的动因，其彼此间都构成了政治、文化和心理上相互的周边，而佛教的传播正是在这样的几个周边区域内不断渗透并影响其社会文化的变迁。藏传佛教的周边传播是以格鲁派（黄教）领袖与蒙古诸藩部首领以及清廷统治者会见，并将佛教经文典籍、仪轨、佛像传入这些民族社会，并以此来重构这些周边民族社会的制度、仪典以及社会话语等文化范式，以达到该社会统治者对其民众控制和稳定发展的需要。

一、藏传佛教在蒙古和满洲社会的周边传播路径及其特点

藏传佛教作为一种外来宗教模式，对于蒙古和满洲社会来说，是一种与本民族信仰完全不同的信仰体系，相比于原生性宗教的萨满信仰，藏传佛教所代表的是一种更加具有规范化和具体化的宗教模式，它的传播对于藏族、蒙古和满洲社会都有不同的原因，进入蒙古社会主要是在16、17世纪，藏传佛教在藏地展开的宗教上层人物的"红黄之争"，出于政治上和战略上的考量，当时的藏传佛教格鲁派首领希望能够得到东

---

① 关于蒙古与满洲的民族生产方式，在学界的观点各有不同，有将二者都统称为游牧民族的说法，也有因二者所处地缘环境的差异将二者分开解读，认为蒙古为游牧民族、满洲为渔猎民族。笔者认为，这些民族在历史环境的变迁和新的政治共同体出现的语境下，不能简单的将其归类为单一的某种生产方式的民族，而是彼此之间互有交叉，有些是以游牧为主、渔猎为辅，有些则是以渔猎为主、游牧为辅。笔者所指"游猎"即游牧与狩猎两种生产方式的统称。此外，本文出于对历史语境下的传播研究，采取了当时对于政治-民族共同体的指称范式，使用"满洲"的族称。

部强大的蒙古部落的军事力量来扶植和保护自身的统治地位，于是在蒙古土默特部军事扩张进入青海地区之后，在阿兴喇嘛、三世达赖喇嘛索南嘉措的劝说下，俺达汗皈依藏传佛教格鲁派，并且附会忽必烈薛禅汗与八思巴国师建立的"施主-福田"关系，借藏传佛教"轮回转世"之说，印证到俺达汗与索南嘉措为前两者的转世，并进一步将俺达汗附会为古代藏传佛教神话中的"转轮圣王"，而索南嘉措为"观世音菩萨"的转世。

从当时蒙古部落来说，俺达汗之所以全面接受藏传佛教，原因在于政治方面的考量，当时在蒙古在经过连年战乱之后，社会需要稳定，并且在与明廷关闭互市多年之后，重新开市，让蒙古社会得以休养生息的喘息之机。而此时，萨满教的杀罚教义，显然不符合此时统治者的需求，他们需要一种能够稳定蒙古社会内部团结的信仰模式来稳定其民众，而藏传佛教的"众生平等""礼敬三宝""不害生命"等理念符合了当时的社会统治和发展的需求。出于政治的考量，从蒙古土默特部开始，藏传佛教在蒙古社会建立起了"政教二道"并行的社会结构，并且在此后的喀尔喀、察哈尔、科尔沁等地，也都逐渐习染"政教二道"社会制度，并且利用佛教信仰控制社会的模式。

而对于之后崛起的满洲共同体，并在其成为中央统治者之后，藏传佛教在满洲共同体内部的传播并不是如同与其有姻娅之谊的蒙古社会一样将其纳为"国之根本"，而是采取了一种既学习又疏远的方式，其目的是出于对蒙古、西藏等周边藩部稳定的目的而加以推广，并且鼓励和支持蒙古地区广修寺院，鼓励民众出家等等。不过这也并不能说明，在此过程中，满洲共同体完全没有被佛教所影响，虽然没有萨满信仰在满族民众中的影响深远，但是依然会产生在社会和文化民俗上的变迁。

（一）藏传佛教在蒙古诸部的传播路径范式和特点

具体来说，藏传佛教在清代蒙古社会的传播路径之范式主要分为语言文字、仪式仪轨和寺院修建，而传播路径的特点为输出、纳入和强化三种。[①]

1. 藏传佛教在蒙古诸部的传播路径范式

首先，语言的传播主要是指佛教教义通过宗教领袖之口的口语传播。藏传佛教格鲁派的思想渊源来自于印度大乘中观应成派。[②]主要强调因缘轮回、平等正觉以及空性实有等教义。但是蒙古语与藏语分属于两个不同的语系，在传播过程中语言的障碍形成了较大的影响。并且《大藏经》的翻译工作十分复杂，在已知的经文来源上有来自元代的汉文经典的翻译，也有明代来自梵文、藏文的翻译，更有到了晚近的清代乾隆十四年（1749）的藏译蒙版本。[③]因而对于众多的蒙古僧众来说，只知诵经而不通教义，所理解的也仅仅是最直接的轮回转世和因果报应之说。在16世纪到17世纪对蒙古的传播主要依靠了达赖喇嘛及其使者的讲经说法，将佛教的基本教义和经文传播到蒙古社会上层，并且在蒙古社会招募喇嘛僧人，同时，确立了在漠南和漠北蒙古的活佛转世制度，并定期令出身于蒙古贵族家庭的"活佛"进藏学习佛教典籍和仪轨，并由其带回蒙古召开法会传播教义。例如三世达赖喇嘛在漠南地区传法，并制定相应的教法仪轨、二世东科尔活佛在漠南诸部的传教以及喀尔喀一世哲布尊丹巴呼图克图在漠北蒙古举行的"白池法会"等，都通过其口传身教的方式将教义传入了蒙古社会。

其次，仪式仪轨则是达赖喇嘛借佛教轮回教义，与蒙古诸部的汗

[①] 王力：《明末清初达赖喇嘛系统与蒙古诸部互动关系研究》【M】，民族出版社，2011年，第186–197页。

[②] 苏鲁格：《蒙古族宗教史》【M】，辽宁民族出版社，1997年，第201页。

[③] 苏鲁格：《蒙古族宗教史》【M】，辽宁民族出版社，1997年，第186页。

王、贵族建立起"施主-福田"关系。主要分为三个层面，一是将蒙古古代的君主附会为佛教中的某一尊佛或菩萨在人世间的化身；二是将当时的蒙古贵族首领映射为古代某一位大汗如成吉思汗、忽必烈皇帝的转世，将自身作为蒙古国师八思巴喇嘛的转世；三是将蒙古原有的萨满信仰的长生天纳入到佛教系统中。这一手段一方面将蒙古汗统神格化，让民众认可汗位的正统，另一方面让佛教能够更好地本土化，让蒙古社会自上而下接受其思想模式，并建立起政教二元的控制系统。具体的行动方式上，如《蒙古源流》中记载的俺达汗与索南嘉措建立关系的仪式过程：互相授予封号，并且俺达汗赠予索南嘉措重金和畜群，而索南嘉措赠予俺达汗和诸台吉诺颜佛像和经文。[①]此外，在《阿萨拉克齐史》中，索南嘉措与阿巴岱赛音汗之间也运用了同样的模式"授予封号-布施重金-赠予佛像与经文"。这种富有宗教意味的政治仪式使得作为统治者的汗王"用仪式巩固和加强权威"，"创造一个象征，获取和维持权力"。[②]

再次，修建寺院，推广教育。藏传佛教格鲁派进入蒙古地区之后，在诸汗王贵族的支持下广修寺院，招募僧人。早期的寺院多为特权阶层学习佛典的修行场所，但随着寺院在蒙古地区的大肆修建，逐渐变成了具有教育功能的"学校"。在明末清初，除了一些官办的学校外，大多数寺院都充当了教育机构，寺院的"活佛"主持、经师则充当了教师的角色。到了清代，在清廷统治者以"黄教柔顺蒙古"的柔远之策，加剧了佛教的传播与普及。并且形成"二丁抽一""三丁抽二""五丁抽二或三"的招募"班第"学僧制度和等级教学方法。[③]

---

① ［清］萨冈彻辰：《蒙古源流》，内蒙古人民出版社，1986年，第381-387页。

② ［美］大卫科泽：《仪式、政治与权力》【M】，王海洲译，江苏人民出版社，2015年，第5-6页。

③ 唐吉思：《藏传佛教与蒙古族文化》【M】，辽宁民族出版社，1997年，第211-215页。

2. 传播路径之特点分析

从藏传佛教在蒙古社会的传播路径的范式可以看出藏传佛教传播路径的特点主要分为三种类型：

其一，内容输出，即通过佛教领袖的"上师"及其代言人的高僧到蒙古诸部去宣讲佛法的教义，并将大藏经《甘珠尔》《丹珠尔》等典籍和佛像赠予部落首领，并且通过"施主-福田"的仪式仪轨授予蒙古诸部首领尊号。

其二，僧众与仪轨纳入，一方面，宗教领袖招募"班第"喇嘛、沙比纳尔等学僧和寺院属民"阿拉巴特"，让佛教思想根深蒂固的根治于社会下层民众。另一方面，将蒙古本土的"腾格里"天神的萨满天神信仰也纳入到佛教体系，使其成为众佛体系中的一员，这也是佛教在蒙古本土化的一种变异。另外，使蒙古神话中的人物以及圣祖成吉思汗、忽必烈大汗以及黄金家族后裔附会为金刚手菩萨等佛教菩萨的化身，其对作为"娑婆世界"的蒙古民众具有"天赋的"权力，让民众更加服从其统治。①

其三，自上而下的强化与规训，藏传佛教在蒙古的传播的显著特点之一，是从制度层面自上而下的政治社会化使僧侣集团享有特权并成为社会中独有的政治身份和力量。以及在制度的惩戒领域将藏传佛教的教义渗透进制度和规则的制定上，以此种方式渗透到不同阶层的意识形态当中，例如在传入土默特万户之后，在土默特首领俺达汗主持下颁布的《俺达汗法典》以及喀尔喀三汗及诸台吉诺颜共同制定的《桦皮律令》《喀尔喀吉鲁姆》、喀尔喀和卫拉特贵族共同制定的额《蒙古-卫拉特法典》都对礼敬佛法僧三宝给予了奖励，而忤逆之则给予了惩戒。但与早

---

① 娑婆世界为佛教用语，指与般若空性的"一真法界"所对应的"器世界"，此处所指的是人间。

期蒙古时代的杀罚制度不同，这些法规与法律中，鲜少见到以杀人作为惩戒手段，这也从另一个侧面反映出，佛教的"戒杀"教义对蒙古社会的影响和渗透。从意识形态上加强了佛教对蒙古民众的教化和对社会秩序的规范。

（二）藏传佛教在满洲共同体的传播路径范式和特点

与藏传佛教对蒙古的传播路径有所不同，藏传佛教进入满洲社会没有成为其主流信仰，而是成为其多元信仰之一，原因主要在于统治者对其在满洲社会的限制，一方面借用其思想和教义柔顺和安抚蒙古，同时教化满洲贵族以佛教的忠君思想来维系自身的统治；另一方面又以蒙古信佛泛滥来警示民众，不可过度迷恋，以丧失斗志，这一理念尤其在入关前的满洲民族有着严格的要求。其传播路径的范式亦为语言符号、仪式手段和寺院的修建。但路径特点上则是分上层严控和下次涣散等特点。

1. 藏传佛教在满洲社会的传播路径范式

首先，语言符号的传播手段，与蒙古的上师传播教义和经文翻译有所相似，并且在满洲共同体入关统治之后，出于控制蒙古的羁縻之策和驯化民众的政治目的，进一步加大了佛经的印刷和传播工作，从1650年开始，编写了大量的蒙古文佛经著作，并且在众多寺院采用木刻印刷并在蒙古人中传播。与之相对应的，满洲统治者也采用佛教中的忠君思想，来教化臣下，维护自身的统治。例如，清太祖努尔哈赤，通过佛教当中的宽大、正念、向善的教义，让满洲贵族臣下心存善念、忠诚君主为汗王效力的忠君思想的精神规训。[①]但是，对于藏传佛教在满洲内部的传播，清代的皇帝还是加以政治上的控制和干预，以蒙古人信佛而"故

---

① 中国第一历史档案馆等译注，《满文老档》，中华书局，1986年，第37-38页。

致国力衰微"，而满洲人应"以法度治国"①，对于满洲上层贵族加以严格的训谕。

其次，迎请佛像，礼敬"三宝"的施主关系。这一模式其动机主要是出于对蒙古诸部的控制，因而采用了一套与之相类似的佛教仪轨作为传播手段，来强化"汗权佛授"的施为关系。从清太祖皇太极开始，均采用了这一模式。在入关之前，皇太极迎请了象征蒙古国运的"玛哈嘎拉"佛像到盛京，并且组织满蒙贵族举行了三跪九叩的拜见礼，同时，礼待蒙古诸部的喇嘛上师，并且亲自与之进行满洲的"抱见礼"。进入中原并统辖"九州"之后，顺治皇帝又迎请象征藏传佛教最高上师的五世达赖喇嘛进京，颁发金印金册，使之"统理黄教"，并授予其"西天大善自在佛领天下释教普通瓦赤喇怛喇达赖喇嘛"的封号。②到了康雍乾时期，更是利用佛教"化俗淑民"，并且自诩为居士，赏赐喇嘛上师，而一些上师更是以满语的音译附会，称满洲皇帝为"文殊菩萨的化现"。③使之出现了与蒙古历史上汗王与喇嘛上师相类似的施为关系。

左：忽必烈与八思巴国师建立"福田"关系唐卡；右：附会为文殊菩萨的乾隆皇帝佛装图

---

① 中国第一历史档案馆等译注，《满文老档》，中华书局，1986年，第74页。

② 奇文瑛：《满—通古斯语族民族宗教研究》【M】，中央民族大学出版社，2004年，第227页。

③ 洛桑泽培：《蒙古佛教史》【M】，天津古籍出版社，1991年，第84—91页。

再次，修建寺院，安抚僧俗。与蒙古修建寺院鼓励民众出家不同，满族奉佛更多的时将其与原始的萨满信仰和民间信仰融合，使佛教成为民间信仰的一部分，并且形成满洲贵族和民众祈求现实国运兴旺和佛光庇护的现实信仰特征。尽管也有专门为满族宗室、包衣修建的以持诵满文佛经的寺院存在，但其主要目的还是为了能够让僧众为皇室祈福为重。

2. 传播路径之特点分析

藏传佛教在满洲的传播路径与在蒙古的传播路径有着显著的不同，主要体现在不同阶层的奉佛有较大差异，对于贵族和统治阶层呈现出严格控制的特点，而对于民众则表现为融合与涣散的特点。

一方面，作为统治阶层，为了能够稳定民心，并且构建能够"混一"蒙古，形成"满洲-蒙古"共同体，用佛教的教义、仪式以及广修寺院来教化民众、统一民心，展开佛教的传播。另一方面又严加控制，并且以蒙古信佛对社会的影响作为观照，严格控制佛教在满洲上层贵族传播。

另一方面，蒙古与满洲的联姻以及相互交融，让满洲民间对于藏传佛教的信仰既有对蒙古的承袭，同时又融入了自身民族对天神信仰的特点，让佛教的信仰成为其民间信仰的一个重要组成部分，融入民心。例如在清朝内务府专门修建了供喇嘛修行的道场和寺院，而民众则因"佛以灵异著闻，京师寓内王公大人、士庶妇女，捐金庄严以丐福利者，岁无虚日"。[1]佛教没有形成如蒙古社会一般的，积极倡导民众出家的宣传体系，而是在修建寺院之后，严格控制出家人数，并且刊刻满文经文，形成独特的以念经祈福模式的满洲式的教化特征，并且在民众中广泛传播。

---

[1] 高士奇：《金鳌退食笔记》卷下，北京古籍出版社，1982年，第141页。

二、藏传佛教在清代蒙古和满洲社会的传播效果分析

藏传佛教在清代不同族群社会的传播，所产生的效果有多种差异，对于蒙古社会来说即是"政教二道"并行的社会结构下形成的全民奉佛的社会景观，以及形成了一套"汗统佛授"和"五色四藩"的蒙古中心民族观为导向的历史书写和记忆构建，同时对于民间文学也产生了佛教化的影响，当然这些效果有积极方面的也有消极方面的，到了清代后期，一些蒙古思想家认识到了藏传佛教危害性的一面，因而开始形成一股"反思佛教"的民众文化思潮，这也是清代扶植佛教的羁縻策略所产生的反向效果。对于以清廷为核心的满洲社会，其传播的效果与蒙古社会有很大差异。对于满洲共同体来说，一方面形成了佛教化的节日习俗。另一方面形成神佛并行的信仰体系。主要效果是当时民间民俗在佛教影响下的改变。

（一）藏传佛教在清代蒙古社会传播的效果

在前文中的寺院学校的教化功能和作为人灵媒介的作用已经有所阐述，并且在教化中产生了诸多带有佛教痕迹的文献典籍和医学文库，但是，藏传佛教作为一个综合的文化范式，其在有清一代，对于蒙古社会的传播效果是多面的，本节从社会影响、编年史修撰、民间文学变迁以及民众反佛思潮等几个效果层面进行分析。

1. 全民奉佛的社会景观

从藏传佛教被蒙古土默特部首领俺达汗倡导传入，到喀尔喀、察哈尔诸部纷纷效仿其改宗佛教的模式，建立起政教二道的社会结构，直到清代，在清廷中央的倡导下，在蒙古多地修建藏传佛教喇嘛，并且优待作为喇嘛贵族的转世活佛。在社会上层权力中心的倡导和支持下，使得

蒙古全社会出现了万人空巷的奉佛之势。并且伴随了清朝整个王朝的兴衰。那么，在清廷的大力扶植下，社会民众奉佛出现了何种效果？在清末的边务文档和理疆文书中多有记载。例如，在漠北的乌里雅苏台生活的蒙古人，"好佛戒杀，最重呼图克图，唯其言是听，遥远望见之，免冠叩首……即寻常喇嘛，人人皆敬服"。[①]不仅如此，对于佛教的信奉程度之深，已经达到"男女有病，辄求喇嘛诵经医治，经年累月不愈，亦皆欣慰焉，即或病危，但叹其福薄"。[②]在漠北地区呈现出的是对于佛教的信奉已经到了如此痴迷之境，那么在漠南蒙古地区又会如何？在考察日记中亦有如是记载"凡一切患难幸福，皆委心于佛，若有患难，即为佛谴"。[③]无论病患或生死，一切都会寄希望于佛教和喇嘛诵经，并且为了治病，会施舍给喇嘛"财产、奴隶、牛马，以为祈祷"。[④]不仅是在日常生活中，在蒙古人的节日和婚俗中，也时时处处可以看到藏传佛教喇嘛僧人的身影，并且诵经之声不断。这并非是某一地区的偶然现象，而是清代羁縻政策使然的蒙古诸部的普遍情况。从清廷羁縻蒙古政策方面来看，利用佛教的"无我空性"思想，以及神格化的呼图克图在蒙古民众中的传播，其效果是显著的。

但是，这一文化羁縻的传播策略所带来的负面效果也不容小觑。在清代的蒙古社会中，喇嘛被视为人中最有学问之聪慧者，然而，在经历了佛教从繁盛到泛滥之后，喇嘛作为人灵媒介的神格化形象逐渐被打

① 忒莫勒点校：《乌里雅苏台志略》，载《中国边疆研究文库·北部边疆卷五》，黑龙江教育出版社，2014年，第30页。

② 忒莫勒点校：《乌里雅苏台志略》，载《中国边疆研究文库·北部边疆卷五》，黑龙江教育出版社，2014年，第30页。

③ 吴禄贞：《东四盟蒙古实纪》，载《中国边疆研究文库·北部边疆卷五》，黑龙江教育出版社，2014年，第238页。

④ 吴禄贞：《东四盟蒙古实纪》，载《中国边疆研究文库·北部边疆卷五》，黑龙江教育出版社，2014年，第238页。

破，例如清朝末年，在乌里雅苏台地区，巡边考察团对于喇嘛是否具有如传闻中的学问进行了考察，结果却令人大跌眼镜，在文献中记载"今日又喇嘛一人，年二十四五岁，贸然入室，持时辰表，熟视不释手。持蒙古字母表问之，则不能对。夫喇嘛之服，其知识乃如此，为之慨然"。①作为蒙古人心目中的聪慧者之喇嘛尚且如此，那么其他贵族或民众所习得的知识水准则可见一斑。可见藏传佛教对于清代蒙古民众的欺骗和蒙昧性之深重，使得蒙古社会载两百余年的时间里，都备受其危害。但是，这也正是清廷推广和传播藏传佛教最初的目的，并且超过了其预期的效果。

左：反映蒙古土默特部全民信佛景观的美岱召唐卡壁画；右：清末喀尔喀僧俗

2. 编年史书的佛教话语范式

奥斯瓦尔德·斯本格勒曾指出，"文化是贯穿于过去于未来的世界历史的基本现象，世界历史就是各种文化的集体传记"。②而历史的客观性也正是一种"客观的拟人性"，即历史的符号化是一种按照人的生活现实所解释的历史，所显示的也是人的特性。这种历史话语的范式和作为人的"客观性延伸"在蒙古编年史的书写结构上有明显的体现。清代

---

① 忒莫勒点校：《考察蒙古日记》，载《中国边疆研究文库·北部边疆卷一》，黑龙江教育出版社，2014年，第197页。

② 孙英春：《跨文化传播学》，【M】北京大学出版社，2015年，第45页。

的蒙古史家用佛教的轮回转世和"汗权佛授"思维，构建了一套带有朴素的文化民族主义特征的独特话语，在建构汗权神圣且具佛性的同时，在面对满洲民族共同体日渐强大的舆论氛围下，借藏传佛教的五方佛信仰，构建了一套以蒙古为中心的"五色四藩"民族观①。蒙古编年史借"观世音菩萨化身"的达赖喇嘛之口的转喻，一方面让作为统治阶层的游牧封建主的身份和权力达到合法化的确立，另一方面使得作为主流信仰的佛教所包含的价值体系、行为标准和意识形态能够形成一套完备的模式在蒙古共同体的内部得以灌输，达到规训和教化民众的目的，也从客观上形成了对于自身形象的舆论宣传的特殊范式。这一方式从清初的《蒙古源流》《大黄册》《阿萨拉克齐史》一直延续到了清代中后期的《宝贝念珠》《水晶鉴》《如意宝珠》等蒙古编年史书的编修中。

3. 佛教影响下的蒙古民间神话的流传

关于神话，一直以来难以得出一个准确的定义。马林诺夫斯基从功能的角度认为，神话"是陈述荒古的实体而仍活在现代生活者，可因前例而给某种事物以根据，可使人有古来的榜样而有道德价值、社会制度与巫术信仰；是一切文化的必要成分之一；每一项历史变迁都创造一个神话，可是神话只是间接地与历史事实有关"。②他所强调的是神话的象征意义，以及神话与仪式、社会和物质生产之间的有机联动性。而马克斯米勒则强调了语言和神话之间的关系，他认为的神话是"以语言为

---

① 乌云毕力格：《五色四藩的来源及其内涵》【J】，载《青册金鬘》，上海古籍出版社，2017年，第172页。"五色四藩"概念从16世纪后半叶在蒙古编年史书中形成，其来源是藏传佛教的五方佛信仰，在整个17-18世纪的蒙古编年史书中，均是以白色的高丽和东北诸民族、红色的汉人、黄色的穆斯林地区和国家诸民族、黑色的吐蕃以及其他一些大大小小的部族围绕在青色蒙古的统治之下。正所谓"一个中心，四边八族"的格局。

② ［英］马林诺夫斯基：《巫术、科学、宗教与神话》【M】，上海社会科学出版社，2016年，第184页。

媒介并据之得以传播的某种东西；是语言投射到思维上的阴影"。①对比不同领域的神话定义，都没有摆脱语言、心理、社会实际和历史等几个维度。

笔者认为，神话作为一种民间文学的形式，它所反映的是一种民俗或社会事象，通过口头传播、心理认知和实际活动三者之间共同推动下，在民众中得以传播，其所产生的塑造力和影响力远远大于文字传播的功能。与制度规训下，自上而下的传播模式不同，这是一种自下而上、先横向再纵向且扩散性强的传播模式。其特点在于可控性弱、传播范围广、指向性强。作为历史人物和事件的民间神话通常要放在历史语境中去分析，如同古代的政治民谣一般，历史民间神话有两个方面，一方面所体现的是对于历史事件和英雄人物的歌颂，而另一方面则是对政治环境的批判和揭露。

佛教传入蒙古之后，虽然在制度上进行了严格的、渗透式的保护、推崇以及传播，但是在民间却通过口头神话的方式，反映了不同阶层的民众对于作为外来文化的藏传佛教进入蒙古后的反响。②另一方面，通过佛教的传播，让民间神话和口头文学的传播也带上了佛教文化的色彩，成为一种具有蒙古本土特色的佛教民间文学，最为有名的即《阿巴岱汗传》《格斯尔汗传》《斜眼夫人传记》等神话故事的流传，体现出藏传佛教对于当时民众带来的不同程度的影响，同时对于后世的蒙古民间文学的流传形成了一种传统的范式。

不过，在蒙古民间文学的创作中，多数都反映了藏传佛教进入蒙古的过程、藏传佛教与原生的萨满信仰的冲突，以及藏传佛教对于蒙古

---

① ［德］卡西尔：《语言与神话》【M】，三联书店，2017年，第33–35页。

② 这一现象主要体现在民间神话中对于佛教到来的不同态度，例如在喀尔喀阿巴岱汗迎请佛像、兴建寺院的历史事件，在喀尔喀民间神话中就形成了两种民间神话的流传，正面影响的传说即为《阿巴岱汗传》，而负面的影响则是《赛罕·贡格尔的传说》。

人的或帮助，或加害的过程，反映了不同阶段、不同社会阶层的人对于藏传佛教这种外来文化的接受或排斥。比如，《阿巴岱汗传》和《莫日根喇嘛》这两个流传于漠北喀尔喀部和漠南乌喇特部的关于佛教神话的故事，都从不同层面来赞扬了藏传佛教为蒙古社会带来的"蒙智"的功能，是并且对于将其迎请来的汗王，喇嘛上师本身的智慧大加赞赏，是对于藏传佛教融入蒙古社会的褒扬。而诸如《赛罕·贡格尔的传说》这类民间传说，则是描述了在藏传佛教作为外来宗教，刚刚进入蒙古社会时，与本土萨满信仰之间展开的斗争，并且一代表蒙古传统萨满信仰化身的赛罕·贡格尔的死亡和失败收场。反应的时蒙古部落对于藏传佛教的接受和对原始萨满信仰的边缘化过程。而《斜眼夫人传记》则是形成于在清廷统治蒙古喀尔喀部之后，此时人们已经开始对于藏传佛教的虚伪性和欺骗性产生了疑惑和感性的认识，虽然故事的终结是以斜眼夫人和其丈夫土谢图台吉之死告终，但是宣扬歪理邪说，并且污蔑斜眼夫人的沙日喇嘛最终也没有善终，这从客观上也反映了当时人们对于藏传佛教给蒙古社会带来的负面影响、愚昧民众的社会现实，并由此产生的一种反抗精神。

总体来说，民间神话故事的流传，既是一种在蒙古政教二道社会结构以及清廷对其大力扶植的社会环境中，形成的一种独有的反映蒙古社会现实的文学样态，亦是藏传佛教的长期渗透与输出的过程中，在民间产生的一种传播效果，这种效果有正面的也有反面的，但是却并不完全受到清廷的意识形态的完全控制，这是一种长期斗争与妥协、融合中，形成的文化心理的反映和观照。

4. 民众"反佛"思想的崛起

民间的反佛意识主要源自于清代中后期，在很多民间谚语和历史作品以及清代晚期蒙古族思想家的文艺和民俗作品中都有体现。例如生活在清代中后期的历史学家拉锡朋斯克在其史学专著中表达了对当时产生的全民兴佛、奉佛，"甚为过之"①的不满。此外，蒙古族文学家尹湛纳希也曾经对于佛教和喇嘛教言做出直白的批判。他在希望唤醒蒙古人对于祖先记忆的《青史演义》的序章和笔伐藏传佛教的《喇嘛之伪》等文章中，对于藏传佛教害人沉沦以及蒙古僧人只知念经不懂经意，并且满口"礼敬三宝"之言说，表达了"连自己经名佛号都未曾谙稔，真是可怜，岂不误人一声聪慧？"，②并且对于蒙古人数典忘祖，尽信喇嘛之言的迷惑进行了严厉的斥责和批判。到了清末民初，蒙古族思想家罗布桑却丹对于佛教对人精神的危害性以及蒙古人放下武器转拿佛珠、供奉偶像的行为也大加斥责，并且指出"喇嘛的发生和发展，把蒙古人的聪明智慧退回到几万年前去了"③的批判，认为蒙古人迷信虚幻不实的佛教教义时荒诞、可笑的。除此之外，随着佛教的过度发展，在蒙古民间社会也逐渐产生出了诸如"喇嘛的祈祷必致灭亡，活佛的祈求必致衰败""喇嘛算命，句句是假；卜卦吉凶，万言俱谎"。④而与之相对的则是在蒙古民族的思想界产生了对于祖宗历史的复兴和对古代蒙古智慧箴言和成吉思汗汗权时代教化的重构，希望以此来唤醒被藏传佛教长期蒙蔽的蒙古民族的蒙昧之心。这是一种在清代形成的形而上的民族主义意识，以恢复蒙古旧制和强化民族语言、文化为主旨，在蒙古社会内部进行传播。这既是一种藏传佛教负面影响下带来的思想层面的反击效果，又是一种对于民族文化和思想衰落的恐惧与不安心理的映射。

---

① ［清］拉锡朋斯克：《水晶珠》，转苏和、陶克套：《蒙古族哲学思想史》【M】，辽宁民族出版社，2002年，第195页。
② ［清］尹湛纳希：《韵文杂文及中篇小说》，内蒙古人民出版社，2015年，第46页。
③ 罗布藏却丹：《蒙古风俗鉴》，辽宁民族出版社，1988年，第174页。
④ 仁钦道尔吉编纂：《谚语》，辽宁人民出版社，1978年，第29–42页，转苏和、陶克套：《蒙古族哲学思想史》【M】，辽宁民族出版社，2002年，第206–207页。

（二）藏传佛教对清廷和满洲共同体的影响

由于作为满洲共同体的最高权力者之皇帝，一直对于藏传佛教和喇嘛教言保持警醒状态，并且以蒙古全民信佛导致国本和社会的荒靡作为说服之例，对其臣下信佛、奉佛都严加控制。但是这并不妨碍藏传佛教作为八旗民间社会的信仰，与其他宗教并行，流传于八旗社会。不过与佛教对蒙古社会在不同层面产生的传播效果不同，对于八旗社会则主要停留在节日民俗和民间多元信仰的层面。

1.民间节日的佛教因素

节日是一种"流传下来，从一个超人性的起源接受而来，再不折不扣的一代代传下去"的民族历史与文化的产物①，它与日常的时间有所区隔。当节日被确定之后，会不断在某一个时间节点和场域空间内被重复，以加深其在某一民族记忆中的特殊象征意义。同时，作为文化-民族共同体，其神圣性被赋予了政治的意义，特别是以宗教作为主导的话语背景下，其庆典的仪式又带有了宗教特征。

虽然皇室对于满洲贵族信仰藏传佛教有所控制，但是民间却将佛教信仰与节日融合，形成当时独有的一种节日民俗。满洲民众的崇佛以对现实生活的护佑为动机，希望能够得到佛祖的护持，因而在年节中加入了佛教的因素，最突出的即为在京城的几座寺院在正月举办"喇嘛打鬼"的佛事活动，即"喇嘛僧扮演诸天神驱逐邪魔"。这一活动在京师的八旗内城达到了万人空巷的程度。②这一特征在满洲的龙兴之地盛京也同样高涨，并且在新年开始，盛京地方每家皆请喇嘛念经，为其消灾祈福、祛除病邪。

---

① ［德］皮柏：《节庆、休闲与文化》【M】，黄藿译，三联书店，1991年，第20页。
② ［清］富察敦崇：《燕京岁时记》，北京古籍出版社，1981年，第49页。原文记载，当时在正月，满洲民众"每至打鬼，都人观者甚重，有万人空巷之风"。

2. 神佛并行的信仰体系

从作为统治者的清朝皇帝，到京师和东北的普通旗人家庭，满洲信仰特征没有拘泥于单一的佛教思想作为指导，更多的是将其与其他诸神并行，形成一套"神佛"并行的信仰体系。其原因一方面是由于满洲民族共同体的萨满自然神信仰由来已久且根深蒂固，另一方面，"佛理高深，非有特殊好尚，一般平民结缘者盖鲜"。[1]再加上统治者对其控制，因而多数民众只知奉佛，不明佛理。因而满洲民间的信仰多数是以"并非崇奉其教，以祈福祥也"的现实主义信仰理念。[2]

在这样的政治和文化背景下，满洲奉佛无论在京师还是关外故土，都形成了只修现世的信仰特征。仅从施主-福田的关系来看，与蒙古在"轮回转世""修来世""到倾家破产不以为意"的理念不同，满洲民众的施主关系只是单纯的施舍田地、捐助钱财并组织会众来祈祷家族的平安，这与萨满信仰有相似之处。另外，在民间的普通旗人家庭，虽然"皆奉佛铜像、小木龛置案头，常年香火供奉甚笃"，[3]但同时在东北地区的寺院中，又有"关帝庙在西南，内殿像设极威严""殿东有室，中塑如来，左老聃，右孔子，而以匠作、医、卜、杂技之祖配"。[4]由此看来，藏传佛教在满洲民间的信仰体系中，并没有如蒙古民间一般成为其文化传统中的主导，而只是多神信仰体系中的一维，这也从客观上保留了满洲信仰文化的传统性。

① 西清：《黑龙江外记》卷二，黑龙江人民出版社，1984年，第24页。
② 昭梿：《啸亭杂录》卷十，中华书局，1977年，第361页。
③ 《奉天通志》卷九九，《礼俗三》，东北文史丛书，1983年，第2272页。
④ 西清：《黑龙江外记》卷二，黑龙江人民出版社，1984年，第24页。

三、清代藏传佛教对满蒙社会影响效果的综合因素

从周边传播的角度看，关于"自周边传播"和"它周边传播"的概念界定为"所谓自周边传播，就是在主体自身周边进行的信息扩散和其他传播活动"。"所谓它周边传播，就是在客体周边也就是传播目标对象的周边进行的信息扩散和其他传播活动"。[1]二者之间有着有机结合、不可分裂的关系。并且最为重要的是，此类传播重要的是自身形象的构建。而作为软实力的文化，在构建形象方面有着不可小觑的意义。藏传佛教在蒙古和满洲不同民族的传播路径产生了不同程度的影响。但对于作为后期统治清王朝的满洲民族共同体来说，其利用佛教对蒙古和本民族都产生了不同程度的传播效果。

政治上，出身满洲贵族的清廷皇室，利用蒙古人对于"佛授汗权"和"轮回转世"之说，将自己作为满蒙民族的共主形象，加以构建，以此来形成一套从政治到文化上的"满洲–蒙古"的"混一"共同体。虽然在一些史书编修和神话流传中，蒙古精英阶层有所排斥，但在长期的交往中，历史编纂者逐渐将这一理念融入到史书话语中。例如，在《蒙古源流》中，萨冈彻辰对于"五色四藩"的民族观中，已经将中央"青色蒙古"，扩展为"中央四省满洲、六万蒙古"，并对顺治皇帝给予高度评价，称其"立大国之基业，致玉宇于太平矣"。并且对于其广宣佛教，使得"凡九族之众，手有所置，足有所踏，安享熙攘之福矣"。[2]对于自身汗统形象在其他周边民族的视角中，产生了良好的效果，有利于不同民族间的团结，也有利于清廷的控制。

---

[1] 陆地：《周边传播理论在"一带一路"中的应用》【J】，载《当代传播》，2017年，第5期。

[2] ［清］萨冈彻辰：《蒙古源流》，内蒙古人民出版社，1986年，第470–471页。

文化上，清廷大兴喇嘛寺院、翻译佛经、流传到不同的民族地区，一方面让古代西藏的宗教哲学思想、天文、医药、历史、文学以及科技进一步传入蒙古地区，并使之成为蒙古文化的有机组成部分，使之丰富和发展了蒙古民族的文化。另一方面，满蒙联姻、礼遇僧众等政策和仪式，又让藏传佛教的部分思想融入到了满洲社会，并成为其信仰文化的重要组成部分，强化了民族间的文化交流和对于文化的认同。有利于形成文化-民族的共同体。

总之，藏传佛教在蒙古、满洲民族间的传播，对于清廷维护民族形象、推动民族团结的方面起到了一定积极的作用。但也不可否认，从历史发展的角度，清廷利用藏传佛教羁縻蒙古的策略对蒙古社会发展产生了阻碍，但也客观上刺激了晚清蒙古社会精英层面对于佛教带来危害的反思，从而构建起一套在文化和精神层面构建和复兴蒙古祖制的思想运动。

小　结

本章从历史的、动态的角度来阐释了清代中央与蒙古藩部之间的传播活动的路径及其所带来的传播效果，分为两个层面，第一个层面从"礼文化"框架内的藩贡体系对蒙古社会所产生的实际效果，并且对于在天朝认同观中，软实力对于强化周边藩部的向心力的重要意义进行了分析。第二个层面则是从清廷对蒙古藩部利用藏传佛教的羁縻之策进行分析，并且藏传佛教对于作为藩部的蒙古社会和作为中央统治者的满洲共同体所产生的实际效果进行对比式的分析。

由于本章主要从多元文化对蒙古社会的传播和效果这一动态的过程进行分析和论述，因而在列举史实和史料时，没有对支持每一个观点的史料进行注意陈列的方法，不过每一个论点都可以用大量的史料进行有效的论证。但在数量庞大的史料面前，笔者只是选取了其中较为有效的文献作为例证来支撑观点，做出了一定程度但并非完全合理的简化，如此亦会忽略掉其他一些有效并有价值的信息，激发出新的观点，这是不得不阐述的史实，亦是一种遗憾，只能在已经占有史料的基础上尽最大限度将论点做出相对全息的分析和总结。

结 论

"史为用之，其利甚博，乃生民之急务，为国家之要道"。[①]对历史的认识，不仅仅是个人意识觉醒的先导，更重要的是唤醒民族和国家意识的要务所在。基于此，本文以清代作为时间的维度，以清廷和蒙古诸部作为研究主体和对象，以文化的变迁对不同社会结构和文化的影响作为分析的重点，探讨清代中央与蒙古藩部之间的周边文化的传播情况，从立体化的媒介渠道、传播手段，到动态、综合的传播路径，一直到因文化传播而对蒙古和清廷中央所产生的传播效果的综合性探讨。

清代作为我国历史上最后一个封建王朝，以及最后一个由少数民族建立的政权，从其建立之初就充满了二元的矛盾和冲突，对于内亚世界里的游牧民，其身份是作为其宗主国的大汗而存在，但对于其自身和中原甚至东亚世界，其构建的身份是延续华夏正统的"天朝上国"的正统统治形象。他既具有部落化文化的少数民族政权，同时又是一个混合一统的多民族文化共生的"大一统"帝国。对待文化的态度上，他是高压专制的意识形态输出和严格的分化策略，控制广博疆域内不同族群的民众，又采用了看似宽容的"因俗而治"的维护不同民族传统文化的统御之道。清廷在吸取元代作为少数民族政权的经验和短时间衰落的教训，积极的采用沿袭明朝制度和尊奉儒家文化的治国理念，来统治地域广袤

---

① ［法］米歇尔·德·塞尔托著：《历史书写》【M】，倪复生译，中国人民大学，2012年，第12页。

的帝国，但是又在面对中原文化的洪流时，表达出了内心的不安，是一种在外来文化强势冲刷下，对于自我文化身份和记忆遗忘的焦虑所产生的认同恐惧。因此，在有清一代，作为国家统治中心的满洲共同体，一直强调"满洲根本""国语骑射"的满洲旧制，并以这一文化符号来构建和强化自身在内亚游牧世界中的宗主形象和地位。

尽管清廷一直在为民族融合和文化认同、身份构建上极尽所能做出最大的努力，然而在面对庞大帝国内，人数众多的汉语言族群，作为跨语系的统治者，无论是出于传播思想、渗透意识形态的便利，还是出于文化方面的控制，尽管在满、蒙、汉的问题上，一直在进行着顽固的维护和近乎偏执的抗争，但不管其是否承认，在面对不同语言族系的被统治者，其自身必须要做出妥协，并且融入其中。而对于北方周边的内亚世界，出于控制和防范，又要不断强化自身作为与其相近的少数民族"国语骑射"的民族根本，这即是一种构建自我形象以统御他者的周边策略，同时又是一种强化对记忆的复制之手段。

不过，本文虽然立足于历史中文化现象对于少数民族族群社会的影响和变迁做出众多探讨，但归根结底还是要将其归位到传播研究的本体，由于周边传播对于传播学理论框架的组成，仍属于新进的部分，很多理论和内容仍有待发掘和考证，因而，在探讨清廷对于蒙古藩部的研究主体时，要谨慎对待这一问题，避免陷入繁杂历史文献资料限制下的囹圄，而忽略了传播行为的本质。对于本文所探讨的周边文化传播的问题，笔者对其做出了相应的总结。

一、周边何处？

在周边传播理论诞生之前，在其他学科领域关于"周边"的概念有过诸多探讨，从拉铁摩尔的内亚观来推演，从中原向内陆延伸的过程中，长城以北、大漠之南的游牧和狩猎以及半游牧、半农耕社会属于一种内部的周边，其社会结构处于一种变动的状态，而且周边的远近并非只是距离和空间上的地缘概念上的远，而是一种文化心理和政治认同上的远近。在清代之前的社会，明朝对于周边路上和海上世界皆称之为"四夷"，这与清代统治下的周边藩部和属国有着截然不同的意义，它是一种属外的、文化特征、政治关系更为疏远的，近似于封建时代的外交关系，而清代因其自身亦是来源于"非汉"的、边远之地的"林中之民"，无论在社会制度还是生产方式、文化心理等方面，都与传统的中原王朝有着巨大的、难以逾越的鸿沟，反而对于游牧或半游牧世界具有更强的感召力和吸引力，因而，藩部的周边要比传统周边，从文化心理和政治认同上要更近，并且这一周边虽然一直处于异动的状态，但在清廷进入中原200余年，整体趋于平稳的状态。

不过，在史学界对于清代的蒙古藩部和清廷的关系一直说法不一，有人认为这是一种前现代的殖民主义控制，抑制了蒙古几百年的发展，使其文化衰退，但也有人认为，这是一种超前的大一统观念在传统帝制中的革新，对于维护边疆和民族的团结稳定有着不可磨灭的功绩和效用。然而诉诸不同的论战和视角，仍然没有摆脱现代民族国家框架下，民族与国家关系的陷阱，对于非现代社会的少数民族政权统治下的旧式封建王朝，不能简单地利用现代的民族观和国家观作为考量的标准，而是要放在当时的政治和社会语境中去分析和论证。

回到清代周边问题的议题，到底何处是周边？是空间地缘上相邻较近的少数民族社会？还是在文化意识渗透中，从权力较高的中心向被其视为"属民"的藩部和属国算是周边？所谓的中心和周边的关系只是一种自上而下的灌输吗？显然这些答案在逐一分析之后，都是否定的。笔者认为，所谓的周边是一个在不同群体主体间形成的一种维系彼此间关系的政治心理上的认同关系。对于清廷来说，蒙古藩部属于其控制下的、屈从于帝国统治、具有臣下从属身份的近周边，而对于清代瀚海以北，虽然从名义上和一段时间的实际控制上属于清廷，但是随着沙俄的疯狂扩张，蒙古作为内亚的缓冲战略地带，其重要性从17世纪之后被清廷和沙俄双双重视，这就在客观上使得蒙古诸部成了竞相争夺的硬周边。不过，从蒙古的角度来看，满洲共同体统治下的清廷，既是一个从地缘和文化信仰上与蒙古相近的近周边，同时其军事方面的硬实力以及经济上的巨大吸引力使得其成为一个不同于只是依靠军事扩张的殖民国家的强周边。这种在军事上建立同盟、经济上极尽拉拢、文化上因俗教化的战略手段，使蒙古藩部充分认识到清廷的强大，并且在受其恩惠的同时也感受到其权力的威慑与强大，从心理上将其视作一个强大的、带有宗主性质的"强周边"之境。

由此可见，无论是作为族群式的周边概念，还是作为传播活动的重要议题，周边都不是一个单向、一维的传播模式，而是更为复杂的传播过程。特别是在文化方面的传播，是一个多元的传播模式。在不同族群和权力机构的视角中，彼此亦为自身的周边，只是每种周边在各自的心理上有所差异。不过在传播过程中，或有意，或无意的控制与分化，都在客观上促进了几个周边、不同民族间的文化得以相互渗透和融合，使彼此在相互理解和包容的过程中，达到一种跨民族周边文化的融合与妥协。周边传播的主要根本不同于对外传播和跨文化传播中的"异质性"理解，而是一种在"求同存异"过程中的一种文化心理在渗透、融合之后产生的"认同"。其根本目标在于"同"而非"异"。

二、文化传播的政治意涵

清代在清廷中央的控制和规训下，蒙古的周边文化传播所达到的效果可以做如是界定，是在被清廷构建的带有满洲特色的儒家礼制体系为核心，以藏传佛教信仰为主体，并保留自身长生天信仰体系的一种被建构的民族文化。与早期蒙古文化不同之处在于，清代的蒙古文化在保留民族语言之根和对长生天信仰的原生民族文化的基础上，被规训为一种兼有满洲骑射之俗和儒化藩部之身份，并且又以外来藏传佛教信仰为中心的一种纳入式、复合型的民族文化复合体。而作为统治阶层的满洲共同体的贵族，在教化、规训、建构一种新型复合的蒙古文化的同时，也在不断利用蒙古文化中的诸种文化要素来构建自身作为蒙古宗主的汗统身份之合法性，无论其本身是否承认，在语言、礼仪以及宗教三个层面的传播过程中，作为统治阶层的满洲贵族，也都在不同程度上习染了蒙古之风俗，这也是文化在传播过程中的扩散和不可控性所导致的后果。

不过，综合来看，不论清廷以何种形式向蒙古社会渗透意识形态、因俗教化，都必须看到，所谓周边的文化传播，只是一种符号化的表象，其背后所隐含的是一种政治意涵。他所象征的是一种权力的扩散和控制。鲍曼曾指出，所谓文化，是"一项权力技术"，是"国家政权理论和实用主义的具体化"。①可以说，文化是被构建的，属于政治的外在体现，具有隐喻功能。并且因主体间关系的变迁而发生变化。从清代的传播媒介，到具体动态的不同种类的文化传播过程，并产生出的不同样态的效果，究其目的，是作为清廷中央，意图通过文化价值观、意识形态、共同语的设定等不同渠道和模式，来在蒙古社会中，构建自身的作为蒙古宗主的威仪和仁德的二重身份，可以说，这是一种自-他周边结合的，立足于主体间的形象建构。因自周边是为了树立自身的良好形象，而他周边则是一方面树立自身的好形象，树立传播对象的坏形象；另一方面则是为了树立自身的好形象，来营造和传播对象之间的良好传播环

---

① ［美］劳伦斯·格罗斯伯格著：《文化研究的未来》【M】，庄鹏涛、王林生、刘林德译，中国人民大学出版社，2017年，第176–177页。

境。而作为蒙古诸部的强大周边之清廷，其一方面在蒙古藩部做出自身的圣德、仁君的宗主形象，但另一方面，采用了震慑和威化的方式，时刻警示蒙古藩部，清廷作为其宗主所具有的强大军事实力和对"不臣之心"的严酷仲裁。从这两方面来看，不是单独的自周边传播模式或他周边传播模式在树立形象中发挥作用，而是两者合理形成的一种利用硬实力和软实力相结合的手段形成的传播模式。不过，应该注意的是，因"满洲根本"的"国语骑射"之俗，所体现的是满洲共同体的尚武之俗，而这又与元代蒙古的"马背上的征服者"和"英勇善战"的历史记忆相吻合，因而从这一角度来说，同样是一种营造良好传播环境和构建彼此良好形象的他周边传播的有效方法。

总体来看，在清代蒙古的文化周边传播角度来看，多种文化传播的媒介、路径，实质上都是政治作为核心的外化。无论是出于什么样的目的，这些作为方法的传播范式在有清一代维护帝国的稳定和民族的团结曾产生过积极的效力，并且影响深远。

三、对当下的观照

对于清廷统治下的"大一统"社会，以及在治理蒙古等少数民族藩部周边时采用的不同传播策略所产生的积极效果都应当给予肯定。但是，囿于清朝依然是传统封建王朝，并且又带有一定的民族和阶级的狭隘性，因而，其大一统思想具有一定形而上学的局限性。但是，对于现代国家来说，具有一定可资借鉴的历史经验，以及其后期衰落失败的教训。虽然在有清一代，没有更多的文献突出周边、中央这样现代性的词语，但是作为统治者的治理疆域、传播文化和思想意志的过程中，已经具备了周边传播活动的若干因素和特点，虽然这些活动带有其权力规训过程中的强制性，但是却产生了周边传播中，难以控制、超出预设的传播效果，特别是在思想文化和意识形态领域。

回到当下来看，民族、国家等概念，在全球化的语境下，逐渐褪去其旧时的光芒，其边界在多元文化冲击、共生共赢的国际环境中逐渐消散。特别是在2017年1月18日，习近平总书记在联合国总部日内瓦做主题演讲时提出的"构建人类命运共同体，实现共赢共享"。[①]其所代表的内涵和外延是丰富的。

从对内的角度来说，要加强国家的文化自信，构建和而不同、美美与共的多民族统一共同体。习近平总书记曾经在多次国内和国际会议发表主题演讲时，提到建立"文化自信"的理念。关于文化自信，存在主客体中的文化观照自省论，也存在价值观共享论等多种解读模式，综合来看，仍是指一个主体（包含国家、民族、政党）对于自身作为主体的"文化理想和文化价值"的高度肯定，同样对于自身文化的创造力和生命力坚信不疑，并对自身的文化能够激励这一主体本身不断前行的主要原动力。应该看待，文化的自信主要来自于对主体文化深厚的历史和悠久的传播的自信，也有赖于他者对于主体文化的认可甚至模仿。清代的文化自信显然是不足的，由于其本身狭隘的民族观和语言文化仅有百年之余，对于外来文化的浸润，常常表现为一种警惕和防范，这充分体现了其对于自身文化的不自信。而当下我国作为文化强国，对于几千年深厚的历史和先人所创造的灿烂文明是无比自信和自豪的。并且，作为多元一体的多民族统一国家，少数民族在历史上发挥的积极作用也是不可磨灭的，基于这样的原因，要加强内部周边民族的团结力量，作为对外传播的先导，边疆少数民族的传播力量不可忽视，在重视和发展诸如内蒙古、新疆等少数民族聚居地作为内周边对于构建中华民族文化共同体的积极作用，并且加强其与内地其他民族文化的沟通与传播，使彼此间

---

① 转自2017年习近平日内瓦演讲内容。

能够树立更好的、统一多元的形象。

对外则要强化多元文化的传播，并且在作为周边国家的蒙古国构建中国作为文化大国的强周边形象。这个强并非指军事、经济的硬实力，而是在本国文化自信的基础上，对外输出带有中华文明特色的文化软实力的输出。一方面要对外传播本国的语言、民俗、礼仪等多种文化样态，并且在文化输出的过程中，要观照到因历史原因，在近百年的分隔之后，曾经作为历史上藩部之一的喀尔喀蒙古部，即现在的蒙古国在意识形态和历史记忆中对与中国有交叉的历史记忆的建构特征，在尊重对方的前提下，维护自身的文化大国形象。另一方面则是充分发挥在我国内蒙古自治区与蒙古国历史上有着同源记忆的蒙古族同胞，在传播语言和文化中的媒介功能。在文化输出的过程中，面对彼此具有交叉和共同的历史记忆时，双方意识形态方面的差异如何有效"聚同"和巧妙"化异"，是作为周边传播工作中的重要任务。合理有效的"聚同化异"对于构建中蒙之间的"命运共同体"将会事半功倍。

四、余论

本文立足于历史框架，从传播的媒介、路径以及传播效果等几个维度改为对清廷与不同蒙古藩部周边的传播样态作梳理与分析，并期望在周边传播的理论方面和古代北方少数民族与中原的文化传播方面有所创新和补白。尽管笔者尽最大可能搜集、整理了具有相对真实、客观的历史文献资料，并从不同的视角对于清廷的不同蒙古周边藩部进行考察，但是在论文撰写的过程中仍然会有一些具有价值的史料被遗落或放弃，实在是一种遗憾，只能留待后续研究使用。

在论文的撰写中，笔者也一直就论文主旨的限定进行过多次立论、推倒、重建的过程，主要集中于所研究的是主体间的文化传播史还是政治传播史的问题。但综合来看，所提出的问题和研究的路径、效果的分析，笔者认为，清廷于蒙古藩部的周边传播研究，实质上是一种立足于主体间的社会传播史，虽然是以诸种文化现象作为依托，但其背后却是政治隐喻作为控制和渗透，并因循时间和空间的差异带来社会结构的巨大变迁。而所谓的文化，正是一种"团体的社会关系被建构和塑造的方式；它同时也是这些形态得以体验、理解和解释的方式"。①而这种社会关系在建构和塑造的过程中，会使作为主体的意识形态以语言、仪式以及宗教等不同的路径得以建构和塑造，从而带有主体本身的意志。

周边传播研究在国内传播学界，仍为新鲜事物，对于这一领域的探究和建设，仍有很多未开发的处女地。笔者认为，除了对于当下的周边景观和周边外交进行分析和探索，以期找到有效的周边传播之路径外，对于历史上的周边传播研究也应当加大重视。正如蒙古编年史家善巴曾对于了解历史的重要性所引用《圆满史》中的训谕所做出的规劝"人若不知己之族源，形似林中之猿猴。人若不晓己之名姓，仿若虚假之绿玉雕龙。人若不解祖先之事迹之史书，好比丢弃孩童之山间之民"，②能够了解古代周边传播的历史，对于重新建构"我者"和"他者"，以及从历史的角度观照当下跨界民族的周边传播会有极大助益。

---

① ［美］劳伦斯·格罗斯伯格著：《文化研究的未来》【M】，庄鹏涛、王林生、刘林德译，中国人民大学出版社，2017年，第178页。

② ［清］善巴：《阿萨拉克齐史》，内蒙古大学出版社，2014年，第1页。

参考文献

【历史档案文献及志略类】

1. 《周礼》

2. 《礼记·王制》

3. 中国第一历史档案馆、中国社科院历史研究所：《满文老档》，中华书局，1990

4. 《清世祖实录》

5. 《亲征平定朔漠方略》

6. 津巴多尔基：《水晶鉴》

7. ［清］会典馆：《钦定大清会典事例 理藩院》

8. 《清圣祖实录》

9. 《啸亭杂录》

10. 《大清会典》

11. 《清朝文献通考》

12. 《清史稿》

13. ［清］福格：《听雨丛谈》

14. ［清］松筠：《西陲总统事略》

15. 《清朝通典》

16. 《明史》

17. 《清季蒙古实录》

18. 中国第一历史档案馆：《内务府奏销档》

19. 西清：《黑龙江外记》

20. 方拱乾：《绝域纪略》

21. ［清］丹却扎木斯：《白莲花传》

22. 《崇德三年满文档案译编》

23. 《康熙起居注》，台湾故宫博物院藏，

24. 《四库全书》史部413，《上谕八旗》

25. 《钦定四库全书荟要》

26. ［朝鲜］《沈馆录》

27. ［朝鲜］赵庆男：《乱中杂录》

28. 潘哲：《清入关前史料选辑三》【D】，中国人民大学出版社，1985

29. 中国第一历史档案馆编《清代档案史料丛编》第十四辑，中华书局，1990

30. ［战国］公羊高：《春秋》，顾馨、徐明校点，辽宁民族出版社，1997

31. ［元］陶宗仪：《南村辍耕录》，中华书局，1959

32. 《元史》，民族出版社，2011

33. 《马可波罗行纪》，冯承钧译，上海书店，2001年，第174页

34. 《阿勒坦汗法典》，苏鲁格译，载苏鲁格：《蒙古族宗教史》【M】，辽宁民族出版社

35. ［清］富察敦本：《燕京岁时记》，中国古籍出版社，1981

36. 《明实录中的女真史料选编》，辽宁大学历史系编

37. 王钟翰辑录：《朝鲜〈李朝实录〉中的女真史料选编》，辽宁大学历史系，1979

38. 瞿九思：《万历武功录》，载《清入关前史料选辑》，中国人民大学出版社，1984

39. 高士奇：《金鳌退食笔记》，北京古籍出版社，1982

40. ［清］黄宗羲：《黄梨洲文集》，中华书局，1989

41. ［清］黄宗羲：《黄宗羲南雷杂著稿针剂》，浙江古籍出版社，1987

42. ［朝］金昌业：《燕行录全集》，首尔东国大学出版部，2001

43. ［北宋］欧阳修：《欧阳文忠集》台湾商务印书馆，1986

44. 《清世宗宪皇帝实录》

45. ［清］鄂尔泰编修：《钦定八旗通志》

46. ［清］《钦定热河志》

47. 《钦定宗人府则例》国家图书馆善本部藏

48. 永根冰齐：《清朝实录采要》

49. 《清代蒙古汉籍史料汇编》（第一辑），内蒙古人民出版社，2017

50. ［清］佚名撰，忒墨勒点校：《乌里雅苏台志略》载《中国边疆研究文库·初编·北部边疆卷五》黑龙江教育出版社，2014

51. ［清］吴禄贞：《东四盟蒙古实纪》，载《中国边疆研究文库·初编·北部边疆卷五》黑龙江教育出版社，2014

52. ［清］姚锡光：《筹蒙刍，载《中国边疆研究文库·初编·北部边疆卷五》黑龙江教育出版社，2014

53. 国家清史编纂委员会：《清内秘书院蒙古文档案汇编》，社会科学文献出版社，2015

54. 长善主纂：《驻粤八旗志》，《近代中国史料丛刊三编》（第86辑），台湾文海出版社，1999

55. 奕赓：《括谈》，燕京大学图书馆铅印本，1935

56. ［日］吉村忠三著，李祖伟译：《外蒙古之现势》，商务印书馆影印，1937

57. 道润梯步：《新译简注〈蒙古秘史〉》，内蒙古人民出版社，

1979

58. ［清］萨冈彻辰：《蒙古源流》，内蒙古人民出版社，1987

59. ［清］善巴：《阿萨拉克齐史》，内蒙古大学出版社，2014

60. 叶新民：《简明古代蒙古史》，内蒙古大学出版社，1987

61.《蒙古人民共和国通史》，科学出版社，1958

62. 固始嘎居巴洛桑泽培：《蒙古佛教史》，天津古籍出版社，1990

63. Galdan, *Erdeniin erih*, UB.1960（嘎啦丹：《宝贝念珠》）（蒙
古文）1960

64. *Mongol uisiin tuuh*，UB.2003（《蒙古国历史》）（蒙古文），2003

65. *Bugd Narimdah Mongol Ardiin Uls tuuh*，UB，1963（《蒙古人民
共和国历史》）（蒙古文），1963

66. 益西巴勒丹：《宝贝念珠》（蒙古文），民族出版社，1989

67. 德勒格：《内蒙古喇嘛教史》，内蒙古人民出版社，1998

68. 蒙藏委员会调查室：《伊盟右翼四旗调查报告》，远方出版社，
2007

69. ［蒙］莎那楚克道尔吉：《喀尔喀史》（蒙古文），内蒙古文化
出版社，1997

70. ［俄］波兹德涅耶夫著，刘汉明、张梦玲、卢龙等译：《蒙古及
蒙古人》，内蒙古人民出版社，1989

71. 阎崇年：《清朝通史》【M】，紫禁城出版社，2003

72. 海忠辑修：《承德府志》卷首二，载赵云田：《清代蒙古政教制
度》【M】，中华书局，1985

73. ［清］张牧：《蒙古游牧记》卷三，台湾文海出版社影印版，
1965

74. ［清］罗布桑却丹：《蒙古风俗鉴》，辽宁民族出版社1988

【专著类】

1. 费孝通：《美国人的性格》【M】，上海：华东师范大学出版社，2013

2. ［英］安东尼吉登斯：《民族——国家与暴力》【M】，商务印书馆，1998

3. ［英］安东尼·史密斯，叶江译，《民族主义 理论、意识形态、历史》【M】，上海世纪出版集团，2011

4. ［美］约翰·J·麦休尼斯.《社会学》[M]，风笑天 等译.11版.北京：中国人民大学出版社，2009

5. ［日］杉山正明著，黄美蓉译，《游牧民的世界史》【M】，2014

6. ［英］爱德华·泰勒《原始文化》，上海文艺出版社，1992

7. 梁启超：《什么是文化》，《学灯》【J】，1992

8. 傅锵：《文化》【D】，上海人民出版社，1990

9. 陈炎：《文明与文化》【M】，山东大学出版社，2006

10. 吴楚克：《文明与跨文化新论》【M】，中央民族大学出版社，2009

11. ［美］拉铁摩尔：《中国的亚洲内陆边疆》，江苏人民出版社，2005

12. ［法］米歇尔·福柯《规训与惩罚》，三联书店，2014

13. ［美］哈罗德·拉斯韦尔，何道宽译：《社会传播的结构与功能》【M】，中国传媒大学出版社2013

14. 黄书光：《中国社会教化的传统与变革》【M】，山东教育出版社，2005

15. 唐古思：《藏传佛教与蒙古族文化》，辽宁民族出版社，2007

16. ［英］马林诺夫斯基，费孝通译：《文化论》，中国民间文艺出

版社，2002

17. ［美］大卫科泽著，王海洲译：《仪式、政治和权力》【M】，江苏人民出版社，2015

18. ［法］加布里埃尔·塔尔德著，何道宽译：《模仿律》【M】，中国人民大学出版社

19. ［瑞士］费尔南迪·索绪尔著，高名凯译：《普通语言学教程》，商务印书馆，1980

20. ［美］爱德·华萨丕尔著，陆卓元译：《语言论》，商务印书馆，1985

21. ［德］恩斯特·卡西尔著，李小兵译：《符合、神话、文化》，东方出版社，1988

22. ［德］威·廉洪登堡著，姚小平译：《论人类语言结构的差异及其对人类精神发展的影响》【M】，商务印书馆，199年，第57页

23. 纳日碧力戈：《语言人类学》【M】，华东理工大学出版社，2010年，第141页

24. ［美］本尼迪克特·安德森著，吴叡人译：《想象的共同体：民族主义的起源于散布》【M】，上海世纪出版集团，2011

25. ［美］保罗·康纳顿著，纳日碧力戈译：《社会如何记忆》【M】，上海人民出版社，2000

26. ［德］扬·阿斯曼著，金寿福等译：《文化记忆》【M】，北京大学出版社，2015

27. ［德］阿莱达·阿斯曼著，潘璐译：《回忆空间》【M】，北京大学出版社，2016

28. ［匈］阿格尼丝赫勒著，衣俊卿译：《日常生活》【M】，重庆出版社，1990

29. ［德］海德格尔著，陈嘉映、王节庆译：《存在与时间》，生活

读书新知书店，1987

　　30.〔德〕L.科塞著，孔立平等译：《社会冲突的功能》【M】，华夏出版社，1989

　　31.〔德〕皮柏：《节庆、休闲与文化》【M】，黄藿译，三联书店，1991

　　32.〔法〕米歇尔·德·塞尔托著，倪复生译：《历史书写》，中国人民大学，2012

　　33.〔英〕马林诺夫斯基：《巫术、科学、宗教与神话》【M】，上海社会科学出版社，2016

　　34.〔英〕亚伯罕·柯恩著，宋光宇译：《权力结构与符号象征》，台湾金枫出版社，1987

　　35.〔英〕彼得·伯克著，贾士蘅译：《知识社会史–从古登堡到狄德罗》【M】，台湾麦田出版社，2016

　　36.苏和、额灯陶克套：蒙古族哲学思想史【M】，辽宁民族出版社，1997

　　37.孙英春：《跨文化传播学》【M】，北京大学出版社，2015

　　38. A. Tsanjid, *Mongol soyol irgenxil*, Ulaanbaatar，2015（A·常吉德：《蒙古文化信仰》）（蒙古文），2015

　　39.格·孟和《蒙古文化概论》【M】，辽宁民族出版社，2016

　　40.顾希佳：《礼仪与中华文化》【M】，人民出版社，2001

　　41.马敏：《政治象征》【M】，中央编译出版社，2012

　　【论文类】

　　1.陆地：《周边传播概念和理论的再思考》，《新闻与传播研究》，2017.2

　　2.陆地：《周边传播的概念和特性》【J】，原文刊载《现代传播》

2015.3

3. 陆地：《周边传播理论在"一带一路"中的应用》【J】，载《当代传播》2017.5.

4. 葛兆光：《宅兹中国：重建有关'中国'的历史论述》【M】，中华书局，2015

5. 李漫：《元代传播考》【M】，北京大学出版社，2013

6. 汤景泰：《白山黑水：满族传播研究》【M】，复旦大学出版社，2014

7. 哈斯巴根：《清初满蒙关系演变研究》，北京大学出版社，2016

8. 白文刚：《中国古代政治传播研究》【M】，中国社会科学出版社，2014

9. 邵培仁、李梁：《媒介即意识形态——论法兰克福学派的媒介控制思想》【J】，浙江大学学刊（社会科学版），2001.1

10．李勤璞：《蒙古之道：西藏佛教和太宗时代的清朝国家》【M】，2007

11. 崔波：《清末民初媒介空间演化论》【M】，北京大学出版社，2012

12. 乌云毕力格：《喀尔喀三汗的登场》，载《青册金鬘》【M】，上海古籍出版社，2016

13. 孙静：《'满洲'民族共同体形成历程》【M】，辽宁民族出版社

14. 张昆将：《东亚视域中的'中华'意识》【D】，东亚儒学研究中心，2017

15. 杨绍猷：《论第一世哲布尊丹巴》，载《中国民族史研究》，1987

16. 金峰：《清代蒙古台站通名的产生与命名》【J】，载《蒙古论文集》（第三辑），呼和浩特市蒙古语文历史学会，1983

17. 赵云田：《清代蒙古政教制度》【M】，中华书局，1985

18. 葛兆光：《殊方未遂：古代中国的疆域、民族与认同》【D】，中华书局，2016

19. 苏日嘎拉图：《满蒙文化关系研究》【M】，内蒙古教育出版社，2006

20. 乌兰其木格：《清代官修民族文字文献编纂研究》【M】，辽宁民族出版社，2010

21.《中国民族教育论文集》，内蒙古教育出版社，1987

22. 关家铮：《二十世纪四十年代几种〈俗文学〉周刊中有关"满汉兼"及满文译本的研究》【J】，载《满族研究》2001.3

23. 关德栋：《曲艺论坛》，转刘晓萌：《清代北京旗人社会》【M】，中国社会科学出版社，2008

24. 李先叶：《漫翰调语言及其演唱特点探微》【J】，载《吉林艺术学院学报》，2010

25. 王进：《浅析漫翰调之交融性》【J】，载《民族民间音乐》，2000.2

26. 佟永功：《满语文与满文档案研究》【D】，辽宁民族出版社，2009

27. 胡明杨：《语言接触和语言之间的相互影响》【J】，载薛德才：《语言接触与语言比较》【D】，学林出版社，2007

28. 那仁朝格图：《13–19世纪蒙古法制沿革史研究》【M】，辽宁民族出版社，2015

29.《绥远宗教调查记》，载色音：《中国萨满文化研究》【M】，民族出版社，2011

30. 刘桂腾：《满族萨满乐器的形制及其配置模式》【J】，载色音：《中国萨满文化研究》【M】，民族出版社，2011

31. 奇文瑛：《满—通古斯语族民族宗教研究》【M】，中央民族大学出版社，2004

32. 刘晓萌：《清代北京旗人社会》【M】，中国社会科学出版社，2008

33. 雷炳炎：《清代社会八旗贵族世家势力研究》【M】，中国社会科学出版社，2016

34. 张佳生：《八旗十论》【D】，辽宁民族出版社，2013

刘晓东：《雍乾时期清王朝的"华夷"新辨与"崇满"》【J】，载《东亚视域中的"中华"意识》【D】，台湾大学人文社会高等研究院，东亚儒学研究中心，2017

35. 王力：《明末清初达赖喇嘛系统与蒙古诸部互动关系研究》【M】，民族出版社，2011

36. 长山：《满语词源及文化研究》【M】，社会科学文献出版社，2014

37. 〔日〕村上信明：《乾隆朝翻译科举和蒙古旗人官僚的抬头》（日文版）【J】，载《社会文化史学》，2002

38. 黄俊杰：《东亚视域中孔子的形象与思想》【D】，台湾台大出版，2015

39. 〔日〕村田雄二郎：《末世，用什么语言说话？——清末的国语问题和单一语言制》【J】

40. 〔美〕劳伦斯格罗斯·伯格等著，祁林译：《媒介建构：流行文化中的大众媒介》【D】，南京大学出版社，2016

41. 〔美〕劳伦斯·格罗斯伯格著，庄鹏涛、王林生、刘林德译：《文化研究的未来》【M】，中国人民大学出版社，2017

42. 〔德〕贝尔金著，魏全凤等译：《馈赠的社会符号学》【M】，四川大学出版社，2016

【其他资料类】

1. 《习近平：让命运共同体意识在周边国家落地生根》，新华网，2013年10月25日

2. 张蕴岭主编：《未来10——15年中国在亚太地区面临的国际环境》【D】，中国社会科学出版社，2003

3. 蔡丰明《城市语境中的民俗保护：当代上海城市民俗文化遗产保护与利用研究》【M】，上海社会科学院出版社，2009

4. ［汉］刘项《说苑》

5. ［清］尹湛纳希：《韵文杂文及中篇小说》，内蒙古人民出版社，2015

6. 仁钦道尔吉编纂：《谚语》，辽宁人民出版社，1978

7. Samuel S. Kim & Lowell Dittmer, *Whither China's Question for National Identity*，1991

8. *The Manchu way: The Eight Banners and Ethnic Identity in Late Imperial China*

9. 张羽新：《清政府与喇嘛教》【M】，西藏人民出版社，1988

10. 土观洛桑却吉尼玛：《章嘉国师若必多吉传》，民族出版社，1988

11. 王家鹏：《乾隆与满族喇嘛寺院》，《故宫博物院刊》，1995

12. 钱穆：《秦汉史》，三联书店，2004

13. Hesse, Klaus, *A Note on Transformation of White Black and Yellow Shamanism in the History of Mongols*, Study in History, 1986, 2009

14. John Milton, *Areopagitica*, Malcolm W. Wallace, ed, Milton's Prose, London

后　记

　　本书是在我博士学位论文《清廷与蒙古藩部的周边文化传播研究》的基础上修改完成的。文中有诸多不足之处和有待勘误和修订的部分。在修改时一直希望能够尽量做到行文流畅，内容完整。奈何才疏学浅，仍有很多不尽如人意之处，希望师友们能够多多批评指正。有人说，人生就是一场有去无回的修行，我们所经历的风景只有一次，且不具有普遍意义。事实也确实如此，从开始进入博士阶段那一刻起，似乎我的生活也就此进入了一种不为自己所控制的状态。在这一场修行中，我渐渐地感受到生活对于我的意义究竟是什么。

　　如果说读书的时光对一些人来说是快乐而简单的，对于另一些人则是艰难负重、步履维艰的。那么对于我来说，读书的意义可以说是五味杂陈、充满着美丽与哀愁。从博士入门初期，就与恩师陆地先生商定未来四年论文研究的方向和所要运用的研究方法。恩师对于我对蒙古文化和历史的了解以及自身在广播媒体中多年从事社会、文化节目的策划和主持的职业特点，指出了我以后学术研究的着力点，对于我来说起到了醍醐灌顶的功效。在先生的指引下，我在博士一年级到三年级对蒙古语言文化和历史进行了深入的学习，并且利用休假时间，对研究地区和对象进行了考证，这一过程虽然消耗了不少时间成本，但是对于我进行学术研究的意义却是重大的。在这一过程中，我深深地感谢我的导师陆地先生，从学术和生活、工作等诸多方面给予我支持和鼓励，特别是对于我未来事业发展的方向也给予了明确地提点和关爱。能成为"陆家嘴"

的一员，实乃人生之大幸。

　　同时也感谢在我综合考试、论文开题以及预答辩、答辩过程中，给予我深切教诲和关爱的展江老师、陆绍阳老师、俞虹老师、周毅军老师、许静老师，是你们给我提出的宝贵意见和建议使得我的论文从提出到最后的养成都有了更广阔的视角。尽管论文到完善还有很大的空间，但是你们的教诲对我来说是终身难忘，并铭记在心的。此外，也感谢刘新传老师、张慧瑜老师在我论文开题和预答辩过程中，对我的论文提出的一些探讨和延伸，让我更进一步厘清了未来研究的深度和广度。

　　论文的成型离不开对于蒙古历史和文化的主体性考量，在写作的过程中，内蒙古大学蒙古学院的宝音德利根教授、内蒙古社科院的于默颖研究员、北京大学外国语学院蒙古语专业的陈岗龙教授、刘迪南副教授以及我的蒙古语老师北京语言大学的敖云琪琪格女士在我论文的写作中都给予了十分宝贵的意见和建议。特别是刘迪南师姐，更和我在彼此学习和交流过程中，成为了至交师友。我想未来的研究和学习中，依然会少不了你们的帮助。

　　家庭是一个人成长最重要的启蒙学堂，一个人的成长离不开家庭的支持和鼓励。在攻读博士期间，我的人生经历了山河巨变，曾经挚爱我的两位亲人从此跟我天人永隔。然而我并没有因此倒下，而是经受着巨大的伤痛，继续向前行走。我不知道该说些什么，每当想到他们，都会无语泪沾襟。外祖父的教诲以及他一生的治学之风，将会是我一辈子学习的楷模，这也是我作为他学术生命的延续。而父亲，很少和我有过多的交流，却一直用他厚重的爱包容我、鼓励我。直到现在我依然无法走出父亲离开我的事实，但是我会用我的心与行动，不辜负他的期望，继续一步一步向上爬。而父亲对于我来说，就像是我们为舞台剧《倾城美岱召》所填的歌词一样"我用丹心照汗青，这一代轮回里，总有人知晓我心意。我生是大树，死亦为大柱，魂与大漠永相依。"我相信，爸爸并没有走远，而是化身在长生天的气力里，一直在保护着我和妈妈。

同时也要感谢我的妈妈，您让我看到了蒙古女性身上的那种不屈与坚韧，在经受了外祖父和父亲离去的双重打击以及癌症病痛的折磨，您依然能够坚强地面对人生，并且在我身边默默地鼓励我，我想以后的日子也一定是充满了阳光和欢乐而没有更多的痛苦。

特别感谢我的同班同学唐红，在我经历家庭变故和学业压力的时候，总是在不断地提点和安慰我，并彼此勉励着彼此。我想，如果说人生得一知己不易，我们则是在最好的时节遇到了彼此。也感谢我的同学翟秀凤、钟棉棉、张倩，我们彼此勉励，相信未来的日子也将会更加从容。

此外，感谢我的姨妈秦岚女士，表妹和外甥，以及胜似家人的关淮老弟，是你们在我最无助的时候，保护着我，让我走出失去亲人的痛苦的阴霾。以后的日子我们也必将携手前行。

此外，感谢新华出版社的江文军编辑，一直在为本书的出版事宜，尽心尽力，提醒我该如何对论文进行更规范的修改和完善。当然，作为一个初出茅庐的"青椒"，本书仍有很多需要完善之处，正如我之后所从事和热爱的教学科研工作一样，需要千锤百炼，方能得偿所愿。

要感谢的人和话语仍然有很多，但是在面对生死和人生的变故，一切又都显得无力和苍白。博士阶段的科研工作虽然已经告一段落了，但是未来的生活还将继续考验和打磨着我的心性，无论是从事媒体工作还是继续钻研学术，我都会全力以赴，做好人生的每一项研究。